天

Borderless

下

博稽古今　融汇天下

正义之源泉

自然法研究

吴经熊 著　张薇薇 译

法律出版社 LAW PRESS · CHINA

作者简介

吴经熊先生是十九世纪末至二十世纪中期，活跃于中国的法政界、教育界和文化界的一代法学大师、法律和政治的改革家、社会名流、文学和艺术家。他出身浙东，求学于东吴大学法科与密歇根大学法学院，与时国际一流法学家鸿雁往来（如世所知的霍姆斯大法官、卡多佐大法官，庞德、斯塔姆勒等法学家和哲学家），真挚而自由平等地交往，乃开一代“超越东西方”之风气，时为中国人中最早可在国际舞台上，拥有真正的参与精神和平等姿态的华人法学家。

吴经熊先生，谙熟多国语言，中外文学术和创作能力皆备，且文字情操、品位雅集，不论政论、法论还是文论，三位一体者，一时抑或至今无两无匹者也。吴先生为中国的宪法、法政（主要是民国期）敢开新声，勇于承前启后，且追求世界大同，乃慰藉众生的法律和神学铸造的心灵所赋。

吴先生尝撰有吴氏宪草，尝为上海临时法院大法官，几就司法部长，且曾为驻罗马公使，又为虔诚的天主教徒且撰有灵修作品。故而，从政、灵修和大隐，皆三位一体者，一时况后世，无两无出无追者矣，叹斯夫。

吴先生文心雕龙、蔚为大观，这温良书生、龙凤日月之姿，尝为中国自晚清迄新中国，于世界东西方颠沛流离，为书生乎，为难民乎，为世界公民乎，身份难为，乃中国文化大同于世界之初试与黯然之逍遥。吴先生一代民国法学家、知识分子和文人，将以重新被发现之历史时代意义，昭示于中国和世界，虽暌违于东西方，然余响而不绝声。

译者简介

张薇薇，尝求学于杭州西子湖畔、北京海淀燕园，获得法学博士学位。于《中外法学》《法律科学》《政法论坛》《北大法律评论》《读书》《浙江社会科学》《新华文摘》等学术刊物上，发表法学学术论文三十多篇。译者思路较为开阔，心灵时有诗情，有新诗诗歌集：《心之悦：镜春园诗歌小札》面世。

惟其初次之译，时有拙笔，功夫不足，更待方家指教。

序一

我的父亲,吴经熊先生(1899—1986),一个年方二十二弱冠之中国法律学生从巴黎写给奥利弗·温德尔·霍姆斯(Oliver Wendell Holmes)大法官(1841—1935)的信笺,笔端洋溢着理想主义的热情,对这位将自己归为羽翼怜惜的八十多岁的老人说道:

> 我将在巴黎尽力而为;尽我所能地读与写;尽可能深刻地观察和思考。作为一名中国人,我有一个祖国要拯救,我有一群人民要启蒙,我有一个种族要高举,我有一个文明要现代化。[1] *

---

〔1〕 吴经熊先生的英文自传 *Beyond East and West*, Sheed and Ward, 1951, 第 91 页。

* 吴树德先生之序自英文写就,相关引用处也乃直接从吴经熊先生之英文自传中所出。其之中译本《超越东西方》(中国社会科学出版社 2002 年版)由国内宗教学和哲学学者周伟驰先生以博雅而自由灵动的中文译出,参见中译本,第 95 ~ 96 页。——译者注

的确，一封青春的、热情洋溢的信，却蕴藉着他理想主义情结的内核，描摹出吾父的杰出的头脑（卓越的心智），特别是博大的胸臆。不管过去几十年所有那些可怖的事情在席卷、吞噬他自己的国家和世界，他从未离弃的首先是他对于学习的天然情愫，还有随之深沉的宗教信仰，这两者都在他胸襟中点燃了不可熄灭的火光，极大地燃起和浇铸了他的灵智。就在这封给霍姆斯大法官的信里，我们可以清晰地看到，这一个萌发生长的法律心愫，其主要关注点是要坚定不移地找寻普适真理，直到发现真正的正义与仁慈——而所有都如此令人震惊与诧异的——正在耶稣基督的伟大心灵里。

> 假如国家主义的到来有助消除家族之间的血仇，国际主义结束国家之间的战争是否还是不可能的呢？而这种战争在我看来无异于大规模的血仇。[2] *

作为实用主义者和现实主义者的霍姆斯，他经见了许多战争，并未分享家父这般的理想主义情结，而且可能已经让自己习惯了作为年长者的那些核心法律哲学，他知道他会不得不去什么地方追寻灵感（inspiration），在一个迂回的路上，他稍后会发觉，已经完全被“实践的、理性的、人性的和进步类型的圣托马斯（阿奎那）和苏亚雷斯（Suarez）所主张的自然法哲学”所证实，以及为

---

〔2〕 吴经熊先生的英文自传 *Beyond East and West*, Sheed and Ward, 1951, 第 92 页。

* 《超越东西方》，中国社会科学出版社 2002 年版，第 97 页。——译者注

教皇列奥十三和庇护十一在十九世纪晚期的那些通谕所体现了。[3]

认识到霍姆斯批判自然法则(the law of nature)的片面性,年轻的吴经熊,他虽然很清楚霍姆斯从未成为自然法的倡导者,然而他还是热忱期望并大胆地尝试将其美国导师与朋友带入自己的思考路径,正如一个二十多岁的青年振翅欲飞但还停留在雏鹰阶段。回顾这段历史,令人诧异的是,在这位年长者的影响下,这位年轻人并没有落入霍姆斯追随者之列;另一方面,由于被赋予了强大的意志力与独立人格,每一种迹象都表明,他会循自己所思所想去开拓新路。1922 年 1 月 8 日,仍在巴黎的父亲大胆地写道:

> 法学者,一般讲来,他们在运用术语方面倾向于保守,他们不会放下他们自己的"自然法",除非我们让他们知道,他们只是看到了自然法的背影——正如摩西仅仅看到上帝的背影——而我们对于自然法的视野,正如天主的面容,是一直闪亮的、生动的、充满内心情感的表达,回应外在变化的,且关注着人类之福祉(the welfare of Humanity),这是更为真实的自然法的视景。[4]

在这里,我父亲加上了一条有启发性的评论:"我这么写当时

---

〔3〕 吴经熊:*Fountain of Justice*:*A Study in the Natural Law*, Sheed and Ward, 1955,第 142 页及以下。

〔4〕 同上书,第 142 ~143 页。

觉得是对自然法的新观点。但当三十年后，我开始学习圣托马斯的法律哲学，我感到仿佛一颗小小的橡子，在我心中蓦然间长成了一棵辉煌的橡树！”[5]

他如此敬爱并尊重他的老朋友，也深深珍惜他们之间广泛的通信对话——这跨越十二个年头的一百一十多封信笺；然而，当我还在大学时，我父亲一次曾私底下跟我说，他并不认为霍姆斯拥有最一流的头脑。这听来是非同小可的震惊。在家里，霍姆斯的名字被我们孩子们赋以极大的尊敬，并且在我们幼年童心里，我们认为他不可能犯错。起初我并不知道是什么使我父亲这么谈及霍姆斯以及这位老人思维上的什么方面令他发现了贫瘠。后来，当我坐在他中国哲学的讲堂，我渐渐开始对他可能所意味的有了更好的理解。无论在家里或在听他讲的任何一门课上——其内容涵盖孔孟儒家、老庄、佛禅或中国诗——当说到祖先的智慧与思想时，乃父喜欢用“浸润通透”（penetrating）来描述祖先智慧的一些面相。甚至作为一名年轻法学者，他不能容忍任何缺乏思想与情感深度的事物。对他而言，一个杰出的心灵应当是如此浸润而通达的——它预设了一种智慧，即能从那不可言说之神秘源头来发现理念的那种智慧。

这个本源，我们可能将之视为永恒之道或上帝（Eternal Tao or God），从终极上“无法被言说”，然而若没有这个源，所有的理念（ideas）都会没有方向、没有锚地，四散漂去。从霍姆斯那里，虽

[5] 吴经熊：*Fountain of Justice*：*A Study in the Natural Law*, Sheed and Ward, 1955，第 143 页。

然他找到了盎格鲁—美利坚传统中的杰出的导师和专家,但他(霍姆斯)所缺的正是心灵的某种深度以及真正地能视人性为整一(而不分离)的一种普适眼光。对于我的父亲来说,法律并非仅是一种功用或是警察国家(police state)之鹰隼(treacherous arm)——其主要功能是为了维持一个极权的社会秩序,或是强权政府迫切地要保存其权力的强有力的武器;对家父来说,法律既是艺术又是科学,两者紧紧地联结于一个位格(human person)的心灵,一个不仅仅是协助去制约,而更是为了让社会和人变得更好或甚至臻于完善的准则或纲领。换言之,法——如同任何其他的风纪教养(discipline)——在教化整个民族、民人上充当了至关重要的角色。

可能在中国的思想里,没有什么比这种不容置疑的信奉(belief)更为重要:任何事物都根植于一种无法探知的源头,它也正是一个真正统一的人的生活或社会和谐的基础。由中国至上的经典教育(a superb classical Chinese education)所培养大,家父甚至在选择修习法律之前能有幸汲取到亚洲所能提供的最好资源——而这些以及他出众的心智在一起极大地奉献于一个非同寻常的法律头脑(the exceptional legal mind)的形成,且更为重要的是,一个整全人格的养成(the complete person he matured into)*。只有这个才能解释心智的成熟以及心灵的温存与深邃,而依赖于此他能使自己勇于面对并评价伟大的霍姆斯。从青年

* 想起了东吴大学之校训:"养天地正气,法古今完人。"今存于苏州大学校内之二校门上。——译者注

至老年，这种道德与精神的力量从未离弃过他。

甚至是作为一个在法律如何运作方面受训的年轻人，他拥有罕见的少小崭露的沉思气质——较少为外在动机和目的所驱使，而是遵从内在生命——那是由生命的完整视景所奔涌而来的。如同所有真正的不拘于职业的思考者，他天然地被指引去找寻任何地方他所能找到的根脉与滋养。有人怀疑是因为他那相当的独一无二的精神和心理构造，使他脱离于他的时代——生养他并使他心智成熟的时代。所有的实证主义者、功利主义者、实用主义的、心理分析的、理性主义者和个人主义的思想流派，包括各种各样的政治上的极权主义思潮，充斥于十九世纪晚期以及二十世纪的大部分岁月，持续地要吞噬掉几乎所有领域——甚至当我们即将进入二十一世纪的第二个十年亦复如是。虽然他悉心审视过并很好地理解了每一理论的作用、优势与局限，但它们对于他的天性来说依然是异质的——他清楚它们的无法避免之困境(cul-de-sac)，并最终会逐渐消陨其智慧之能量。

最使我吃惊的甚或是他最初写给霍姆斯的那些信中，他从未在观念里表现出稚气。他天赋有能力直觉地抓住那些有用的教益：法律不能仅仅建立于达尔文主义或斯宾塞主义“适者生存”的原则上——它对他来说，都不过是丛林规则里的所有人性被拽入到我们现时代而已，特别目睹了在一些国家暗中实施的、丑恶的种族灭绝作为政府政策的一部分。我相信，如若我的父亲活到今天，他会说，人性对“神圣的”误用或错置，将不可避免地失却或遗弃所有在自然的和世俗层面(生活维度)中好的事物。深深根植于自己本国的传统——特别是自然法如它在《孟子》中所广泛、大量地推导的，以及在托马斯主义传统和教皇通谕的核心思想里，父亲总结出一个主要观点——虽然在我们的时代已经褪色、黯淡如一种普遍的法律模型——而“一种天主教的法律哲学，其既非集体主义的，亦非是完全个人主义的”。[6]

对于人和法之间关系的至为重要的问题，他把它置于人格和法的议题的共同尊严的笼罩之下，这会防止法律仅仅沦为服务于社会机器的压迫的和堕落的人类的工具。在这里，他有关手段与目的立场以及使用批判原则的方法之逻辑说服力，再明白也不为过了：

> 法律是为人所制定，而非人为了法律如何。所以，最终法律的目的不能缺失了人这个目的。什么是人之终极目的？正如圣·托马斯的观点，它是三重的：对于美德的实践、人与人之间的友谊以及成就神的美意（the enjoyment of God）——“人类生活与社会的终极目的是上帝”。法的作用是双重的。积极地看，它最有效的是要获得那些能导向目的实现的外在条件。消极地讲，它必须给人以自由去追寻构成他的正当幸福的三重目的。[7]

甚至在法律里，矛盾在于法律是一种不整全的和危险的工具——尤其在一些头脑强硬的政府的手中——如果（将法）从所

---

〔6〕 吴经熊：*Fountain of Justice: A Study in the Natural Law*, Sheed and Ward, 1955，第 150 页。

〔7〕 同上书，第 149 ~ 150 页。

有人法与伦理所源出之处的目的论或背景中分离出来。因为正如我父亲所说的,“所有人法必然注定是要爱上帝与爱邻人。”〔8〕而对于基督徒而言,这归根结底地构成了两个最大的犹太 - 基督教的诫命。(对于我们来说)有意思的是,或者说关键是在于能够实现它们(如我们上述所引用的话)——它们也能被很好地运用到孔、孟中去。

我父亲是一个文艺复兴式的人,他从不让自己成为这样一个人——其生命与信仰只是让他成为一个过程(a matter of course)。他所有的卷轶浩繁的著作和他的友情过从——他细致、悉心呵护的——无误地导向一个整全而普遍的人性、远离二十世纪所流行的那些主义,如我们已经在上文所提到的。有一些已经在反乌托邦的事业(dystopian enterprises)里导致了无声的人间悲剧,甚至制约了人类那些最基本的潜能。

霍—吴的友谊告诉我们很多他们两人的事。在我父亲这里,尽管他们深挚的友谊跨越了代际、文化与传统,以及并非最不重要的语言文化方面的差异,然而,让我最为讶异的是,他能一直保持某种客观中立和不偏不倚,不让霍姆斯引导他去完全接受主要是霍姆斯主义式的法律命题——一种主要根源于实用主义、实证主义和功利主义的法律体系。这有很多的原因:一个原因可能在于父亲既从功能上又从形而上的角度理解理性,通过这个他分别看到,法律科学的演化以及圣灵的造化(very operations)。本能上

---

〔8〕 吴经熊: *Fountain of Justice: A Study in the Natural Law*, Sheed and Ward, 1955,第 150 页。

他觉得,没有超验与神的基础的法律——让人吃惊的是,拥有这种洞见是在他转向天主教之前的几乎二十年间——会成为软弱的为最坏国家机器所掌控滥用的工具。

他知道这种危险在于混淆了目的与手段,结果是退化为完全不尊重人,并进而不尊重社会。我们不必沉湎于上个世纪的许多浩劫、大屠杀(holocaustic events)——这个世纪,在汉娜·阿伦特(Hannah Arendt)的言辞里,是黑暗年代(dark times),而不幸的是,它继续着并没有削弱——从那里我们经见了对于人性之大肆伐挞、遍布在这个受苦的地球上。我们继续去攀爬、匍匐着去寻找生活的任何一方面微小的优越感或特权,而并非由一些宽宏的理性与普世的价值所引导,却深深地为"血族复仇"所影响,它不间断地威胁、撕裂我们的身心。我的父亲于二十三年前在台湾逝世,在法律荒漠化的现状里,他的声音是孤独的。

让我们去看这同一封信,它提供给我们这么多乃父如青年人一般的冲劲(élan)。他或许看起来似一个英雄崇拜者,虽然事实上他对他的英雄以极大的热忱的言辞——而我相信若再回顾去看,却不乏悲剧性与预言。让我们注意,在他写作的那个时候——不论霍姆斯其年高德劭,事实上已真正地被视为西方世界的一颗最有影响力的法律心智——"我恳求您,阁下,为了您的更年轻的后辈们以及为了人性的利益——给我们一个证据,一个遗赠非为金钱所能衡量的——有助于拯救无数的人的生命和灵魂免于不必要的毁灭。"它写于"一战"以后的仅仅四年里——一场很多人相信是会"终结所有战争"的战争——而少有人怀疑大规模的武械冲突,在范围上会不可想象地席卷整个地球,且仅仅在短短几年之后又长出它鄙陋荒诞的触须。

这封伟大的有启发性的信件之最后一段，捕捉了他的善感的心并预见到吴在其三十多岁接近四十岁时为深沉的宗教信念所引使。他无甚羞怯地对霍姆斯说——如同对待一位平等地位的、有胸怀的朋友——“我们年龄相差悬殊，但永恒（Eternity）与年月流逝又有何干呢？我们出生之地相隔万里，然而对于寰宇（Universality）来说洲和洋又算得了什么呢？我切望着阁下您的友谊，因为天意使我们心意相亲；阁下您是天赋童心不减的老人，我则是生有老人之心的少年。”〔9〕*

在《正义之源泉》（*Fountain of Justice*）中能发现这么多丰盛的智慧，是他宗教转向（religious conversion）后之特别丰硕的果实，这真是一次根本性的转向（metanoia）——一种灵魂上的精神与道德的转变——集中体现在他本初直觉的最深处——他从经典的根基所学到的，特别是在中国传统经典那里学到的；对他而言所反映得最为丰富的本国传统那里，得到了最高的肯定和确证。在成为一名天主徒后，如他在他精神性的自传《超越东西方》（*Beyond East and West*）中所写的，他将自己本国传统资源中的精华部分，带到他所受洗的宗教以及普遍性道德里，这就帮助他丰富和复活了新的与旧的，并综合了对他来说构成东方和西方所能给予对方的那些最好的方面。

---

〔9〕 吴经熊先生的英文自传 *Beyond East and West*（Sheed and Ward，1951），第 92 ~ 93 页。

* 参见吴经熊：《超越东西方》，周伟驰译，中国社会科学出版社 2002 年版，第 98 页。——译者注

法律,可否为诗? 它应该能而且确实当如是,如果你是吴经熊的话你会发现——他总会不可避免地从有机的、动态的和普适的视角看待事物。从《正义之源泉》中最生动可爱的段落之一发现,一个人仅仅需要通过检验他关于普通法的说法就能确信:对他来说,法律并非如我们大多数人所体察的那样,仅仅是法律。接下来是一段诗性的史诗(rhapsody),并不像是在任何东方的或西方的法律文献中所能找到的;从某种精神看来,这段话可能正适用于法律职业——如希波克拉底誓言(Hippocratic oath)曾经长期地对于医师职业的意义那样;然而,这段话在语言和纯洁意象(Edenic images)上之美感可能超越了后者。这段话很长,但我愿意在整体感的实现上去引用它——这难道不像是英文的罗曼诗、威廉·霍兹华斯(William Wordsworth),或者中国诗人艺术家王维,在他们各自描摹大自然时所可能描写或摹画的吗?

> 在普通法的神秘园(enchanted garden)里,有许多隐藏的小丛林雀跃着您的心灵、焕发着您的精神,而同时也会诱使走到一些新的路上去。它并非一个封闭的园地,而是一个一边不断地有野地、山丘和河流,而另一边则会引到街道和集市上去。起初,除了迷失于迷宫似的路与小径,你感觉不到什么;你希冀去发现一些路标,但是你无功而返。然而日日徜徉于园中,让你开始逐渐地熟悉一些地方的兴味以及园子里始终变幻着的情致,结果你不可避免地越来越为其所着迷。你开始去神化一些模糊的标记,然而好奇的因子从未消失,因为它看起

> 来随着天气变化并且随着新季节的来临呈现出新的景致。可能你会发现一些人为设计的痕迹在这里或那里，但是你没有能力确切说出：在哪儿自然中止而艺术发生。你没能找到一个普遍的设计，除非它可能来自自然的或神秘的天意（Providence）的规划。你所发现的并非立即而整体地逻辑一贯，而是一个不停息的有机的变迁，日复一日地更生。〔10〕

置于一个合适视角之下，《正义之源泉》确是一部爱的杰作；它于20世纪50年代中叶、我父亲生命的鼎盛之年首次在美国印行出版，它在我的心里——是一部试图去拯救那些对于当代世界具有攸关所需的尝试；一种激进地看待人生阴暗面的眼光——对那黯淡的而失去荣光的法律界与法律职业，并疾呼要从给予根与新叶以生命的本源（Source）处去理解。如果这部书最终将会在他出生的祖国和自己的同胞那里被读到和讨论；我亲爱的父亲，他知道将会多么高兴。更为重要的是，作为一个为中国传统经典所滋育成长的人，对于父亲他的生命和记忆来说，我们所做的将是荣耀的——并满怀憧憬地，如果在不远的将来——他与中国智慧的男男女女所深切地分享的人文主义之梦想，能够充分地付诸实践。

当父亲作为一名年方二十二岁的青年人在巴黎给霍姆斯大

---

〔10〕 吴经熊：*Fountain of Justice: A Study in the Natural Law*, Sheed and Ward, 1955，第96～97页。

法官写信的时候，他毫不怀疑地认为，作为蕴藉于一个伟大的个体生命，他所预见和热切期望的大的志向——去拯救、启蒙、提升和现代化——会在某一天被热烈地接受，并成为一种非常的先锋和鼓声来驱策我们这个民族前进。

吴树德
中国文化大学（台湾）荣休教授

序二　一座文化孤城的灵性自白

先生大著，成书于异国他乡漂游岁月，适值故国新旧鼎革之际，则其内心之忧戚孤苦，遥望文化神州之苍茫独立，可想而知。乘桴浮于海，天宇海疆，苦度余生，是那一辈华夏学人中年以后，不少人的被迫选择，而造成一波文化难民现象。当年西东大学法学院同事回忆，彼时“约翰·吴”身着中式长衫，时常踽踽独行于校园，沉默寡言，一意徘徊，可为其写照。是啊，区区之地，暂寄萍踪，一腔心事，宁与谁说！因而，仿佛落拓不羁的形貌，看似格格不入之举止，展露的实乃郁郁乎之人格，一座文化孤城的苍苍冥冥，岂惟衣冠，岂在身外。今日捧读大著，时空悬隔，究迹原形，犹闻心声，真所谓时间无情，而历史有意，仿佛间，先生魂魄回归故里，华夏文脉又接上了头。

抑或，纵使人事阻隔，斧钺交加，而一脉如缕，精神不屈，宁能断乎！

此时此刻，冥想先生异国他乡飘零岁月，不禁感念世间黄土，予书生一席之地，好歹落脚，倒为我华夏神州保留下读书种子。

其实，吴先生一辈，可谓夹缝中人，处新旧之际，置中西两端，辗转徘徊，欲有所建树，而终究裹挟于时代大潮，甚至，为湍急汹涌的时代大潮所吞噬。盖因遭逢前所未有的古今中西时代，他们对于中西两端皆有体贴，于古今利病多所觉察，特别是对人性善恶尤有感受，而比同时代人多理解一点，更往前看一步，则同情既深，痛苦也更为深彻，绝非一面倒的乐观天真或者决绝愤懑所能打发，也就不是高歌猛进或者披裘负薪所能解决。因而，浊世奔走，行志古今，难分难舍，归去两徘徊。做一点是一点，走一步算一步，将无限心愿落实于洒扫应对，于俗世杂务尽心尽力中安顿身心，构成了吴先生一辈的大致人生。回头一看，真是个人在世间，时代弄人。而此中隐曲，无法通达于时代，难以晓谕给苍生，遂化转为纸上风云，于日乾夕惕中积攒斯文，而期期于重缔中华文明的意义世界。“日知其所亡，月不忘其所能”，描摹其形貌，概乎其心迹。前文说“一腔心事”，此为一端也。

因而，先生大著，用于明堂辟雍的高鼻深目学子课书，首先“照着讲”，讲述那一方水土的法意忧思、灵肉情愫，由此搭建起一个心灵忆旧的精神天梯，为天涯孤旅建造了一个暂泊的港口。此为常业，非恃德生公之才华始可为者。关键是后面的“尾声”，看似轻忽，实则衷心所在，志在“接着讲”，而为这一趟思想旅程收束，终落实于归置人事而料理人世、造福人生而慰藉人心之法意根本。由此努力，则法律这一人事与神事，恰如吴先生所述圣托马斯的话，遂成“一门引导与规范人类生计生活之艺术。”前文所谓“一腔心事”，此亦一端也。

也正是在此，先生循沿圣托马斯主义理路，铺展其法意，呼应于人意，温文谦和的思绪内里，却是不折不扣的中华文明底色。在他心中，法律以正义为旨归，为此鹄的，真善美俱出，为法律塑身定型，图的还是造福人间。毕竟，如其所论，在道德与德性层面，正义至高无上。经由恩典的帮助，基督要求世人去培育一种更为丰茂浩瀚的正义理念，此种正义理念，先生夫子自道，“不过是爱的别称罢了。”由此，法律因为秉持普世之爱，方始以正义为本质，而普世之爱无远弗届，降临每一凡尘个体，要求法律时刻不忘给予每一个体以公道。首先是公道，最终还是公道，公道即爱，爱才是这个世界的永恒福音。法律无爱，即为恶法。

但是，吊诡在于，如先生夫子自道，虽说在上主那里，爱与理性，正义与仁慈，善与美，早已浑然一体，然而，此在人间之芸芸众生凡夫俗子，却并非皆能、皆愿将此特质混融身心、和合为一。盖因它们彼此关联，指向一个统一的本体论之源，却各有畛域，各司其职，因而，时有龃龉，令凡俗无所适从，身心失调，也就怪而不怪。是啊，为真之事抑或不好，好的抑或不美，导致所谓合法不合理，合理不合情，合情不合法，诸如此类，让我们灵肉分裂，精神错乱。此于大转型之古今中西时代，尤为凸显，道出的是人间乱象，潜隐的却是理性与谵妄、人性与兽性、此在与彼岸的激烈争执。而且，放眼望去，俗世人生，一个有限度的世界，为有限理性所建造，在这里，“好的品质并不能充分成长至圆满，且很少能够合而为一”，注定一切纠结，冥冥皆有定数。也就因此，法学家沉潜其间，含咏神俗，缝缀事实与规范，将它们牵引联合，终于养育出仁爱信义公道和平的灿烂花朵，既为志业，更是天职，却也是可遇、可求却终究常常不可得。毕竟，人世错乱而有情，确由真善美构成，虽说并非时时处处均得将此终极价值之三维“充盈整全”，但它们倔强成长，散布于每一点滴。这不，真，为正义之基石；善，为正义之目的；而美，正是美呢，则构成其本质。

在此，吴先生喟言，“一件法律或判决之正义，取决于它是否建基于真，其是否导向一个善好的生活，以及其气度意向能否合乎臻达那终极之所归”。如此这般，公义如日月普照人世，在“法律是事实与理念、神性与人性的交汇域，如那莲花般，它把根深植到淤泥里，但却开出朝向天籁的圣洁花朵”；如此这般，万民庆幸，和平在大地，“颤抖钦佩于如此美妙的宇宙中之生之悦乐”。约莫十年后，先生回归华夏，再度以“正义”为题开讲，援引肴子所谓“礼之用，和为贵，先王之道，斯为美”，为此结题，而痛斥人间恶法之“刻薄寡恩”，则前后相连，一脉牵引，所谓“一腔心事”者，原来在此。

职是之故，假题“正义之源泉”，仿佛陈说往事，缕叙圣道，而其实，不外“花果飘零”之际，一座文化孤城之灵性自白，伟大的自我申说之苍凉与欣悦也！

而万流归宗，中华文化之存亡与中国人生之安危，普世冷暖和人间祸福，构成了一切法意与人意之所在，更是天意和神意之所终。前文所谓“一腔心事”，归根结底，此为荦荦大端者也！否则，要那些法律呀，上主呀，神神鬼鬼，唠唠叨叨，做什么?!

译者心驰东西，体悟神意和天意，还原人意与法意，上天入地，感通连贯，苦心经营，代为先生言声，允为隔代知音。而译笔雅致，气韵生动，意象清远，高山流水，想德生公在天有灵，亦必欣慰于吾道不孤。今日华夏，日新又新，早非德生公飘泊之际所能比拟。但是，安宁和平，繁荣幸福，仁爱诚信，公平正义，依然是还必将是天地之经纬，也是人性之所归，而为政制和法制必当依循之轨辙。如此，则新译刊布，一卷在手，人意盎然，法意肃然，天意皓然，而著者有福，译者有功，读者有幸，怡怡然，泱泱乎，好一个美好人世间也！

一袭长衫，气象万千，魂兮归来，吾土钟磬齐鸣矣。

许章润

2015 年 7 月，盛夏，于北京

序三

今天突然被邀请为《正义之源泉》(*The Fountain of Justice*: *A Study in the Natural Law*)写序,引起很矛盾的反应。多年来我努力的范围不是法律或法律哲学而是设法在大学的环境中活出中西文化的交流与中国文化与基督信仰的结合。所以我怕我能表达的配不上那么重要和有意义的一本书,但另一方面我非常高兴,能看到这本大作的出版。

大概是五十年以前,我念高中的时候,第一次听到吴经熊的名字。他的自传,或更好说,他信仰发展故事的名字,《超越东西方》(*Beyond East and West*)当时已给我很深的印象。我忘记,到底有没有看那本书,但对吴先生生活戏剧性的发展从那时有初步的了解。二十年以后,我再一次碰到《超越东西方》,是我家乡阿尔卑斯山脉小山村的老神父借给我看。当时,我在台湾已待过十一年多,这次我一下子把它看完,而深受感动,感到好像找到一个知己。我马上找吴先生其他的著作而找到了《爱的科学》(*The Science of Love*: *A Study in the Teachings of Therese of Lisieux*),就是描写小德兰(St. Therese of Lisieux)精神的一本小册。小德兰,这十九世纪末年年轻法国修女的自传曾非常感动吴经熊而让他皈依天主教,吴先生把《正义之源泉》献给的第二个人"德兰"就是她。我是被《爱的科学》感动,而我脑子里只有一个问题:公元1940年代初在《天下月刊》(*T' ien Hsia Monthly*)所发表的这篇文章,能不能代表吴先生成熟的思想或是它后来还经过重要的变化? 因当时找不到别的著作,只能问他自己,一个天主教辅仁大学哲学博士班的韩国学生带我到吴先生的家听课,下课后吴先生请我到他的图书馆而我很快就提出我的问题,他的答复:"这就是我的思想。"我们还谈了蛮多别的问题,而最后他送给我几本书,其中也有《正义之源泉》英文版。

一年以后我被邀请在奥地利工作两年,接着我就决定在维也纳大学念哲学博士,我决定研究吴经熊先生思想的发展。不过,本来想尽可能快写完一篇论文就回去台湾。收集资料成了一个相当大的问题,我需要不少不同地方与国家朋友的帮助。但当时我看了吴先生第一篇文章:《古代中国法典与其他中国法律及法制思想之原始资料选辑》[Readings from Ancient Chinese Codes and Other Sources of Chinese Law and Legal Ideas, *Michigan Law Review*, 19, (1921), pp. 502 - 536.],是他的博士论文,我跟当时霍姆斯大法官一样,感到这个人非常有才能,而我决定:无论我需要多少时间,我要好好地研究他。我用了两年的时间才详细地看完主要的资料而开始写,又过了一年半,我的指导教授表示,我写的为一篇论文够了。所以我的论文实际上介绍吴先生比较早期的法律哲学思想。虽然从本来想写的来看我还没有写到一半,我回台湾以后还是先努力于翻译我的论文,我认为在学术界它可以成为认识吴先生的基础。

吴先生非常聪明,头脑清楚得很,有很强的分析能力,但他也很有心,有丰富的感情,更有很灵敏的直觉。他的知识包罗万象,他更有多面的生活经验,最后达到一种交响乐的和谐。吴先生在中国文化里的根很深、很深,但他又那么自然地在西方文化中行动。我还没有遇到另一个中国人让我那么活跃地感到,他深深地了解我的文化。不过,最妙的地方是,他看清楚,中西都是在发展中,而未来的问题不是谁比另一个强,而是怎么达到“超越东西方”,能为全人类着想,找到整合。

《正义之源泉》能代表吴经熊最成熟的法律哲学思想,它是智慧的结晶。以一个中国人的心和很活泼的时代意识他体会西方大的传统的精神,与这精神为法律、为道德、为社会生活的重要性。从法律哲学来讲,重点好像是吴经熊对自然法理念的诠释,实际上中心的问题是我们对生命,特别对人的一种体验。吴经熊很清楚地指出三条可能发展的路:集体主义(collectivism)、个人主义(individualism)和人格主义(personalism)。最后一个是最不容易翻译与解释的一个词,有人把它翻成“位格主义”,因每一个人是“一位”,是一个有尊严但也有责任的人。这是活路。吴经熊看得很清楚,这对人的体验跟耶稣基督有很深的关系。吴先生在这方面的表达与发挥非常重要,特别因为西方近代的许多思想家忽略和忘记这个文化的根。或许从来没有一个人像吴经熊那么深地看而那么清楚描写耶稣与法律发展的关系。

《正义之源泉》是我们时代非常需要的一本书。当时间一到,它会发挥它的影响力，本书有多少话让读者一次、再一次停下来，反思默想。无论政治、经济、科技多快地发展，关键问题最后还是我们怎么看人、怎么做人。

田默迪

2008 年 9 月 4 日

目录

序言 一些基本之概念

第一部分　自然法与我们的普通法

第一篇　普通法在其故乡

第二篇 **普通法在新大陆**

第二部分 **在基督的学园**

序言

一些基本之概念

眼下这本书，不仅是写给那些感兴趣于法哲学基本问题的律师，且也写给那些对于法律没有专门知识的一般受教育之众。我发现很有必要在开始时作一般性的介绍以廓清一些基本理念与术语，因其构成全书之经纬。例如，法律意味着什么，有多少种法之种类被提及？自然法是什么，人法意味着什么，法的本质是什么，法的目的又是什么？永恒法、自然法和实证法之间的关系若何？什么是实证的神法*（divine positive law），什么是人定法（human positive law）？人法之渊源若何？什么是共同善（common good）？什么是思辨理性（speculative reason）？什么是实践理性（practical reason）？什么是目的论法学（teleological jurisprudence）？什么是概念法学（conceptualistic jurisprudence）？

显然，要充分回答这样一些问题需整一卷册。而我在这里最可能做的是提供我的法哲学大纲，上述问题会在合适的地方予以简洁答复。吾称“吾的”法哲学，不是因我有某种特别之侵占性或占有欲，而是吾难以声称吾之哲学能够代表任何哪个学派。的

---

* 参见圣托马斯·阿奎那（Thomas Aquinas）在《神学大全》（Summa Theologica）中对于法的分类。——译者注

确,我打算部分依赖于圣经及阿奎那之著作,但又不同之基督教派,不同之托马斯主义者;吾当然不敢宣称吾之法律思考,其代表
3 了这个基督教的或那个托马斯主义法哲学。我将满心喜悦,如若读者不能在吾之观念里发现任何非基督宗教因素(un-Christian)的东西。当其他作者已然自豪宣称他们是康德主义者、黑格尔主义者、马克思主义者、边沁学派、柏拉图主义者、儒家学者、达尔文主义者、斯宾诺莎主义者,等等,我为何会因为自己是一名天主徒法哲学家而感到羞怯呢?而如果基督宗教(Christianity)其本身并不因我感到羞耻的话,我会更为感激。我乞求我的非基督教徒的读者们能够宽容我,当他们偶遇及书中一些章节的话,是经由信仰而非自然理性(natural reason)所流溢出来的;因为我所相信的正如我所说的。希冀本书对任何一位读者之自然理性具有足够之吸引。当然还有一件事吾乞谅读者之宽容溺爱——因这篇序论作为这部书主要部分之背景介绍,有一些后续部分重复将在所难免。

对于一种法哲学之需要

当我们提到法律,我们通常指的是人法,即规范人们在他们社会生活中的交易和关系,界定他们的权利与义务,民事责任与刑事责任,界定对于不法的救济与主张和设置抗辩的正当程序。为什么不严格限定我们的研究于人法上,为什么不带入一些诸如神学、哲学、伦理学、社会学、经济理论等的内容?答案却是双重的:首先,法律职业不仅是一种谋生技艺,正如外行人所倾向于做如是想的——可能若非经一定之论证,当他看到律师在比较狭隘

之智识上之兴趣，他就会如是确证。正如霍姆斯大法官所说的，“有人听到伯克（Burke）说法律通过狭隘人之头脑而加快了其运思；有人听到萨克雷（Thackeray）*说一名律师将其伟大心智之所有力量，屈服于一种平庸的职业；有人看见艺术家和诗人，如同从一个异在世界逃脱出来一般从法律界退出；有人自我怀疑法律如何能够对于一个智慧头脑来说乃饶有趣味的”。[1] “然而，”他自言自语道，“法律却是属人的——它是人的一部分，也是其他世界的一部分”。[2] 就像所有其他的人一样，律师也追寻快乐 4
（happiness）。“且快乐”，霍姆斯说道，“我确知许多成功之人，不是通过成为大公司顾问和得到五万美金的薪水而简单地说获得了成功。一个足够聪明的头脑想要赢得荣誉，是需要成功以外之其他食粮的。法律更为缈远与更为普适之方面，是那些赋予其普适性价值与利益（universal interest）的方面：通过那些方面，汝不仅在汝志业（calling）之中成为一个伟大导师，且能使汝之职业与宇宙间之广大相联系，从而捕捉到一种来自无穷之回音、深不可测之过程之惊鸿一瞥以及一种来自普遍法则之暗示”。[3] “它看起来之于我”，他进一步声称，“对那些如是这般的人，法律要保持其日常品性，但也要成为理解神奇之一种客体及曜目天才之领地”。[4]

---

* 十九世纪英国小说家，以讽刺类文学作品闻名，如《名利场》（*Vanity Fair*）。——译者注

〔1〕 O. W. Holmes, *Collected Legal Papers*, Harcourt, 1920, pp. 164 – 5.

〔2〕 *Ibid.*, p. 195.

〔3〕 *Ibid.*, p. 202.

〔4〕 *Ibid.*, pp. 276 – 7.

其次,我们也许可以比霍姆斯大法官走得略远一步——去发现甚至在法律日常之情状中,必然包容着“一种来自无穷之回音”以及“普遍法则之暗示”。更甚之,有关生活之理想所涉及的一个普通人与一个天才间之区别,并没有呈现给我如霍姆斯的话让我们相信的那般显著。作为一个事实,霍姆斯尝说,“若汝使一个人相信观察事物之另一种方式更为深刻,快乐的另一种形式更为精巧、超乎于其所习惯的那一套——如果君能使他更真切地看到这一点——人类的天性是会去追寻更为深邃之思想以及更为微妙之悦乐的”。[5] 如是,他之于人性之完善有极大之信赖。于他而言,“法学院的任务,并没有被充分地予以描绘:如若君仅言其乃为了教授法律或是为了造就律师的话:而它其实是要用博大的方式(the grand manner),去教授法律及造就伟大律师”。[6] 作为法科学子并非都如天才一般,很显然地,霍姆斯大法官想要使法律以博大之方式,教授给那些具一般智识之人。

然我自己的理解是,除了用博大的方式,并没有其他途径可教授法律。简单说来,人们若不考察法的根源的话,就不可能真正理解法律。只有吾等潜入判例足够之深,我们就会发现它字里行间之真——“所有学科(sciences)之火星儿都在法律之‘燃烬堆’里重新翻刨并复燃起了。”[7]你可能会认为这是看待法律

[5] O. W. Holmes, *Collected Legal Papers*, Harcourt, 1920, p. 37.

[6] *Ibid.*

[7] Sir Henry Finch, *Nomotechnia* (1613), 被 Richard O' Sullivan 在 *The King' s Good Servant* (Newman, 1948) 第 19 页中予以引用。

的一种过时方式。但是一位当代的普通法大师已经证实了这一 5
事实；有一次卡多佐大法官（Justice Cardozo）在给法学学子们的讲座中说道：

> 君可能认为哲学高居于云天中。而吾则希望汝能看到她降在地上。当君急急赶路，认为若停下来向她献殷勤，是在岔路上踟蹰迷失而浪费了宝贵的时光。而我希望你能分享我的确信，你正在通往目标的高速路上。这里君会发现用再粗笨之工具也无法撬开门闩以及密码锁之钥匙。你以为关注终极概念的那种理论没有实际意义——那可能是真的——当汝在汝之职业中做类似技工式的活计时。而最后君会发现，当你通向更高之问题域，除了它是真（being true）这一点，对于终极的研究是无利得的；而对于任何其他之研究也很少能由此而获利。[8]

卡多佐并非试图赢得学生们去投奔哲学门，他其实是想赢得学生们来法科求学。他提供了一种法律的内在视角。“隐含在任何一种判决中的问题，普遍来说，是一种法起源与目的的哲学。这种哲学虽然蒙着面纱，然而事实上却是最终之裁判者。它接受着一种论证，修改另一种，拒绝第三种，就像永远站在最后的最高审级的上诉法院。经常性地，哲学被错误地整合或弄成断片；它

〔8〕 Cardozo, *The Growth of the Law*, Yale University Press, 1924, p. 23.

的王国，甚至它的那些主题，一直甚少被质疑。既不是律师也不是法官——从一条路上前进或从另一条路撤退——能从来就意识到是哲学在驱策它们，驱其向前，或驭其居后；‘皮鞭’的激励依然在那儿。如果我们不能脱逃于复仇女神们（the Furies）*之魅惑——我们应当做得更好才能理解她们。”〔9〕

我是得补充，在大部分的判例中，问题意识是“逍遥而外”而浑然不觉的。我更想进一步说明，甚至当一名律师如同技术工人一般从事他的职业，复仇三女神始终会在他内心里起作用，虽然他不认识她们。对于最为教条主义与顽固之人而言，它通常是一
6 种无意识的哲学。

让吾以所有之坦诚，来呈现吾之法哲学观吧：不是因为它宣称了任何之目的论；它其实是简单的如同其他观念一般的一种观念罢了。

作为自然法与实证法混合之人法

为了理解什么是人法（human law），我们必须对于永恒法、特

---

* 希腊的神祇。复仇三女神，分别为 Tisiphone（报施），Megaera（嫉恨）以及 Alecto（不安）。其形象为三个身材高大的妇女，头上长着蛇发，眼中流出血泪，双肩生有翅膀，手执火把和蝮蛇鞭。她们在大地上追逐杀人凶手（特别是血亲相弑者），使他们的良心受到煎熬，发疯发狂；在冥府，她们亦负责对罪孽的亡灵执行惩罚。——译者注

〔9〕 *Ibid.*，pp. 25 – 6. 法官罗伯特·维尔京（Robert N. Wilkin）也同样证实道：“自然法的原则、标准和箴规（precepts），持续地为法庭所采用——当宪法、法律和先例被阐释以及被适用到永远变化的生活情境中去时；它们也在对于意愿（wills：英美法上有时也指遗嘱。——译者注）、合同、法律行为以及生活关系的阐释上被使用。它们是人类天性的一部分且不能被割裂于生活本身。”（*Proceedings of the Natural Law Institute*，2 [1948]，p. 147）.

别是对自然法有一些概念。它们不仅是所有人法所源出处,且其构成了人法之根本部分。正如圣托马斯所说的,"每一部由人所制定的法,其享有法之特征,取决于其来源于自然法的多少与程度"。[10] 人类之主权,的确隶属于神与法(subject to God and to the law),因为它从那里才能获得权威。

当论及国王时,布拉克顿写道:[11]

> 的确,在领受正义方面,在王国中,一国之君与哪怕最卑微的人也是平等的。另一方面,也是确实的,即在权力方面他优越于所有其他人。即便如此,君主的心也应在神的掌控之中,以使其权柄不被放纵。因此要让他运用节制之辔头与适度之缰绳,以免其未被约束的权力会导向无法无天。因为,作为上帝的仆人和代理(vicar),国王在地上不能做任何之事除非他合法地去做。而且也非如有些话所回答的那样,"国王所意愿(wills)的就有法律之效力"。(《学说汇纂》,i. 4. 1; Dig. ,i. 4. 1),因为在条款之末尾跟着这样一些文字:"……根据君王法(*Lex Regia*)通过才有效力";不是任何事情都经由王之意志轻率而行,而要经过元老会

---

〔10〕 *Summa Theologica*, I – II, 95. 2. *in corpore*。除非另外被注明,这些从《神学大全》里来的段落,我在这本书里曾经引用的是新的翻译,是由 the Rev. Anthony Lo Gatto of Brooklyn, N. Y. 的慷慨合作所完成的。

〔11〕 译自 Bracton, *De legibus et consuetudinibus Angliae*, ed. By Woodbine (1915), folios 107a and 107b。在本书中所有我所引用的来自布拉克顿的段落,都源自西东大学(Seton Hall University) Rev. Edward Synan 的慷慨帮助。

(council of magnates)，伴以国王的权威，在合理深思熟
虑下被公正地予以决定的，才具有法律效力。他的（国
王的）权力是一种来自法律的权力，并不是一种非法
(lawlessness)的权力，而且既然他是法之作者，他就必须
不仅不给不法以机会，且还要赋予法律以生命；他的职
责是禁止其他人去做违法之事，自己也从不违犯。简言
之，国王应当运用其权力，如上帝在尘世上的教牧
7 (vicar)与仆从一般，去做正确的事，因为只有上帝有权
力，那做违法事的权力是来自撒旦而不是来自神的；而
且做了谁的工作(works)，国王就是谁的仆人。因而只
要他履行了正义，他就是上帝的仆人；但他也会是撒旦
的仆人，如果他背转过去行那不正义之事。“国王”这一
语词，意思是好的政府，并非鲁莽的支配；因为一个国王
要成为国王是当他统治良善时，而当他运用暴力压迫人
民时他就是一个暴君。［伊西多的《词源》(Cf. Isidore,
Etym. Ix. 3.)］因此要让法律去驯服他的（国王的）权力，
它是所有权力之笼头，以使他可以根据法律来生存。因
为人法具有神圣性，是当它们能够制约它的制定者，而
且“它值得配有威严的，因为它让君王宣称自己受法律
约束”。(《法典》，i. 14. 4；*Cod.* i. 14. 4)事实上，“除了
依照法律去生活别无他途可走”，“将权威交于法律是比
其王国更大的事情”。(《法典》，i. 14. 1.)因为“诉诸法
就如法要诉诸他的，这是对的，因为是法律使他为王”。

这对于所有的人类权力来说都是真确的,不管立法、司法还是行政权力。一项法之效力、一项司法裁判或一个行政行为在于其正义度(extent of its justice),而这一正义不是指别的而是与自然律(the law of nature)*相一致的正义。从自然法中分离出来的人法,就从属于这种正义,而在任何一点上如果其与自然法直接相违背,那么“它就不再是法律而是一个滥用”。[12]

比如,自然法的内在效力,以罗宾逊诉曼海姆欧陆保险公司案[Robinson v. Continental Insurance Co. of Mannheim (1915), I K. B. 155]为例。一个间谍在英国法庭上作为被告的一个诉讼。这个诉讼存在对被告的不利。接下来的一个问题是:他能否出席为自己辩护或请一名辩护律师来为自己辩护?贝尔哈奇(Bailhache)法官的回答颇为重要。“我想”,他说道,“他当然可以。提起一场针对这个外敌的诉讼,而拒绝让其出庭为己辩护,是违反正义基本原则的。在我的观念里,任何一种战争状态都不可以要求或证明是合理的——即对于一个人的指控可以不经过听审”。换言之,持有另一种观点将会是专断以及非理性地构成 8
对于法律的扭曲与败坏。正如尼阁德睦(Nicodemus)对法利赛人(Pharisees)所说,“未先听讼,一究其所行,吾法岂能遽加以罪乎?”(吴经熊《新经全集》福音若望传,第七章,51)[“如果不先听

* “the law of nature”与“natural law”有不同,但在本书文中情境往往指涉同源,因吴经熊先生遵循将自然理解为一个智性的、可被理解和被造的自然,是一个有神圣本体和源头的自然——所以不管是自然界之自然律还是神法之一部分而为人智所感知之自然法——都源于同一个造物主、同一神圣本体;故这两种自然法则与自然法本质上合一。——译者注

〔12〕 St. Thomas, S. T., I – II, 95. 2. *in corp.*

取人的口供，和查明他所作的事，难道我们的法律就许定他的罪吗？"（思高版*之若望福音）］但问题在于是否任何法律都能为如许事而不失其为法之本质特征；事实上一些国家在它们特定的历史阶段这么做并不使之从不法转变为合法。奥古斯丁之语亦进入我脑际："若无正义辖制，一个国家不过是一群强盗们之集合。"［《上帝之城》（*City of God*），bk. iv，4］

人定法之所有系统，包含了自然法原则与实证法规则在某种变动不居比例上之持存。前者（自然法原则）是不可更易的，其不似实证法，须经人之权威而被制定，虽则它们可能为人类权威所宣告之；故其不能被改变之。按照教皇利奥十三（Leo XIII）所云："在那些由人所制定的法律中，其有一些与事物本性之好恶相关，这些法律要求人们去遵循正确而回避错误的——设若其时有一合理之制裁的话。但这些律法，绝非源出世俗权威那儿，因为正如市民社会并不创造人的天性，也不被认为是有利于人性成长之良善的创造或与之相反的恶的创造。法律，先于人们在社会中共存，且最终其结果在于永恒法。因而在人所制定的人定法就已经包含了自然法箴规**（precepts），其并不仅有人法之强制，它们同时还具有更高与更庄严之制裁——隶属于自然法与永恒法的。"对于实体法规则来说，同一个教皇说道："现在另有一些世俗权威所制定的法律，它们并非直接地而是稍有些缈远地从自然法而来，而自然法则在一个普遍的泛泛的而不明确的层面上决定了它

* 本书参照之现当代之天主教译文，概使用思高圣经学会释经本。——译者注

** precept，在文中翻译为宗规、箴规、训诫、戒律、箴言等。——译者注

的很多方面。例如,虽则‘自然’(nature)要求所有人去为公共和平与繁荣作贡献,但属于什么方式、环境与条件,均须为人之理智所决定而非由大自然(Nature)本身来定。”[13]

所以实证法的确仅仅是自然法之一种实行,其不得不随着社
会生活之环境与条件之变化而变化。(实证法)用两种元素构成 9
一个生动活泛之人法体系。圣托马斯举了一个合适的例子:“这是自然法即一个人作恶须受到惩罚;然其因应于在哪一种特定方式上受到惩罚,则是一种自然法之具体化之决定(特殊化)。”[14]我们可以随时间变迁更迭增删这些特别的决定,以与人类文明之增进与提高相颉颃。举个别的例子,自然法原则中之一个:正义必须被授予每一个人。没有一个有理智的人能否认这一原则。但关于什么是在特殊环境下的——理智的人能够且经常是持不同意见的;而圣托马斯在这个问题上提出了这一明确观点,即是否旧法之司法原则以后总是适用的;而反对者认为它们是永远有约束力的。“这些司法的准则”,那些反对声音说道,“合于正义之美德:因为审判被认为是正义之执行。但因为正义‘是不死不灭的’,智慧篇(Book of Wisdom)如是说道(思高版智慧篇 1:15);因此司法准则的约束力也是永久有效的”。[15] 而圣托马斯对于这一反对意见的回答是智慧的:“正义,的确须在任何时候都被遵

〔13〕 转引自 Encyclical Letter *Libertas Praestantissimum*, June 20, 1888。参见 *The Great Encyclical Letters of Pope Leo XIII* (Benziger, 1903), pp. 141–2。

〔14〕 *S. T.*, I–II, 95. 2. *in corp.* 它应当被注明:自然法的一项“决定”是经验理性(empirical reason)之产物且没有终极。

〔15〕 *S. T.*, I–II, 109. 3. 1.

循。但由人的或神的立法(human or divine enactment),来决定何为正义则须随着人类社会情形之不同而发生变化。"[16]圣托马斯所谓的"神圣立法"(divine enactment),是指神法(divine positive law),它并非自然法之一部分。旧法(Old Law)包含了三种不同的诫规:礼法的(ceremonial)、司法的和道德的规范。只有道德箴规才是属于自然法的。

自然法原理是永恒浩大的。然而正因其包容性大,其被适用时就具有弹性或张力。而实体法规则是变迁的,为人类权威所更动,但只要它们保持效力,它们在适用时就是严格的。因为自然法原则是宽广而富有弹性的,在其适用时,不少肤浅的司法者,否认其内在有不可改变性。同样,因为实证规则在适用时是清晰明确严格的,那些粗枝大叶的法官们就会否定其内在之变迁。人们必须小心这些误区。正如法官潘仁思(Penzance)所说,"法律是
10 且应当是正义之女仆;而忠贞不渝、不可更易,正是正义最为体贴之法袍,但却常常给予前者以奇装异服之古怪造型"。[17]

法之定义

要达臻一种完全的对于法之定义殊为不易。无论多么充分,法之定义,其须要考虑到本质、目的及过程(起源与成长)。不同年龄与学派的哲学家和法学者们,尝试回答这样的问题:什么是法?他们大部分是对一个方面或法的一个种类付诸特别之注意,

---

〔16〕 *Ibid.*, *ad* 1.

〔17〕 Combe v. Edwards (1878), 3 Probate Division 142.

而忽视其他方面与类别。一些人本体地思考法律,另一些人则是目的论式的,也有一些人是功能论的;一些人主要思考永恒法,其他一些人思考自然法,也有些人则思考实证法。

在米诺斯(Minos)一篇中,我们从柏拉图那里找到这样一段论述:"法律寻求成为实在(reality)之流溢物。"〔18〕第欧根尼·拉尔修(Diogenes Laertius)引用克律西波斯(Chrysippus)的话说道:"普遍法则,穿越万事万物——其如同管领整个寰宇之宙斯(Zeus)一般。"〔19〕这些话显而易见指的是永恒法。胡克(Hooke)之言也同样真实:"在法律中,没有比这些更少受到确认了:她的宝座在宇宙胸膛,其之声音乃宇宙之和谐天籁;天地间所有事物都对她效忠,最微末者能感受她之慈爱,最强大者亦不能免除其威势。"〔20〕

当西塞罗思索自然法时,他说道:"法乃最高理性,根植于自然,它强使着什么可做并禁止与其相反和相悖的。"〔21〕塞尔苏斯(Celsus)思索着法之过程与目的,当他说"法[ius]乃善与衡平之艺术。"〔22〕实证主义者排他性地看重政治主权(political sovereign)之意愿与权力好比是所有法之终极来源,而忘记了乃是律法塑就政治权威。而实用主义者们强调法之实行正如法的生命,如卡多佐先生写道:"一项原则或行动之准则如许确立——

---

〔18〕 *Minos*,315 A.

〔19〕 Diogenes Laertius,*Lives of the Philosophers*,vii,88.

〔20〕 Hooker,Ecclesiastical Polity,i,sec. 16. 我在这里使用一个现代版的文本。

〔21〕 Cicero,*De Legibus*,I,6.

〔22〕 Justinian,*Digest*,I,I,I.

是为以合理之确定感来证明一项预测——当其权威受到挑战时，11 将由法院予以实施；它对于我们学习目的而言，就是一个准则或法的统治。”[23]他主要将法视之为一个过程，而其之进路是心理学主导的。这一定义的可取之处在于其之门乃是向着自然法原则敞开的，而法官若正确思考这些原则，那就是他们裁判之坚实基础及由此构建我们所能有的预见之牢固基石。然此之界定却也是单向度的，因其忽略了法之本质所在。

相较而言，对于法之最为充分的定义来自圣托马斯。他说道：“它只不过是为了公益(common good)目的之一些理性规则而已，即由公共福祉之委托所创设并加以弘扬的。”[24]这一界定既照顾到实质又及达法之目的与过程。法之本质与理性是一致的，其终极所指乃公益*，并且其进程包含于通过对于目的之进取式(progressive)之姿态即通过立法、普法、审判与执行的方式来逐渐实现其本质。这一定义涵括了各类之法：永恒法、自然法、人法、旧约与新约之中被启示的神法。

永恒法

无论在何处只要秩序存在，就会有法律；整个宇宙秩序正是神圣理性所从定之律令。而天主，既是它的创造者，又是它的立法者、法官与国王。祂统御整个被造物界，据其为了所有善的神圣意愿之筹划——这一番筹划称为永恒法。永恒法必定无法用

[23] Cardozo, *The Growth of the Law*, p. 52.

[24] *S. T.*, I－II, 90. 4. *in corp*.

* common good，在文中被翻译为“公益”或“共同善”。——译者注

“言”(Word)来识别,因其不是如言那样乃一个位格(not a Person like the Word),而是一个理念或理型(but an Idea)。然正如圣托马斯所指出的那样,永恒法独特地与“言”相联系。此言非乃被造,而是由父所生、完全地表达其自身以在未被创造事物中的。所有事物,都通过言而被造、以父万能的知识来体现。“并且在其他为这言所传达的事物中,永恒法自身也通过同样之方式被传达。”〔25〕 12

无人能知晓永恒法,因吾等皆在其之中,除了那些被称颂与被祝福的,谁能洞悉上帝在其本质之中(God in His essence)。这永恒法既是物质界秩序亦是道德理性秩序的源头。我们看见其在暗中穿越却镜现果效。各个时期之诗人与哲学家们必经历过此瞬间之传递,当他们为宇宙之无法形容之神奇及物化界和精神界内在的神秘和谐所倾倒。一伺意识到这同样曾经点燃并照亮吾等心灵之爱与智慧,也一样给整个神妙宇宙以生命与序列,这就让吾等欢悦不已。〔26〕 在我们平常的日子里,我们的视界是碎片化的。我们知道摩西十诫、重力定律、能量守恒定律、孟德尔定律(the Mendelian law)*、边际效用递减律(law of diminishing

---

〔25〕 *S. T.*,I－II,93.1.ad 2.

〔26〕 这是但丁《神曲》的终极视野。在儒家经典《中庸》之中,我们发现了这样一段话:“These moral laws form the same system with the laws by which the seasons succeed each other and the sun and moon appear with the alternations of day and night.”(辜鸿铭之翻译)。(辜鸿铭之英文译句可参见中庸原文:“仲尼祖尧舜,宪章文武……辟如四时之错行,如日月之代明。”——译者注)甚至康德有他自己要突破他所创设的二元论禁锢(prison of dualism)之时刻。

* 遗传学上的定律。——译者注

returns)，及刑法和民法，所有这些都属于一些不同秩序种类之法。然当我们想到上主是这样独一的立法者，祂的意愿我们都能或多或少精确感受之，我们就开始发现各种不同种类之法或律之本质之结合点；这样我们应可与达味(大卫王)一道称颂之了**：

干坤揭主荣，碧穹布化工。

朝朝宣宏旨，夜夜传微衷。(吴译圣咏译义，第十九首 干坤与妙法，2－3)

【高天陈述天主的光荣，穹苍宣扬祂手的化工；日与日侃侃而谈，夜与夜知识相传。(思高版圣咏集 19:2－3)】

且在同一气韵节拍里，我们应当称颂这一道德律法之奇伟的：

妙法洵全美，我魂得归依。灵证洵万确，童蒙识玄机。玉律岂有瑕，只守心自怡。圣典何皎洁，悦目惊新

** 作为法学家的吴经熊先生，还是一名杰出的翻译家，他曾以美好的文言翻译过诗篇和新约。他翻译《诗篇》和《新约》两年[1942 年 11 月 1 日到 1944 年 10 月 31 日(参见吴经熊：《超越东西方》，周伟驰译、雷立柏注，社会科学文献出版社 2002 年 7 月版，第 366 页)]；他将每一行的字数限制在 3、4、5 和 7 字之内，并在一节四行的第一、第二、第四行之末尾做到押韵。而在本书《正义之源泉：自然法研究》中，即将吴先生所译之《圣咏释义初稿》与思高版之《圣咏集》(即新教所称的《诗篇》)，并列而对照地展示出，以纪念吴经熊先生曾在圣经翻译上之博雅造诣。——译者注

奇。(圣咏译义,第十九首 干坤与妙法,8 –9)

【上主的法律是完善的,能开启愚蒙;上主的规诫是正直的,能悦乐心情;上主的命令是光明的,能烛照眼睛;(思高版圣咏集 第十九篇赞主颂 8 –9)】

所有这些都是永恒法之果效,正如在其自身,其乃藏匿于云朵中的。正如诗篇作者(Psalmist)所云:

雅威御寰宇,监临斯下土。大地应腾欢,诸岛宜鼓舞。

叆叆围周帀,幽深不可窥。仁义与正直,实为御座基。(吴译圣咏译义,第九十七首 佳音,1 –2)

【上主为王! 愿大地踊跃,无数岛屿,也都要欢乐!

云彩和黑暗将他团团包围,正义与公道支持他的座位。(思高版圣咏集 第九十七篇天主显现时的威严,1 –2)】 13

因为永恒法于其本性上超出吾等之理解力,它足以让我们去理解“所有法律,它们在多大程度上分享了正确理性,它们就在多大程度上来自永恒法”。[27] 因物理定律与道德法则在永恒法里

---

〔27〕 *S. T.*,I – II,93. 3. *in corp.*

共享一个起源，它们共同扎根于事物之实在*(reality)且同属于一个宇宙。然我们知道永恒法甚少，而这一超越性之诉诸，乃一个成熟之法哲学所必不可少之出发点。

而现代思想家所易犯之最为共同之错误之一，即是认为自然法则是客观的，而道德律令是主观的，因为前者关乎"是或否"的问题，而后者则关乎"善与恶"(或好与坏)的问题。对其却不能过分强调之；当善并非根植于实在或存在(reality or being)，那么其就不能被认为是善；正如真(truth)不能被视作为真，若其不与实在保持一致。在这一问题上，我想从弗兰克·席德(Frank Sheed)那里引介一段话阐明关于自然法则与道德法则之间的区别，同时来说明两者都根植于本体论上之实在(ontological reality)：

> 一个关于我们宇宙依靠法则运行之简明想法，揭示给我们两套截然不同之法：吾等可称为物理界之大自然法则与道德界之法则。于我们来说这种实用的区分，在于自然法乃上主之律令，即所有事物必须做什么；而道德法则是祂(上主)关于人之精神存在(spiritual beings)应如何运作之法律。在道德法的实践中有一个选择性的因素，而物理定律(physical law)则没有。而这个选择因素，虽则它存在于那里，不会精确如我们之所想；比如火燃烧乃一物理法则，有时它对于人来说特别之有用，

---

* "reality"，这一语词，是贯穿于吴经熊先生氏著 *Fountain of Justice* 之中最关键的词汇；也是领略先生作为唯实论主义(Realism)法学家的最为关键的法哲学概念。在本文之中，"reality"概被译为"实在"。——译者注

但有时却会是灾难性的。然不论有用的抑或是灾难性的，火始终是燃烧的。从第一眼看去，道德法则，看上去与前者截然不同，它告诉我们应当做什么与不做什么——在此语境中暗含着我们有自由去选择为或不为某事，然吾等却没有自由去选择——如果我们将手伸到火里去是否会被烧着。事实上，道德法则仅仅创造了命令的形式，如火燃烧这样已然存在的自然法则。上帝之律令于我们而言不可能包含错误见证，这就暗含着若吾等选择的话，就会带有错误见证可能性；而带有错误见证这一点——甚至当我们不懂上帝律令及罪如何产生之疑问，这会在精神上损害我们——如同我们将手放进火里会损害我们肉身一样确凿。换言之，物理法则和道德法则就是法律，因为此乃吾等本来之所从是。而若吾等是石棉做的而非肉身的，火焰就不能伤及我们；而若吾等是成年之牡鹿，通奸同样也不会损伤到吾等作为人（之尊严）。物理法则或道德法则，知道了其为何，就等于知晓了万事万物之实在本存；在行动上与之相符乃就是按事物之本来来行事（by the reality of things）。而此乃就是理智完善（sanity）。[28] 14

〔28〕 Sheed, *Theology and Sanity*, Sheed & Ward, 1947, pp. 116 – 17. 在最近的一篇文章中，乔治 W. 葛柏乐（GeorgeW. Goble）教授说道："爱、友谊、同情以及美感，不再为真（real），因其不能被逻辑术语化。"（*American Bar Association Journal*, Vol. 41, p. 403）如果他使用"真"这个语词不仅仅是在经验意味上，而且在本体论的意味上，我也应能完全地同意他。

当论及此主题时，吾就不可遏制地要去引用庇护十二世（Pius XII）之浩繁篇章语句，在其中每个字都能闻见真实。

如若不是被所见到的——为秩序与和谐所统驭的整个存在界之各个层面——所深深打动并激赏之，吾等就不可能从物质与精神、物理与道德诸方面去留心观察宇宙。于人而言，在其无意识活动停止而意识和自由行动开始之边界上，秩序与和谐，即根据造物主于万事万物中所设法则而严格予以实现之。在此分界线上，上帝意念与垂令始终在起作用；然其之实行与发展则被交由人自由决定来行使之；它既可与神圣意志（Divine Will）相一致，亦可与其相背离。

因此人之善或恶的，命令的、许可与禁制的自觉行动中，造物主所灌注之意志——通过上主写入自然与启示中之道德律令及人类合法权威（如同家庭的、国家的及教堂里的）之法律所彰显出来。若人类行为依循这些规则对其本身加以规范引导，就能使其与创世者所悦乐之普世秩序一起维持自然之和谐乐睦。

如是，则找到了什么是真法、什么是假法之答案了。事实是，如若一个立法权威在其国家中宣称一个法律规
15 则其本身是有约束力的，并不能从其本源使其成为一个真正的法律。“这一简单事实之标准（criterion of simple fact）”乃可以对祂、上帝（其作者及所有法之至高法则）单独有效的；而将其不加区别地确定地适用于人类立法

> 者,似乎其之法律是正确无误的最高标准,若从恰当的技术话语来说,则尝是司法实证主义犯的一个错误;而这种错就在于绝对主义国家威权(state absolutism)的根源上——其等同于神化了国家。[29]

哪儿有一种真的唯实论*(realism),哪儿就有错误的唯实论。哪儿有真的存在主义,哪儿就有错误的存在主义。真正的唯实论和存在主义(existentialism),开始于这样的根本见识:基于对于最高存在(Supreme Being)的独一的根柢的洞察,我们能够说存在就是其本质(His existence is His essence),并且作为其内在视角之必然推论,而任何其他存在之事物的存在中缺乏了本质的和在其中蕴含着的对于本质的渴望。而若没有这一热望(aspiration),存在(existence)就只能是空壳没有鲜活生命的种子在里面——而这也的确是错误的唯实论(realism)和存在主义(existentialism)所要把我们引向的去处;而越来越充分地体现出本质(the essential)的存

---

〔29〕 这段话是从教皇对于罗马圣轮法院(the Tribunal of the Sacred Romana Rot)的训谕而来,发布于1949年11月13日的司法年度开幕礼(the Inauguration of the Juridical Year)上。其全称为"法律与良知:法的客观规范"(Law and Conscience:the Objective Norms of Law),其出版印行于庇护十二世(Pius XII)的*Discorsi agli Intellecttuali*:1939 - 1954 (Rome,1954)之中。它是对于现代司法实证主义的最有穿透力的批评,同时,亦为自然法哲学创设了基本之起点。

* Realism,实在论或唯实论,西方哲学本体论的一种观点,认为本体论中的实在(Reality),是独立于人类感官、信仰、概念与想法之外的。唯实论者,承继古希腊哲学家柏拉图的观点,他们相信,我们所相信为真实的一切都只是近似于真实的存在。人类感官所感受到的世界,只是真实的一种投射,并不是真实。实在论起源于中古欧洲经院哲学家对于柏拉图理型论的一种诠释,他们认为共相是存在的;而唯名论与概念论者,则反对这种看法。——译者注

在之热望(aspiration of the existential),其扎根之所及其所被焕发起的来源——实乃至高存在之本性(the very nature of the Supreme Being),也就是实在自身(Reality Itself)。

更为直接而清晰地道来,在神,这实在是一个事实(reality is a fact);而于我们而言,这个实在(reality)是须努力去达到证成的。我们的事实存在于实现之中,在一个不断推进实现化之连续不断的过程中。真正唯实论区别于虚假者——在其观照觉察到,对于本质之热望(the aspiration to the essence)乃存在之必不可少之组成部分;另外,它区别于单纯的唯心主义(idealism),因它(真正的唯实论)是在一个本体实在论(ontological reality)语境中去感知这一热望的。真正的唯实论(realism)当会如许回应诗篇作者之话语:

> 聆瀑布之喧豗兮,渊与渊其相应。一波未平而一波又起兮,伤夫洪涛之设顶。(圣咏译义42:8)
>
> 【在你瀑布的巨声下,深渊与深渊和唱;你所有的洪涛巨浪,都冲击在我身上。(思高版圣咏集42:8)】

自然法

圣托马斯将自然法描绘为"一个理性造物之对于永恒法的参与"。[30] 将永恒法与自然法加以区分是重要的,若我们要避免无根据之教条主义、独断论(unwarranted dogmatism)之陷阱。永恒
16 法是神意之筹划,因此它也是绝对完美的。自然法,在另一方面,

〔30〕 *S. T.* ,I-II,91.2. *in corp.*

仅是永恒法在人自然理性上之一个印记罢了,它是有限的,并不能成为绝对之完美。无人能以比圣托马斯更为清晰明白之术语将此一区别揭示出来:“人类理性没有能力完全参与到神圣理性之传布上,而仅仅不完善地以己身的模式去(参与)。现在,关于思辨理性,在我们中的,即是通过神圣理性之自自然然之参与,对于一定普遍原理之一种知识,然而,并非如神圣理性(divine wisdom)所拥有的那样对于单个与每个真理之特别知识。同样关照到实践理性,人类在一些必然的普遍原理上,天然分享着永恒法,然却并非是针对每一个原理之特别决定性上,虽然它们都蕴藉于永恒法中。”[31]

圣托马斯进一步从思辨理性中区分了实践理性。思辨理性主要处理原因与效果(cause and effect),而实践理性则主要关心目的与方法。前者的目标是真(the true)的问题,而后者则以善(the good)为目的;前者处理事实与事实的关系,而后者则处理价值及它们之间的相对重要性且包含了对于目标之选择及此外对于手段之决定。这一主题素材(subject matter)上之差异之后果是:法律所属之实践理性,在确定性(certitude)之问题的定位上有别于思辨理性。

“正如思辨理性主要处理除了它们自己这样的必要的无法被替代的关系,真理在一些个殊化结论里被无瑕疵地发现,正如在一般

---

〔31〕 *Ibid.* ,91.3. *ad* 1. 永恒法与自然法之间的这一区别,被自然法的思辨哲学家们所遗忘了,结果是人的理性占据了神圣理性的位置,且其假设为要为宇宙立法。黑格尔主义(Hegelianism)——作为在这种状态下最糟糕的思辨哲学,甚至将法律配称上帝的名义。参见 Sheed, *Communism and Man*, Sheed & Ward, 第一章“黑格尔之所思所想”。

原理中被发现那样。但是实践理性处理偶在的事件,这其中有人类之行为,因此虽然在一般原理中有其必然性,但当君接下来想进一步得出一些特别结论之时,就会更多地发现这样一些缺失。”[32]

这一种洞识对于所有法科学生来说,都是至关重要的。现代法学者、法官们多数会犯之错误能够被追溯到是因为缺乏对实践理性之本性与局限之清晰认识。那些倾向于教条的人,不仅在一般普适原则中,也在于事物之细节中,体察到某种必要性或完美之正直(necessity or perfect rectitude)。而另一方面,怀疑论者不仅在细节
17 上且在普适原则上,否定其之必要性;而霍姆斯大法官是正确的,如当他对于那些过分主张教条主义者说出“愤世嫉俗酸葡萄”(cynical acid)[33]之评语时。而当经济上的自由放任主义,为契约自由之法律原则所强化,而当无情的自由竞争在关于适者生存之达尔文理论中找到一个神圣之许可,当劳动仅被当作是一个商品以及劳动契约关系被与其他买卖合同同等对待之时,当合理的社会立法(social legislation)被指责为家长制作风,以及简言之当法律制度被冠以自然法之名而去除其人性化,甚至这“愤世嫉俗的酸葡萄”都成了一个适合时宜之解毒剂(antidote)了。

霍姆斯大法官则走到另一个极端,即他全然否定自然法。他曾说过,“对于浪漫骑士来说,汝若同意其身边的女子为一个好姑娘还是不够的——若汝不承认其乃上主曾创造或即将创造中之最美的一个时,那么汝就会面临一场决斗。所有男人心里面都有

〔32〕 *Ibid.* ,94.4. *in corp.*

〔33〕 *Collected Legal Papers*, p. 174.

一种完美主义的对于极致与最高等之渴求,它的程度这么深以至于那可怜之心魔,无路可走只能通过独自饮醉来实现。而这一要求对于我,则处于哲学家证明真理是绝对的努力以及法律人在自然法名义之下寻求普遍有效性之标准的底线状态上”。[34] 而他在这一层面上否定得太多了:因为人不能总是生活在“冷嘲热讽”中,虽则对于解构“法律概念主义”,它会是有用的。

有一个语词被称作“概念法学”(conceptualistic jurisprudence)或“法律概念主义”(legal conceptualism)——读者常会在本书中遇到。而这一术语是对 *Begriffsjurisprudenz* 的翻译——耶林创造它用来描述法律思维中所有对他的即意味着唯实论法学(*Wirklichkeitsjurisprudenz*)* 之反对。[35] 当然,法律科学正如其

---

〔34〕 *Ibid.* ,p. 310.

* 唯实论法学(a jurisprudence of realities),是吴经熊先生在本书中所主张的一种法哲学、“他自己的法哲学”;他认为,自己主要从圣托马斯·阿奎那以及从圣经中找到灵感和思想的源头。——译者注

〔35〕 鲁道夫·冯·耶林(Rudolf von Ihering)(1818—1894 年),被许多人视为 19 世纪最伟大的法学家。霍姆斯称其为“天才”(*The Common Law*, p. 208)。他是一名德国学者却有着美国式幽默。其之写作风格是活泼泼的。除了他之不朽著作如《罗马法精神》(*Der Geist des römischen Rechts*)(目前尚无英文译本)以及《法律中的目的》(*Der Zweck im Recht*)[其第一卷已被翻译,在以“法律作为通往目的之途之手段”为题之下,且其发表于现代法律哲学系列丛书(Modern Legal Philosophy Series)之中],他写了一本书名为《法学中的幽默与清醒的真理》(*Scherz und Ernst in der Jurisprudenz*),这本书中包含了一篇有智趣的短篇——“在概念的天国”(*Im juristischen Begriffshimmel*)。其之一种英文版本,在柯恩(Cohen)那里可得,《法学与法律哲学读本》(*Readings in Jurisprudence and Legal Philosophy*),纽约 Prentice-Hall 出版公司 1951 年版,第 678 页及以下。在这个不乏幽默之短篇中,他嘲笑了所有那些个法学学究们(legal pedants)——因其沉溺于吹毛求疵、拘泥于细节之推理而无任何为了法律制度目的(purpose)之观念。

他所有科学，不能为概念所摒弃省略，然法律概念主义者，将它们本身作为结果而不是作为结果之手段，即作为正义实施之手段：他们将法置于一个技术框架中，这让法律看起来是一种类似于因果律(causal law)的思辨理性。且看上去隐藏了目的论动机。在许多案例中，这被证明了对于法官来说是省力的机械构造，而并
18 非如另一个所罗门王那样每次诉诸价值判断与直觉，他(法官)仅仅需要从作为大前提之法律概念出发，以运用案件事实作为小前提，如此便几乎自动地推出了结论。所以一些法学者或法官将这一过程与自动投币机相比。你将一个硬币从右边投进去，然后瞧呀！出来的正是所需要的(虽则有时并非如此，如我秘书所告诉我的那样，但或许那会是一个机器小故障了)。

记得当我坐在上海治安法庭(a police court in Shanghai)，每天早晨有成百宗小的交通违法案卷呈交给我，而每一份被罚不超过一美金。如果我以前不得不每次都诉诸衡平或利益考量的方法，而这头脑的风暴(the mental strain)早会将我命送黄泉了。在这样一些案子中，司法投币机工作得恰正完美：这里是市政法规，这里是案件事实，且这结果得出如客观物理定律比如火燃烧一样确切。大多数情形下，法秩序看起来如同自然界规律一般，虽则其由实证法人为创建。但非幸运的是，并不是所有案件都如许简单，当一个法官开始将此人为之"自然规律"真的视作事物永恒秩序之一部分时，麻烦就大了。当这个法官想让他的思维过程缩减以适应这一高度结晶之公式(the crystallized formula)之运用，并全然忘却正义与衡平之甜酒佳酿时，他就宛若将法置于强求一致之普罗克洛斯提床(a Procrustean bed)一

样。所以托马斯·布朗内爵士(Sir Thomas Browne)之话提醒道:“当自然之逻辑尚不胜出时,人为之逻辑也常会落败。”且艾沃特法官(Justice Evatt)也称:“推理(Ratiocination)是好的,而常识却是必要的。”[36]于此,他们所称的“自然逻辑”与“常识”,类似于圣托马斯所说的“自然法”与“实践理性”。其基本原理就是趋善避恶。

例如,以占有(possession)的这个概念为例。传统法学者将“占有”分析成两种要素:肉体(corpus)与灵魂(animus)。这“肉体”表明了一个人对于一桩事的客观或物理的控制;而“灵魂”则表明排他地占有一个事物之意愿。现在看来,整个占有权之概念缘起于原始社会即当许多事物还是无主物状态而可以用先占(prior occupation)去获得的。在这种情形下显然有一些明确无误 19
之标准,即应当树立起来以使一个真的占有区别于一个假的占有以防止私仇及无政府状态复萌。根据这一情形,占有之经典含义就被得出。因此它有一个现实起源不应被视为一个先验原理(a priori axiom)。然而,在十九世纪,大多数法官将它作为一个抽象格言,完全脱离了其源初含义及其维持和平与正义之目的,而且适用时也不考虑其实际效果如何。

举一个例子足矣。例如,扬诉希金之案[Young v. Hitchens,6 Queen's Bench,606 (1844)],其确实的事实如下:原告将鱼群周围部分地收网,空开大约七英寻(fathoms)的空间,他打算捞这最

---

〔36〕 参见 Browne, *Christian Morals* (Bonn's ed.), p. 111 以及 Justice Evatt in *R. V. Connare*, 61 C. L. R. 620。

后一网；原告的两只船停在敞开的水域，将水泼洒开吓走鱼儿以至于它们不会游出这个敞开式的范围；而正当这时被告划船来到这块水域，被指控搅扰了捕鱼。有位颇富学识的大律师（Serjeant）交给陪审团这一事实问题，是否鱼儿在当时正在原告的占有之中以及其他方面的事实问题。裁定书在所有的事项上，加上单独计算的损害，也即在鱼的价值上是 568 英镑，网损失费为 1 法郎。但王座法庭（the Queen's Bench）推翻了这个判决。戴蒙法官（Lord Denman，C. J.）认为："很显然如果不是被告的行为，原告能拥有这些鱼儿，但很肯定的是他并没有占有它们。不管何种解释可能加诸这类名词诸如'监护'或'占有'上，问题是此处是否有任何监护或占有（custody or possession）之实现。我认为不可能看作是实现了的，除非直到当事人对这些鱼拥有了实际之控制力。问题可能在于，被告的不适当行为（acted unjustifiably）妨害了原告去获得这种控制力——然这仅仅是一个不当的行为，因此他在恰当行为上负有责任。"帕梯逊法官（Patteson，J.）说："就现有证据而言，我不知如何能支持对这些事
20 项之肯定，除非我们准备去承认，差不多的占有情态就等同于这个占有之本身。"

这些观点带有过分技术性之意味。他们过多关注物理性的实在之占有。而如果它事实上能够被确定的：若非被告之行为，部分被捕围住的鱼儿，是能够完全被捕围住的，法庭就应可以得出占有关系成立——只要他们懂得法律并非精确数学，而乃正义之实践。但他们却为概念之独断所禁锢，这就是耶林所谓之"概

念法学”而庞德先生将其称为“机械法学”。[37]

然圣托马斯自然法哲学一方面帮助我们摆脱这种“概念法学”；另一方面也摆脱一种纯功利主义与实用主义法学*（pragmatic jurisprudence）。他在两者之间审慎地掌舵：天真无意识之教条主义（a naïve and unconscious dogmatism）（即给予一个人所要掌握的所有理念以普适之有效性）与一种纯心理意义上的相对主义（即认为权利和正义不能找到客观的标准）之间——这就好比既非一个浑身长满了刺的豪猪，也非一个不长骨头的水母。他的法哲学是反机械法学的，因为其乃目的论的——认为法律注定是要为了公益，正如其之终极目的。这就是为何耶林在其《法律中的目的》[38]（*Der Zweck im Recht*）如此高度推崇圣托马斯之原因。当耶林写书时，并没有读过圣托马斯的著作。直到其书第一版发行后，他才开始接触到圣托马斯之著作。在《法律中的目的》于1886年第二版之时，有关这个圣者他写了一些重要的

---

〔37〕 参见罗斯科·庞德（Roscoe Pound）：《机械法学》，载《哥伦比亚法律评论》（*Columbia Law Review*），Vol. 8（1908），第1页及以下。在当代法学之中的一个显著趋势是法官们对于法治“潜在哲学”（underlying philosophy）或曰“基本原理”（rationale）或“目的”（purpose）之持续增长之意识。美国法理学越来越浸润了衡平与自然正义之精神，其更关注于实质而非形式。甚至在处理诉讼时效（the statute of limitations）时，道德考量亦并未被完全排除之。例如，法官弗朗西斯（Judge Francis）说道，“‘诉讼时效’非乃违法者（a wrongdoer）手里的一根棍棒，不论有意还是无意；它是支持受害者的权杖——是由具相对用途之显而易见的本质所赋权能的”（108 A. 2d 458, at 464）。

* 这种流派主要思想来源于美国实用主义哲学，其是对英美法系传统的判例司法思维的一种批判，就是主张考虑案件社会后果及其他一些因素，而非仅仅司法的客观科学技术。——译者注

〔38〕 See *supra*, note 37.

话:“现在我已开始知道这位精力旺盛之思考者了,我禁不住问自己此乃如何之可能,他所教导之真理为我们这些新教义者如此彻底地忘却了。如果人们能保守这些教义,那如何大之错误都能避免啊!……就吾而言,如若吾能早些知道,可能完全不会写这本书,因吾所对付的那些基本理念,早已为这位强有力之思想者以全然清晰与明确及使人信服之方式表达出来了。”[39]念及耶林于
21 现当代法学者之巨伟影响,我们能很容易地发现圣托马斯之观点,一定是如何之现代的了。事实上,它们既非古老亦非新潮,而是长青哲学(philosophia perennis)。当耶林足以明智地觉察到圣托马斯法哲学之目的论的方面时,他似乎并不能发现其本体论之基础;他亦并未吸收圣托马斯关于自然法之哲学,而这正是所有实证法之基础。

对于圣托马斯来说,自然法基本箴规就是人之自然理性之直接表述。它们是一些不证自明的原理。所有其他之箴规咸基于此。不论实践理性于人来说被自然地理解为善或恶,正如人属于自然法箴规所规范的,哪些能够做哪些需要避免一样,他将人类之善(human goods)分为三个层次:[40]首先,生命是一种善,因此,“任何有助于保存人生命之行动及减少于其之阻碍之准则,属于自然法”。其次,繁衍与教育后代是一种善。因此任何保持家庭完整性以及提升其福利的当属于自然法。最后,人乃一个理性生物,其有了解有关上帝之真理及平静、和谐地生活于人类社会

---

〔39〕 可以《在法律中的目的》(*Der Zweck im Recht*)(1886)第二卷第161页的一个注释中找到。

〔40〕 *S. T.*,I-II,94.2. *in corp.*

之自然倾向。因此,任何保证宗教上的以及智识上之自由的,任何能在社会中确立正义、和平与秩序之事务,都属于自然法。

值得注意的是,圣托马斯并不将人之自然倾向本身看作构成自然法之原则,而将其仅仅作为受理性筹划之自然素材。用其之言云:“无论人性中哪一部分之倾向,如由性欲引起的以及易怒暴躁的方面(the concupiscible and irascible parts),皆隶属于自然法,只要其亦为理性所管辖。”〔41〕易言之,自然法乃关系到自然善(natural goods)之自然理性宣言;正是理性在这适当关系中去评估、肯定、赞成、校正自然善与价值并与其合作。

若生命是善的,而在特定情形下,为了更高之善去牺牲生命则是最清晰可见的责任。如中国圣贤孟子所云:“生,亦我所欲也;义,亦我所欲也。二者不可得兼,舍生而取义者也。”〔42〕而在一起广为人知的沉船事故美利坚合众国诉霍尔姆斯〔43〕(United 22
States v. Holmes)一案中,鲍德温法官(Justice Baldwin)说:“(以一个优秀作家之话语)航行者将更大之仁慈福祉(benevolence)让予他人而非自身,他注定是要视他人之生命比自己的更为贵重的。当一块求生的木板只能救助一个人时,我们认可水手或海员可能会为此彼此争斗。而我们认为,如乘客正在木板上的话,甚至‘必然律’(law of necessity)也论证了海员们并不能去拿它。”这一观念用例子证明了一个人没有权利也没有理由为了自己的存活而去牺牲他人生命——根据理性,这里有高于人之生命之更

〔41〕 *Ibid.*,94. 2. *ad* 2.

〔42〕 *The Works of Mencius*, bk. i, Pt. ii, ch. 10, § 1.

〔43〕 Circuit Court, E. D. Pennsylvania, 1842. 1 Wall. Jr. 1, 26 Fed. Cas. 360.

高价值在，更不要提及什么物质利益了。重要的是法官宣称："自然法则构成了本国法*（municipal law）之一部分。"自然秩序中蕴藏着价值之序阶。正如弗朗西斯·培根（Francis Bacon）在 *Chudleigh's Case* 中所说的，[44]"生命与自由，比土地或物质更珍贵"。在这里还须加上，正义与责任，甚至比生命与自由更为珍贵。

圣托马斯认为圣经中所有之道德箴规（moral precepts）都是自然法之箴规。在此节中不可能以细节处理道德箴规问题。让人欣喜的是：基督祂自己已经给了我们一种关于这种法的基本视野。

> 一律师来试耶稣曰："夫子，律法中何诫为大？"对曰："'尽尔之心，尽尔之情，尽尔之知，以爱尔上主天主。'**斯诫乃首而大者。其次即'爱人如己'是已。***此二诫者，实为所有律法及先知书之纲领也。"（新经全集·福音马窦传　22:35－40）
>
> 【他们中有一个法学士试探他，发问说："师傅，法律中那条诫命是最大的？"耶稣对他说："'你应全心，全灵，

---

* 参见《元照英美法词典》之辞条"Municipal Law"，载薛波主编，潘汉典总审订：《元照英美法词典》，法律出版社 2003 年版，第 936 页。——译者注

〔44〕 *Works*（Spedding's ed.，1879），Vol. VII，p. 634.

** 参见古经申命纪第六章第五节。——来自吴经熊先生在氏译《新经全集》中对于此条之注释。——译者注

*** 参见古经肋未纪第十九章第十八节。——来自吴经熊先生在氏译《新经全集》中对于此条之注释。——译者注

全意，爱上主你的天主。’这是最大也是第一条诫命。第二条与此相似：你应当爱近人如你自己。全部法律和先知，都系于这两条诫命。”（思高版玛窦福音 22:35－40）】

在另一场合，为了更进一步定义如何爱我们邻人，耶稣基督引用金律说道：“故凡尔欲人施诸己者，亦宜施之于人。律法先知，尽于斯矣。”（新经全集·福音马窦传 7:12）【所以，凡你们愿意别人给你们做的，你们也要照样给人做：法律和先知即在于此。（思高版玛窦福音 7:12）】在这样一些话语中，基督仅仅在旧法（Old Law）的道德箴规上加以说明而没有超越自然理性与自然法之王国。儒家同样制定出一个有关于人生的黄金律式：“己所不欲，勿施于人。”这两个黄金律，一个是正面的；另一个则是反面的，但都是直接从实践理性第一原则中流溢出来的——“趋善避 23
恶”（*good is to be done and evil is to be avoided*），其构成了人类社会生活之最高准则。所有其他之自然法箴规，都乃其之具像化。例如，应孝敬你的父亲和你的母亲，好使你在上主你的天主赐给你的地方，延年益寿。不可杀人。不可奸淫。不可偷盗。不可作假见证，害你的近人。不可贪你近人的房舍。（思高版出谷纪 20:12－17）还有一些更为具体化的，例如，假使有人将银钱或物品交人保存，而银钱或物品从这人家中被偷去，若贼人被寻获，应加倍赔偿。（思高版出谷纪 22:6）无人能够合理地否定其中之正义性；甚至一些司法箴言看来亦乃从自然理性中流溢而来，特别地指示法官们，例如：作伪的案件，你应戒避。不可杀无辜和正义的人，因为我决不以恶人为义人。不可受贿赂，因为贿赂能使明眼人眼瞎，能颠倒正义者的言语。不可随从多数以附和恶事；在争讼的事上，不可随从多数说歪曲正义的话。（思高版出谷纪23:7,8,2）这最后的箴规，对于我们现代人来说特别有意义，吾等应当记住它是真理，而非多数人之意见、公众意见，而作为一名法官亦当遵循之。

自然法之基本箴规，只要其为人法所能体现涵摄之的也已为查士丁尼《法学阶梯》（*Justinian's Institutes*）所阐明："法的箴规是这样一些：正直生活，不伤害他人，各得其所。"〔45〕这是正直素朴的，即给予每人其所应得以及不伤害他人。作为金律在其实证的以及否定性层次之司法上的援用——"正直生活"对于萨维尼来说意味着"在一个人的人格中保存其之德性"。〔46〕在人法中，这一箴规正如罗斯科·庞德所指出的，"……由理论学说上的如商业交易中之诚信原则来体现之，由规则上的如针对败坏的交易中的不合法来体现之。各种各样的学说、教义，都体察到了善良风俗（*boni mores*）及规定了违反的相应后果"。〔47〕

---

〔45〕 *Institutes*, 1.1.3. 这些话是由乌尔比安（Ulpian）所说。

〔46〕 萨维尼（Savigny）的话可以在他的 *System des beutigen römischen Rechts*（i 卷，第 407 页及以下）中被找到。萨维尼哲学的深刻基督教基础，从他的话里能被衡量之："所有法的普适目标，可以从对于人性的道德定位中被派生出来，正如其体现于基督教人生哲学之中。"（*Ibid.*, pp. 53 – 4）

〔47〕 Pound, The End of Law as Developed in Juristic Thought, *Harvard Law Review* (1914), p. 609.

人法

永恒法、自然法与人法，组成了一个连续不断之序列。这一序列，好比一株树：永恒法乃根基，自然法是其树干，而人法之不 24
同部门则是其枝叶。只要那里土壤不是太贫瘠且气候怡人，这树就能开出绚烂之正义和衡平之花朵，并长出和平与秩序、美德与幸福之果实。事实上，和平是正义之果实。从形式上看，永恒法与自然法较之人法则从属于更高之秩序；但从物化的角度看，人为法更为丰富且装饰（furnishes）了一个更为有趣的研究之领域，因在人法能力所限之范围内，体现了自然法之一部分及伴随着的跟从时间与环境而变迁的特定实证法或习惯法之规则与方式。

于圣托马斯而言，正如吾等所知，自然法乃所有人法之渊源。没有一个与自然律相冲突的实证法能够被视为法。例如，“人法从不承认一个人被处死而无正当之理由”。[48] 自然法作为首要的，是超越于实证法的，其乃托马斯法哲学之根本出发点。在另一方面，圣托马斯也同样强调：自然法，对于规范人类社会之事务也是不充分的；而其相反意见则认为，“如若人法是从自然法源出而来，那么它们亦应当对所有人都是一样的，而很显然事实上并非如此”；圣托马斯回应道：“自然法之普遍原理，虽因人类事务之复杂多样，而不能以同样之方式适用所有一切人；因此有随

---

〔48〕 *S. T.*，I－II，100.8. *ad* 3.

着不同人群而变化的多样之实体法存在。"[49]

事实上,人法从自然法所从源出乃以两种方式:其一,通过对前提之总结;其二,对于某种普遍一般性之决定。以其自身的话语来说,就是"一些事物乃从自然法之普遍原则总结而来。例如,箴规'不得杀人'即是从'不能对他人为恶'(evil should be done to no man)这一原则中推导总结出来的一个必然结论;[50]而另一些情状则是由决定性而来,即作为自然法,一个为恶之人应当被惩罚,但他在某种特别的方式上(specific way)被惩罚乃是自然法之一种决定"。[51]

25 例如,人法所有制度体系,都禁止谋杀与叛国,这也一同表明了它们共同之源起;然而,不同国家法的惩罚方式彼此间差别很大:因惩罚仅是达到目的之一种手段,而在手段之选择上,人的判决依国家、时代与个体之不同而不同。

尚无更好的例子比新近罗森伯格诉美利坚合众国[Rosenberg v. United States (1953),73S. Ct. 1151]这个判例更能说明人为裁判之变动不居。问题是在两个不同条款中,哪种惩罚应当被适

---

〔49〕 *Ibid.* ,95.2. *ad* 3.

〔50〕 从这里可以很清楚地看到,"结论"(conclusions)被具体化为"善"(good)与"恶"(evil)。这样,它们不得不处理价值(values)及与其最近之目的(ends);另外,"决定"(determinations)则不得不去处理履行目的之手段(means)。结论,之于自然法之主要箴规有一种直系关系(a lineal relation),而决定(determinations)则葆有一种旁系并行之关系。在大主教 A. G. Cicognani 所云之中,"所有的人法与箴规,被基本地看作必要之结论,或是有关自然法一般原则之更为细微之决定。人法由此对于自然法来说是近似地或者缈远地可隐归至自然法",参见 *Canon Law*, Newman, 1949, pp. 25 - 6.

〔51〕 *S. T.* , I - II, 95.2. *in corp.*

用,这涉及两种制定法:1917 年《反间谍法》(Espionage Act)以及1946 年的《原子能法》(Atomic Energy Act)。第一种包含了这样一些条款:如果此行为是在战时犯下,那么这名罪犯应当被判处死刑或超过三十年之监禁;第二部法律则规定,仅当陪审团裁定才能判处死刑或者终身监禁。而这个庭审法院适用了第一部法律,即在未召集陪审团的情况下判处被告死刑。犯罪行为是在1944 年实施的,早于《原子能法》通过生效前的两年多,且对其之定罪是根据《反间谍法》。这里并不存在定罪是否合法的问题,问题在于从事实角度来看,当判决作出时是否已有了后来那部要求陪审团介入的法律,而有关于此法庭仍可以适用更早的那部法律。

最高法院大法官意见可分为三个阵营。大多数意见认为,“每一部法律都是完整的,且每一部都有自身存在与适用之理由”。因而,他们认为既然罪刑认定是在《反间谍法》之下的,这并非不合适去援用同一部法律之刑罚。道格拉斯大法官(Justice Douglas)则在另一方声称:“而一些人说,既然罗森伯格的部分罪行是在旧法之下所犯,就可以适用旧法的惩罚规范。但这乃过于基本之一条准则若要去引述权威:当有两种刑罚规范可以适用时——一个要判处死刑而另一个则是监禁——法庭不得不去选择那更不严苛的一种。” 26

大法官布莱克和弗兰克富特(Justice Black and Frankfurter)则站在另一边。他们在关于是否多数意见或者道格拉斯大法官是正确的这一点上态度暧昧含糊。他们仅仅批评最高法院之程序太过匆促。用布莱克大法官的话来说:“我认为,只有在政府和被告进行更多时间的协商、做出比我们之前听到的更加全面的辩论后，并在法院有机会进行比目前更多的思考后，才能对这个问题做出决定。我认为这才更合乎于最佳的司法传统。”而弗兰克富特大法官说道：“政府当然有可能自 1944 年到 1946 年 7 月 31 日之间犯下了共谋(conspiracy)，即在《原子能法》(42 U. S. C. A. Sec. 1801 et seq.)生效之前。但事态并没有这么发展，而事实却具有决定意义之重要性。”将这一问题作为一个实体问题来考察，其具有决定性之重要意义。他没有来决定这个问题，他说：“……我现在所说的没有什么是在暗示，我现在会在罗森伯格的立场上而支持最后一项请求。”“但我很是清楚，”他继续说道，“这一请求具有实质的内容，而法庭判决获得充分实施之机会也并不充分。”他的观点是，“我们需要更多时间而非更多思量……没有足够之研习，就不会有足够反思；而没有足够之反思，就不会有足够之论证；没有足够的讨论论证，也不会有那有见地有学问的富于洞察与成效之交流的头脑——而其对于作出明智判决是必不可少的，其独自能够产生令人信服之观念”。他总结道，“这一判例”，“是一次事件经长期不懈之努力，根据法律去发挥与推进正义；而这一过程确努力深植于对过去之分析，尽管过去如同要照亮未来一样并不再重现。仅仅只有通过严苛之自我检测与批评，超然独立与明智之司法判决，才能成为必要之习惯而得以确立与强固，当司法过程再次屈服于压力与紧张时，以使变得有效。美国刑事审判程序自有其弊端，虽则其本质拥有其背后漫长历史之明证。然法律所有之系统，不论是否设计明智都为人所操纵且可
27 能流露出人之弱点。对于法律不能追求其之完美，而去抵御与批

判之能力却乃不可避免，虽则鲜有之，而这一弊端正是一种高度发达且登峰造极之法律机械主义之表现”。

这一案例也恰巧说明了圣托马斯之观点：人法处理不断涌现之偶在（contingent matters）。虽在普遍原理中其有必然性，但只有当我们更多痴迷于细节时，将更少可能去遇到必然与确定性。刑事制裁之两种截然不同之规范都来自自然法个殊化之决定（particular determinations）。甚至作为结论之一，叛国理应受惩罚；而作为被决定的规范，它们既非绝对正确亦非应全然专断；两者多多少少与惩罚目的成比例——即通过刑罚之威慑，来禁止叛国罪。

在法律中，目的与手段之间之比例关系不能被期望如同数学一般之精准。因其乃缺乏科学的文化感，即是要去期待精确度——当在事物本性中并没有如是之精确度可寻。例如，在正当防卫（self-defense）一案中，赛克斯诉共同体［Sikes v. Commonwealth, Court of Appeals of Kentucky, 1947, 304 Ky. 429, 200 S. W. 2d 956］一案中，司法专员（Commissioner*）史坦利（Stanley）说道，“人所制定之法不能无视人之天性，至少人之自我保存与存续之本性。故，一个人可以不对为了反抗他人攻击而剥夺对方生命之行为负责——因为若从事情本身看，其会产生一种逼近且即刻发生的，可能失去其生命或其身体严重伤害之危险的合理担心。自然地，更少相关程度的攻击和防卫，也一样受到同

* 参见《元照英美法词典》之辞条“Commissioner”，载薛波主编，潘汉典总审订：《元照英美法词典》，法律出版社2003年版，第255页。——译者注

等的法律制裁。一般言之，互惠的标准或强力的尺度（the reciprocal standard or measure of force and violence）是一样的。关键只是——防卫行为对于攻击中所含之暴力因素并不是过份的或比例失调的。但在受到这一攻击之人，并不被要求‘如同一名药剂师那样准确到要用刻度来衡量药物般’检测这一暴力以必要地保卫自己。在这些情形下，为一项合理裁判之执行的尺度，在于为了避免一场危险，而这正是所有之法律所要求的。”正如霍姆斯大法官所云：“不能要求人作出超然不关乎眼前之思考，且正当急迫地面对着一把锋刀之威胁之时。”布朗诉美利坚合众国案（Brown v. United States，1921. 256 U. S. 335.）。

就让我们回到罗森伯格案。从实体看，法庭判决可能是正确
28 的。1917 年的《反间谍法》清楚地提了“战时”且被告的一些行为是在战时开始实施和完成的，这对于多数论点来说是一个强有力的论据。而事实上，被告方在战后的后续行为，被认为并不能取消其先前行为所带有之战时特征。道格拉斯法官之观点是有用的——如果这两部法律，恰好涵盖了同样之事实情境，虽则其看上去并非如是这般。但在这个复杂错综以及新的问题上，没有人能够绝对自信地说明白，而自然法在这里，或许并不能帮助我们。从司法程序之观点来看，大法官布莱克与弗兰克富特之观点，看起来不仅仅表示了某种“决定”且其还有“结论”，虽则对于自然法来说未免缈远，却值得认真对待。而事实正是：由于自然理性对于具体判例之决定来说是不充分的，所以这正显示了柯克大法官所云“人为理性”（artificial reason）之重要性。而这一实际之运作，亦需大量之研究、探讨与对其之深思熟虑的。

法学中的自然与艺术

一名伟大法学者之成就，在很大程度上要求正义之德性与审慎之智性美德（intellectual virtue）。诚如布拉克顿（Bracton）所说，“法认为每个人要得其所应得，而正义则乃将这一份送给人。正义乃一种美德，而法上之审慎（the prudence of law）是一门科学”。[52] 因此，法学是正义之科学。如弥瑞阿姆·茹奈博士（Dr. Miriam T. Rooney）所云，“审判何为公正之科学，只当人之理性，足以匹配并决定某事之时才配称之为法学”。[53]

培育正义之科学不仅在于自然理性，且还在于“人为之理性”；它已为柯克大法官（Lord Coke）所提倡之。一方面他是自然法最坚定之拥护者之一，有关其之理论之于美国法理学影响甚为巨大。吾只消举一些小小的例子，例如在潘克诉库柏[Bank v. Cooper, 2 Yerg. 599, 603 (1831)]案中，格雷（Green）法官曾说过，“有关于正义之恒久原理，没有一个政府有权漠视之。而这并不
能推导出：因为在宪法中可能并没有禁止一项特殊之立法活动， 29
所以这项法律就是合宪的。有一些法律，虽未明确禁止，但很可能有违于简明直白理性之命令。‘普通法，’柯克大法官曾言道，‘可以判定一部制定法到目前为止是无效的。’”1866 年，崔斯（Chase）大法官在许可税案（License Tax Cases, 5 Wallace 462, 469）中声称：“毋庸置疑，道德与正义之根本原则乃无一个立法所

[52] *De Legibus*, fol. 36.

[53] Rooney, *Lawlessness, Law, and Sanction*, Catholic University of America, 1937, p. 70.

能任意随便忽视之。”1910 年在莫纳哥哈拉 B. 公司诉美国[Monongahela B. Co. v. U. S. ,216 U. S. 177,195]一案中,大法官哈兰(Justice Harlan)率尔言及:“法院很少(若曾有的话)会为技术性的规则所困,而不能找到任何的救济手段去遵循法律的精神——当不管是政府行为还是个体的行为,违反了自然正义(natural justice)或与保护财产权利的基本原则为敌的时候。”刚巧在最近,柯克与布拉克顿之言,被一起为新泽西最高法院所引用。[54]

然对于法理学而言特别重要的,是这样一个事实。即柯克大法官,作为自然法与自然理性之倡导者,同时亦能清楚地看到“人为之理性”在制定和研究人法上所扮演之必不可少之角色。

而现在柯克已在现代一些作家笔下成为谣言之牺牲者。因其说了普通法是“理性之完善”(perfection of reason)——这于我而言,好像是一个不假思索之嘲讽。而他事实上是说了如下这段话:

> 理性乃法律之生命,更不要说普通法其自身不是其他什么事物而恰正是理性,它被理解为一种之于理性之

---

〔54〕 State v. Otis Elevator Co. (1953),95 A. 2d 715,721 -2,在那里首席大法官范德比尔得(Chief Justice Vanderbilt)引用了布拉克顿(Bracton)与柯克(Coke)的话。也请参见 Dean Erwin N. Griswold, *The 5th Amendment Today*, Harvard University Press,1955,p. 33,在那儿,就布拉克顿(Bracton)论述国王在上帝和法律之下之经典宣告加以评议时,他注意到:“就这些话,我可以自豪地说,它们最早以拉丁文写下:国王在臣民之上,但在上帝和法律之下(Non sub Homine sed sub Deo et Lege)——在哈佛法学院的大门入口处。”

> 技艺性的完善(an artificiall perfection of reason),即其通过漫长的学习、观察和经验,而并非出于每个人的自然理性;无人天生精通技艺(*for Nemo nascitur artifex*)。[55]

若我没有弄错,其并非说普通法天然是完善的,而是经过了许多代人经验之积累、通过技艺(art)之不断地趋于完善。而他所强调的恰是:在一个学子能够认同汲取普通法精神之前,十分有必要耐心学习且长期默想沉思之。我们不应当单独依赖于吾等自己之抽象推理而应以司法实在(juridical realities)之经验与知 30
识,去滋养吾等之心智。这不由让我念及儒家之睿智:“学而不思则罔,思而不学则殆。”[56] 然吾最喜欢柯克的话,因其将修法比作:从井中汲水。

> 吾等学子们应当去观察:法律知识好比一口深井,每一个个体都依其自身理解力汲取之。而若触及最深,就能见法律如沐春风配得美赞之堂奥——而在那里,我保证法学先贤者们[例如威廉·哈勒爵士(Sir William Herle)就是重要的一个]早我们已到达。正如浸在水中之水桶极容易被引至水面最上端(for nullum elementum

---

〔55〕 Coke on Littleton,97b. 这句拉丁格言可被译作:“无人天生是艺术家。”(No one is a born artist)

〔56〕 *The Analects of Confucius*(论语)。

> in suo proprio loco est grave),[57] 而将其拽出水面却殊非易事。故虽则在开始学习时看起来很困难,但当一名法学者研究至深之时,却是轻松愉悦而并没有太大重负的:只要在行,就可适得其道(keepe himself in his own proper element)。[58]

吾等要感谢柯克大法官之美妙话语:"法学那使人悦乐之光辉(The gladsome light of jurisprudence)。"[59] 而若非有永恒法与自然法,就将不会有这"悦乐之光",而若不对自然理性加以人性之粹炼,那么也就不会有所谓什么"法学"了。

人法之渊源

自然法不仅为人法之基础,还构成了人法最为重要之"源头"之其一。在许多成文法的国家,这一渊源被清楚地发现了。例如1811年《奥地利法典》(the Austrian Code)当中,假定当一案件不能为法条所覆盖且甚至不能适用类推之时,"那么它将根据悉心罗列归类之事实以及对其之深思熟虑,依循自然法原理而判"。(第七章)《路易斯安那民法典》(Louisiana Civil Code)第21条规定:"在所有的民事事项中,若无明文规定,法官将遵循程序、依据
31 衡平来审判。以便公平地裁判,且当实体法缺位时,上诉亦应当

---

〔57〕"适得其位不负累"(No element is heavy in its own place)。若说得更高妙些,为,"洽在其中不负累"(Nothing is heavy in its own element)。

〔58〕Coke on Littleton,71a.

〔59〕Coke on Littleton,尾声。

根据自然法或理性来提起或去接受惯习。”相似地,《瑞士民法典》也保留了这样的条款:“当法律明确地留出一点给法官予以自由裁量或让其斟酌情势,或是去赞许一个所主张之理由是否乃实体性的之时,须将其判决建立在正义与衡平原则上。”(第四条)

表面上看似乎是在任何情形下,都是实体法给予自然法以权威。然而从实在看,实体法在这里仅只是自然法之宣告。从事物之本性来看,人为权威不可能预见到人类事物所有无限变动及流变着的条件与情势,以致能以一种无所不包之特殊性(comprehensive particularity)去规范它们。诚如圣托马斯所说,“没有人的智慧能够这么广大,可以预见到每一个个别的情势,故此其无法用话语将脑海中带有目的性之事物一一充分陈述、阐发出来”。甚至当立法者可能周全每一种情况,但为避免混乱,亦不应当如是陈述、阐明所有的这些:“但是其应当制定法条,去涵盖大部分通常发生之情形。”[60]

自然法,暨人法之所从出,继续葆有——正如其曾经之所是——对特殊案件加以决定的剩余的力量(a residuary power)。对于普通法国家来说确是如此:只要法律是建立于惯习与先例的地方。正如艾伦(C. K. Allen)所写下的:“如果先例被援用乃是为了发现原理是真实的,那么这也是确凿的,即原理之被运用,乃是为了正义之实现……无人能说明,法律一直是在实现理想的正义美德,但不管法律科学不可避免的技术将会是如何,其之存在仅仅为了获得一个目的也即法官职责之鹄的——在两造之间实现

[60] *S. T.* ,I－II,96.6 *ad* 3.

正义，而非对法学理论有什么有趣的贡献。在这一主流的占优势之目的之下，所有先例，所有论证以及所有原则须是有促进和帮助的，当先例帮不上忙之时启示（enlightenment）须在某处被发现。以至于有一些判例是‘第一印象’的，它们对于法庭来说无论如何都是不普通的，甚至在当时有那么多之于各种情境之交换、排列、
32 组合被思考和记录着。那么，法官们将倾向于什么？他们倾向于理性、道德以及社会功利的一些原则，而这些正是英国法与所有法之源头。法官对于这种显而易见‘权威’缺位之判例并不会觉得尴尬——因为对于法之绝对本质之确信而言，并没有什么权威，是被需要去确认法本质是什么的。”[61]

威利斯法官（Judge Willes）所说的对于经典阐述之某种确认：“私有权正义、道德合度（moral fitness）及公共便利等诸原则……当被运用于一个新主题之时，就会使得普通法没有一个先例可遵循。”［米勒诉泰勒案（Miller v. Taylor，1769. 4 Burr. 2303，2312）］。甚至在解释和构建法律与合同时，理性也扮演了一个掌控者之角色。如厄尔法官（Judge Earl）在里格斯诉帕尔默［Riggs v. Palmer（1889. 115 N. Y. 506）］案中所说的：“所有的法律与合同，在它们的运作及实效上是会受普遍以及根本之普通法格言控制的……无人能被允许因欺诈或通过其自己的不法而得到好处，或将其权利建立在任何他自己的不公正（inequity），上或通过犯罪来取得财产——这些格言、箴言，通过公共政策予以明确，它们的基础建

[61] C. K. Allen, *Law in the Making*, 5th ed., Oxford: at the Clarendon Press, 1951, pp. 276 – 7.

立在为文明国家所推行之普遍法则之上，且从不为法律所废止之。”

如果自然法乃人法至为重要之一部分——人法很清楚之目的（人法注定要达到公益之目的）——其并不能单独地存在于政治体之功利原则中，其必须首要包括那些适合于人作为人之那些更高之价值标准。而在这里须强调，公益概念比一个国家之公共福利概念更为广阔：它既包括了福利原则又蕴藉着内在之德性。诚如圣托马斯所言：“人法之目的是为了引领人倾向于德性，虽则并不能迅捷达之却可一步步去实现之。”[62]另外他又言：“人法之主要目的是带来人与人之间的友谊。”[63]甚至这也不是人法终极目的。“人生与社会之目的，乃上帝。”[64]法乃为人之所设。并不是人为法之所设——故而没有一部人法，可以称之为是公平和合理的——若其倾向于要挫折摧毁人之终极目的的话。

但人法是有其局限的——它仅能于其能力范围内，服务于公益。虽则所有之人法来源于自然法第一箴规——即趋善避恶（Goodness it to be done and evil is to be avoided），但其并不属于 33
人法规定所有的德行或是去抑制所有恶行。人法，对于外行人来说常是一种笑话的素材，当他们发现人法并不禁止所有之恶或规定所有之德性是什么，他们便嬗妄推论：此法是不道德的或至少是无关于道德的。其并未意识到：有效法律行为，乃是有其限度的。人法并不赞成那些其所禁止之恶，其亦不皱眉头于一些对于

---

〔62〕 *S. T.* ,I－II,96.2 *ad* 2.

〔63〕 *Ibid.* ,99.2.

〔64〕 *Ibid.* ,100.6.

当下来说作规定会是不明智的、那些不合时宜且无法实现的德性。事实上特定之道德义务或责任，通常不能被作为强制规范的法去确认之，但会在一些特殊情况下获得法律上之意义。这说明了：法之于德性并非淡漠而无动于衷，却也不得不考虑到其自身之局限及特定时空之要求。正如圣托马斯提醒我们的："人法将人群中的大部分人看作在道德上不完善的。从而人法不能禁止那些有美德之人所摒弃的那些恶行恶端，而只是针对那些大部分人都有能力去避免的严重之罪恶……否则作为不完善之人，若无能力去遵循此一箴言箴规，则将会堕入更大之罪恶中去。"〔65〕

人法通常不得不衡量所涉及之利益并择选较小之恶。而善良风俗道德与公共政策间之冲突亦并非显见，正如在墨古诉麦克格瑞尔[Mogul v. McGregor, 23 Q. B. D. (1889)]一案中，公共政策对于贸易自由之支持，看起来更倚重于司法而非对于善良风俗道德之需要。鲍文法官(Lord Bowen)说道："没有人不论其是否是商人，能够……为自己在商业活动中通过欺诈或误导，不实的陈述而损害他人去辩解并视为正当。恐吓威胁(intimidation)、妨碍(obstruction)以及干扰妨害(molestation)乃是被禁止的……但被告看来并没有这样一些行为；他们仅仅是为了追求商业利益并以展开一场贸易战之目的而损害原告利益。我们认为一个人可以自由地贸易，但他应当止步于意欲算计伤害他人而将其他商贸吸引到自己商船上来之行为——那将会是一种之于所谓完美主义的一种怪僻及诡辩论调。"但必须说明的是——在那些有严重

〔65〕 *Ibid.*, 96.2 *ad* a.

道德责任的地方：正如不能为欺诈、不实陈述或者恫吓之责任——在那里并没有足够多之公共政策可与其抗衡之。 34

善德构成了公益极为重要之成分。事实上公共秩序和善德，乃是法律机制或原理并行不悖之两个发动机。在民法典*里，[66]它们几乎总是同时出现的。一些例子能说明之："一个惯习，在民事行为仅当其不违反公序良俗(public order or good morals)时能够适用。"(第2条)"自由不能以违反公共秩序或善良风俗之方式而受限制。"(第17条)"一桩法律行为若与公序良俗相违背，则会归于无效的。"(第71条)这两个条款都是对公益之召告并因此从属于自然法。但其之具体的操作执行，乃是被给予"人为理性"去解决之的，其不能被称为绝对之诚实正直方正(absolute rectitude)。

唯理主义、唯意志论与唯实论

有历数不尽关于法之本质在于理性还是意志之讨论。很浅白正常的，理性与意志，都构成了法之制定与确立。例如，这一原则被写入美国宪法第十四修正案：即没有一个州"未经法律正当程序"可以"剥夺任何人之生命、自由或财产"。美利坚合众国人民的意志很明确，即合众国所有之州，应在行政、立法与司法活动中贯彻这一原则。同样很清楚的是，这一原则本身也是一项理性原则。更准确地说：这一原则乃是经过对自然法箴规之总结而来

---

* 即1929年至1931年，由南京国民政府颁布的《中华民国民法典》。——译者注

[66] 由夏晋麟(Ching-Lin Hsia)英译。[夏晋麟(1896—?)，字天长，浙江省宁波市鄞县人，中华民国国际法学者、教育家、外交官。——译者注]

的，即不义与为恶（injustice，being an evil）应被避免。在任何的法律之中，理性和意志都存有，问题在于何者是法律的本质。很显然，意志不能单独构成法律；因法律之含义恰正是要反对任性与恣意。诚如圣托马斯所言，“所有的法律，自立法者之理性与意志所从出；神法和自然法是从上帝之合理意志而来（the reasonable will of God），但人法却从那为理性所统率的人类意志而来”。[67]

35 值得一提的是，圣托马斯并没有说过这样的话，即自然法乃根据“上帝之意志，并由理性所规范”。因上帝之意志不能是别的，是须合乎理性的。诚如彼得·J. 斯坦利斯博士（Dr. Peter J. Stanlis）所云：“既然上帝乃无限完美之精神，那么神圣心智与神圣意志（Divine Mind and Divine Will）就不能有丝毫分割……因此判断一桩法律是否公正，仅仅因上帝意愿它如是，抑或乃上帝因其公正而意愿之呢——这是一个问题。然而对于上帝来说，却全然不是一个问题。”[67a] 易言之，这个问题“永恒法与自然法所规定之义务、责任，究竟源出于上帝之意志还是理性”乃毫无意义。因为在上帝之中爱与智慧合一。而吾等不能同样如此去描摹人类立法者之意志。为了创建法律，人之意志须为理性所规范。圣托马斯最为强调这一点。那些赞成意志论的人说：“法律驱策那些服从于其的人行为端正，而驱使这些行为的（力量）正是意志之效用——因此法律并不与理性有关，应当与意志有关系。据此这位法学家甚至说道，让君主、主权者（the sovereign）高兴的都有法律

〔67〕 *S. T.* ，I－II，97. 3. *in corp*.

〔67a〕 *Newman Review*，Vol. 4，p. 36.

的强制力。”[68]而圣托马斯则简要地回答了这一问题，即“理性从意志中获得驱力去行为(the power of impelling to act)。事实是，一个人所愿望之目的，恰正是由理性所阐明了的那些能指向目的之事物。然是对于那些指向目的之事物之意愿——则具有法之特性，须在一定程度上为理性所规范。在这层意义上，‘主权者意志具有法律强制力’之表达是能被理解的；否则主权者之意志，将会是一种不义而非一桩法律。”[69]人法，好比一辆行进中之火车，而意志好比发动力，理性好比在轨道上的发动机(engine on the track)，导向作为目的地之公共善(common good)。意志可能被认为其构成了法之存在性的因素，而理性则乃其之本质。法之进步与发展，以其在多大程度上体现其本质而予衡量之。

现代德国法学家古斯塔夫·拉德布鲁赫(Gustav Radbruch)就尝说道，法律乃“价值判断”；其主要公式就是：“为了实现正义与普遍善，法律乃必要。而这样一种理念竟是如此之邪恶，它不能看见法律之力量，除非是在一种威胁之命令话语中的，甚至是在制裁之中的——即用这种力量去实现它之命令。”[70]

同样，新泽西州首席法官范德比尔得(Chief Justice Vanderbilt)说，“我们法律在很大程度上是由律师与法官们在私 36
人诉讼中苦心孤诣地推敲出来的。当案件到了上诉审，法官们通常会在公布的判决意见里陈述其判决理由——这些意见揭示出法律发展中理性与经验之地位，吾等习惯地认为，理性与经验如

〔68〕 *Ibid.*，90.1.3.

〔69〕 *Ibid.*，90.1 *ad* 3.

〔70〕 *Law Quarterly Review*，Vol.3，p.534.

同法中之控制因素，而非实际上站在它背后之国家强制力”。[71]这些思想，接近于圣托马斯的洞见。

为配得法之名，所有人法须在三重意义上与理性相一致：首先，它不能反对任何自然理性之令；其次，它注定要为了公益或共同善，它是法之存在理由（raison d' être of law）；最后，它所使用之手段对于目的而言须是合乎合理比例的。一部法律之正义，建立在其如何去达成这些条件。当然这并不意味着人法之任何体系，能够称为理性之完美体现。事实上诚如圣托马斯所说，“从不完善到完善之逐渐提升，于人之理性来说是自然的。”[72]当然自然法之普适箴规（universal precepts）是不可改变的，但经由自然法之特别决断与具体总结而来之人法，务使己身适应于人类文化与文明之不断变化的条件。进而由于自然法与人之理性相联，当人的理性增长时，自然法亦然也——这就是为什么圣托马斯说，自然法能随添附之途径（by way of addition）而变化。正如雅克·马里旦（Jacques Maritain）亦尝说：“自然法乃一不成文法。人类关于其之知识，随人道德自觉之发展而一点点增长……吾等由道德良知所拥有的这种知识法则，无疑仍旧不完善且很有可能只要人性禀存就会继续发展而精纯。仅当福音渗透入人之本质（substance）达一定深度时，自然法才会开出奇葩呈现其完美之

---

〔71〕 Vanderbilt, *Law and Government in the Development of the American Way of Life*, University of Wisconsin, 1951, p. 10.

〔72〕 *S. T.*, I－II, 97. 1. *in corp.*

姿、完善姿容。”〔73〕

圣托马斯自然法哲学是理性的，但并非理性主义的(rationalistic)。他明白理性之重要性，但他亦存历史之维度；因其相信随时间之流，理性亦会有渐进发展。他避免了理性主义与非理性主义双重错误。而现代理性主义之合理内核乃在于其对于 37
理性之强调，而其错误之根却在于它对于思辨理性与实践理性间差别之无知。许多法官对待法律仿佛其属于思辨理性，好比自然科学一般。如是则就不可避免堕入于确定性之妄想；而另一些人则厌恶、反感对于颇具迷幻之确定性之追求，而倾向于看低理性，而乐于诉诸那些冲动热血之迷狂信仰，即那些意志、直觉、情感、情绪、感觉、经验以及模棱两可之价值判断。而一旦发现思辨理性，不能于人类实践事务领域、于伦理之中及于法中运作以及不能理解实践理性之真实本性时，就把理性抛诸脑后而去诉诸历史学与心理学，而这些学科只能解释不能论证之。任何对于论证的尝试，都被疑为理性化(rationalization)之一个断片。许多现代的思想家，就像从平底煎锅跳出而翻入柴火堆里去的比目鱼一样。吾思康德之于“实践理性”之误解及将它降格到(现代式的)情感与信仰的位置上，他因此应对现代哲学中诸多错误负主要之责任。

对于法理学与其他道德科学而言，没有什么比托马斯主义将实践理性之定义从康德定义之中区分出来更为重要的了。在圣

---

〔73〕 Maritain, The Philosophical Foundations of Natural Law, in *Natural Law and World Law: Essays to Commemorate the sixtieth Birthday of Kotaro Tanaka* (Yuhikaku, 1954), p. 137.

托马斯这里实践理性与思辨理性相对照；而在康德那里，实践理性宛若“纯粹理性”之对立面——使得实践理性看上去如同某种不纯粹之物，仅因礼貌而呼其之为“理性”。而于圣托马斯而言，实践理性与思辨理性在本质上都隶属于同一条——这里即只存有一种理性。思辨理性是一种面对一类问题之理性，主要处理原因与结果；而实践理性则以同样之理性去应对另一种问题，主要处理目的与手段之关系。这两者之区别，在于它们所要处理的主题与素材（the subject-matter）之不同，而非在于理性本身不同。

圣托马斯在这一问题上之立场，能很清楚地表述为如下：

> 同一种确定（certitude）并不在科学探寻的所有领域中被期待。被良好规训之头脑与心智，不会较多或较少诉诸超乎主体所能给与之确定性。而用辞令之说服，来
> 38 接受数学真理，看来如同犯了罪一般。好比精确数理化之证明，却竟是从演说家那里得来的。[74]

确定性之程度依事物本性而定。物理学更大程度满足之，而道德科学则少一些；但理性在二者中却是同等的。

而康德之观点在其之《纯粹理性批判》中，是如是表达的：

> 从批判眼光看，道德教条与科学教条在其各自之领

---

〔74〕 Commentary，Ethics，i，lect. 3. 我使用了 Thomas Gilby 之翻译，在他的 *St. Thomas Aquinas：Philosophical Texts*，Oxford，1951，p. 9。

> 域皆都为真;它们从不能被显示之——如若批判在这之前并未为吾等确立什么。我们对于真实世界不可避免之无知及限制所有那些我们能科学地加以知晓的纯现象事物。因此,吾发现有必要去否定关于上帝之知识、自由与不朽以使为信仰找到其之位置。[75]

很显然康德整套之批判系统,仰仗于一种"为了什么什么云云"("in-order-to")之一种虔诚之动机论。作为一名哲学家之命令(fiat)这是值得赞赏的;然为一名知识分子之智性视野——它无疑通过植入一种粗鲁之两分法,而歪曲了实在(reality)本身。因究竟是理性成了信仰之证据抑或是信仰成为理性证据——正如康德所做的那样?现代智慧,为更为深入之心理学及形而上之观察所精微化了,极少能满足于信仰与理性判然两分及极端不容置辩。怀特海(Whitehead)曾在什么地方说过:中世纪是一个建立在理性之上的信仰时代(an age of faith based upon reason),而现时代则是一个建立于信仰之上的理性时代(an age of reason based upon faith)。[76] 而事实却是,理性中有信仰,信仰之中亦有理性。正如在其他任何地方:斜阳普照,影与影交叠,无以分疏。

最后之分析,在物理学、道德科学以及美学科学之间并没有理性或可知性(knowability)上的根本差别;正如沃特京(E. I.

---

〔75〕 参见 Fulton Sheen, *The Philosophy of Religion*, Longmans and Brown & Nolan, 1952, p. 42。

〔76〕 许多年前,我无意中在《科学与现代社会的兴起》(*Science and the Modern World*)遇见过这个观念,但我忘了页码。

Watkin)所质疑的那样："'理性是可信的'这种直觉，又是如何区别于'日落是美的'或'残忍是错误'这样的一种直觉呢？"[77]

然而，因为康德将实践理性限缩到信仰与道德情感之领域，其追随者亦是分为两大阵营，一个将"实践理性"一起从体系中抛
39 出去，甚至在道德科学上运用"纯粹理性"之方法；而另一个则成了非理性主义者、浪漫派、唯意志论者、实用主义者以及"犹如、好像、仿佛"(as if)派的哲学家们之群体。甚至那些主张从康德主义主导里面独立出来的——诸如黑格尔、尼采以及早期之创化论(creative evolution)时期之柏格森，俱为康德主义所影响，因为他们之理论，是要通过专断地将主观世界客体化(objectivizing the subjective)去摧毁康德二元主义论的一种尝试。尤其黑格尔主义，其乃穿着理性外衣之极端非理性主义以及披着精神外氅之唯物主义(materialism dressed in the garb of the spirit)——它留给了马克思去揭开这个外氅(for Marx to take off the garb)。

简而言之，因意志之律令(afiatof will)，康德将理性与知识限于一个现象世界，以至于为给道德情感、意志、直觉、情感与信仰提供空间，他将这些统归于实践理性或判断力(judgment)之名目下。

如是则如康德所理解之的实践理性，已毫无"理性"之可言！它乃与纯粹理性毫不相同的能力(faculty)。康德式之内在分裂(bifurcations)——即在现象世界与本体世界(noumenal world)之间，形而上科学与伦理规范之间，逻辑确定性与道德确定性之间，

[77] *The Catholic Center*, Sheed & Ward, 1939, p. 99.

理性与信仰之间的——都太过轮廓分明而不能在实在(reality)之意义上为真。它们在本体论上也有确实之基础且作为智性之纲要(mental schemata),它们可能有助于思维清晰。然一旦汝之思维为这份大纲所固着,将会导致错将其作为实在(reality)本身固有之差别以取代清晰之思路——其结果就会是使"困扰的更为困扰"(confusion worse confounded)。

而正如路易·德·雷默克尔*(Louis de Raeymaeker)所观察到的:

> 康德主义是哲学实证主义(philosophical positivism)之一种,至少是有关于理论或思辨理性(theoretical or speculative reason)的;它召唤一种主观之形式主义,禁止这种理论理性(theoretical reason)侵入超现象实在(transphenomenal reality)中去。当然,康德并未满足于这种不可知论(agnosticism)。他相信已在实践理性中发现了到达实体(noumena)领域之方法——于是它就不可就药地趋向于思辨哲学。
>
> 康德之推理过程已为众多哲学家所模仿,因极少有人会完全听任自己去忽视那些现象界上之事物。康德式之不可知论,太易行到非理性主义之道路上去,即那 40

---

* 二十世纪比利时新托马斯主义代表,著有《哲学导论》、《真理与自由》等;其代表作主要见于二十世纪中叶。——译者注

> 些情感的、行动的或基本之直觉的，以便为了发现一种使人满意之对于实在(reality)之解释。[78]

甚至从一种纯粹现象学眼光看去，康德之二元主义，过分简化(oversimplification)了事物界。约翰·杜威(John Dewey)尝说过："我们生活于一个世界，其乃是对于充足(sufficiencies)、圆满(tight completeness)、秩序、轮回复现(recurrences)的一种深沉而不可抗拒的混合——其能作可欲之预见与控制，但也包容独特各异(singularities)、混沌幽黯(ambiguities)、不确定之可能性(uncertain possibilities)以及作为未知结果之过程；其非为机械混合而如生命景况一般好比麦子与野豌豆、莠草们一起共存的那个寓言罢。"[78a]而这比较接近于托马斯关于经验性之实在(reality)之观点，其"既非一种坚实同质之聚团、贯穿同一层意思，亦非一群深层不相干之物质颗粒集合，而蕴于其中有微细差别与差异"。[78b]如是则托马斯于经验哲学中之立场，就是多元论而不是二元论的了。

还有司法性之实在(juridical reality)观法学，须面对整一个司法性之实存，而以真正科学脾性去对待之。其须不专断地将法律实体中能化简为整洁、明确之那一部分孤立出来并将其筑成一尊"象牙塔"。一名法学者，若有真正科学之脾性，应不会如同其乃思辨理性一般如此对待法律；其会对待这些数据如其本来之所

[78] The Philosophy of Being, *Herder*, 1954, pp. 5 -6.

[78a] *Experience and Nature*, New York, 1925, p. 47.

[78b] Gilby, *Between Community and Society*, Longmans, 1953, p. 14.

是而非其希望其如何，等等。其亦不会声称正义乃一种非理性之理想，仅因其未符合康德意义上之“纯粹理性”。

在新康德主义者之中有两大学派，以施塔姆勒[79]与凯尔

---

[79] 鲁道夫·施塔姆勒(Rudolf Stammler,1856—1938 年)被普遍认为是本世纪最伟大的法哲学家。对于他，庞德曾写道：“施塔姆勒无疑是这个时代在法哲学领域最有影响力的”(*Harvard Law Review*, Vol. 51, p. 448)。其之重要地位，基于这般事实：他的著述处于实证主义正登峰造极而自然法落入低谷之时，且其提倡，通过调适、修正康德之方法，正义基本原则的普遍有效性——他将其分为两大类：(1) 尊重原则(the principles of respect)；(2) 参与原则(principles of participation)。其之体系是超验的理念主义(transcendental idealism)，而非超验之唯实主义(transcendental realism)。其之“普遍有效性(universal validity)”之观念，乃是受限于人类之心智。他并未为正义之理念宣称任何本体论之基础。在二十世纪早期，我作为私授弟子受教于其之门下。我已感到，他的体系是一所在实在与理念(reality and the mind)之间建了一半之房屋。在他的体系中有一种看上去过度之形式主义(an excessive formalism)而使我深感困难。我曾写的一篇文章中认为，法的概念预设了法律作为物自体(a thing in itself)，因此一个人不可能单独通过概念而完全弄明白法律。知觉(Perception)是与概念一样重要的，而超越于这两者的——我们要诉诸“智性直觉”(intellectual intuition)。一言以蔽之，它使用了整一个心智(the whole mind)去理解法律。我大感震惊的是，我伟大的导师说过：“这是到目前为止，我的哲学所遇到的最强大的批评！”

但是施塔姆勒对于法学之贡献却不能被否定；其以一种通俗易懂之话语，与流行实证主义(the prevailing positivism)进行抗争。

他最为知名的书是《正义法理论》(*Die Lehre vom dem richtigen Rechts*)(1902 年)，它被翻译成了英语且以正义理论(*The Theory of Justice*)为题，于 1925 年在“现代法哲学丛书”(Modern Legal Philosophy Series)中予以出版。

相似的趋向但多了一点形而上倾向的是意大利法学家乔治·维奇奥(Giorgio del Vecchio)。虽然普遍被标以新康德主义者，而他事实上却是十足人文主义者(humanist)。他的《法哲学》(*Philosophy of Law*)新近被译成英语且为美国天主教大学出版社于 1953 年予以出版印行。在他的书之前言中，布朗博士(Dr. Brendan Francis Brown)已很巧妙地提出了维奇奥体系(Del Vecchio’s system)之不足之处——它“并没有到达惹尼(François Geny)经院主义的水平”。一个人会忍不住希冀惹尼之著作及另外一些伟大的法国法学家热贝(Georges Ripert)的作品，都被翻译成英文。

森[80]为代表。前者以纯粹理性方式去对待正义问题；而后者则
看起来对康德体系有更多客观之理解，尤其是康德实践理性概念
之隐喻——它的确不是理性而是感性情绪，使得正义问题如同一
个非理性观点，丢下了正义问题如若它是一个非理性之观点，[81]
而将其从法学中取消，因法学必是为理性的。吾对此二人都有极
高之敬意。他们每人在各自领域对法学都做出了恒久贡献。我
想施塔姆勒对于正当法*（the Right Law）理论保持了法理学之审
思，以防其退化为一种简单绝然之实证主义，而凯尔森之法律秩
序梯度（different stages of legal order）理论及法规范之阶序（a
41 hierarchy of judicial norms）之理论，**乃是对分析法学之有益之贡
献。但因施塔姆勒与凯尔森都不加批判地接受了康德天真的对

〔80〕 汉斯·凯尔森（Hans Kelsen）冀望"从正义理念中解放法律概念"（*General Theory of Law and State*，Harvard，1945，p. 5）。作为一名正统的康德二元论主义者（orthodox Kantian dualist），凯尔森他发现只有两种选择，即将法律等同于正义或将法律完全隔绝于正义；且他选择了后者的路线。在我观念中，这种非此即彼的陈述，乃纯粹专断的。法律，它既非与正义相等同亦非与之相割裂。当这般提问时，就是错误的。所有正与反的讨论，好比吹耳边风。

〔81〕 请参见 Kelsen's 的文章"The Metamorphoses of the Idea of Justice" in Paul Sayre，*Interpretations of Modern Legal Philosophers*，Oxford，1947，pp. 390 ff。

* the Right Law，德文为 Richtiges Recht，乃前柏林大学法哲学教授鲁道夫·施塔姆勒（Rudolf Stammler，1856—1938 年）所创概念。吴经熊在其法律哲学研究论文中曾将施氏之 *Die Lehre von dem Richtigen Recht* 译为《公平的法律论》，但他自己也认为不准确。吴经熊的学生邱汉平曾试图将这本书译成中文，但当他将他已经译出的该书的总论部分呈给吴经熊先生看时，吴先生反而觉得是越读越糊涂了。吴经熊因此认定，这本书根本不能翻译之。邱先生因此也打了退堂鼓。而中国大陆现已有译本《正义法的理论》。——译者注

** 台湾地区一些学者又将其译为法规范的阶层理论；主要研究法律规范之间的关系与法律效力问题。规范的梯度或等级，在凯尔森那里主要分为基本规范、一般规范与个别规范。——译者注

于纯粹理性与实践理性之划分(Kant's naïve bifurcation of pure reason and practical reason),他们之结论,就受到了错误出发点之影响。斯坦木拉之体系,乃一种修正之理性主义,因其在一个批判理想主义之旗帜之下;而凯尔森之"纯粹法学",则是一种纯的实证主义,其排除了法理学中正义为非理性之观点而认为其仅乃情绪而将其排除于法学领地之外——有人质疑这是正义之观念还是之于法概念中非理性因素之排除。

歌德(Goethe)尝云之,"那躲开了、回避'理念'(the idea)的,最终甚至得不到一个'概念'(the concept)。"[82]施塔姆勒比凯尔森更好地知道这一点。在我的观念里,"理念"不得不处理本质问题(the essential),而"概念"则不得不去处理存在问题(theexistential)。而那法律实证主义者若逃避于本质问题,则将最终会失去那个"存在"。

托马斯主义同时以理性主义与非理性主义(或唯意志论主义)*来配备答案。于前者,是法律不属于处理原因与结果关系的思辨理性,而后者是属于处理手段与目的之实践理性。思辨理

〔82〕 被在 Gustav Radbruch, Legal Philosophy, 在 *The Legal Philosophies of Lask, Radbruch and Dabin*, Harvard, 1950, p. 72 中予以引用。

* 唯意志论主义(voluntarism)是与唯理主义相对应之概念。在中世纪哲学史上,唯意志论的宣扬者为阿维斯布朗(Avicebron)、邓·斯各托(Duns Scotus),以及威廉·奥康(William of Ockham)等。而阿奎那(Aquinas),阿威罗伊(Averroes),艾柯哈特(Eckhart)则主张唯理或唯实主义。意志论者认为,上帝或最终的本体或本质乃某种形式之意志(而唯理论者则将其归于上帝的理性);在行动和选择的意志上,意志论主义者认为,行动的目的与价值判断系由意志来决定,意志乃第一原动力(而唯理论则认为行动和选择的意志由本体的善所决定)。这些观念都影响播及中世纪和现代的自然法学说。——译者注

性，不得不处理自然现象（natural phenomena），其被称为“必然事物”（necessary things）——因其不能成为其他之事物。而实践理性，则不得不对待人类之行为，其被称为“偶在事件”（contingent matters）——因为人被赋予了自由意志与理性，且人与人之间彼此有不同——既在于对目的之价值评判上又在于对手段之选择上面。而就思辨理性而言，在普适性与特殊性之事物中，都有其必要性；而就实践理性来说，仅仅在普遍原则上有其必要性，且我们更多地关注事情之细节，吾等将更少发现其必要性。如若人是为天使或如若亚当并未堕落，情况可能会很不一样。正如其之所是，可能性或者或然性（probability），当须成为生活细节处之指导。

而另一方面，对于非理性主义者，托马斯主义会说实践理性仍是理性而不是一项含混不清之判断抑或乃一个盲目意志（blind volition），虽则“普适假定并不决定具体案件”，[83]不过它们仍然是司法必不可少之根基——而司法之大厦必须建立在其基础之上。虽然，诚如圣托马斯所言，在事物之细节中并没有绝对之正
42 直（rectitude），而在这里仍有相对之诚实正直与之关联。在这些事物当中，他并没有说根据所有理性或非理性，而是“多多少少合理”（more or less reasonable）。“在人类行为当中，汝不能得到可论证的、显而易见和确凿无误之证据，但它会是充分的，因为汝得到一定推测之可能性也就足够了，正如一名演说者使用其之说服艺

〔83〕 霍姆斯大法官（Justice Holmes）在 Lochner v. New York （1905），198 U. S. 45 at 74 中持不同意之意见。

术为之的。”[84]圣托马斯乃完完全全唯实的(realistic),经验地及本体论地。正如海因里希·罗门(Heinrich Rommen)所指出的那样,经验主义和哲学唯实主义(philosophical realism)之间之差异在于这一事实:当前者满足于那些在前景的显著位置的,而悦乐于知识之后者则爽朗地为背景确定了一种事实感(actuality)。[85]

个人主义、集体主义与人格主义(Personalism)

非天主教作家们,常会把天主教社会理论,想像成是一种集体主义的(collectivistic)。而没有什么能比这离真理更远的了。天主教社会理论之基乃人之尊严。[86] 而这一理论直接地反对法西斯主义与共产主义(Fascism and Communism),因为它们是真正集体主义的(collectivistic)——对其而言,群体乃十分之重要,而个体成员除了成为政治体细胞,就个体本身而言竟毫无重要;群体(集体)是目的而个体仅为手段而已;在其中所有之权利,均由国家为之所创设,没有法是高过于国家的且在人的位格*(human person)之中,并没有内蕴所谓之自然权利;(对于权利)

---

〔84〕 *S. T.* ,I-II,105.2. ad 8.

〔85〕 Heinrich Rommen, *The Natural Law*, Herder, 1947, p. 166.

〔86〕 庇护十二世说:“不论什么发生,不论什么样之转变可能发生,所有社会生活的目的是一样的——曾经神圣、义不容辞之事物——那以上帝模样所造的人之个体价值之发展。”[1942年圣诞节的广播(Broadcast on Christmas, 1942),由Canon G. D. Smith予以英译]这个学说其中一个后果是劳动的尊严:“人格尊严(dignity of the human person)通常要求使用现世的物质上的权利(the right to the use of earthly goods)以为生存之自然基础,以及与这一权利相对应之基本义务——在赋予私有财产上,就可能的范围里及于全体。”(同上)

* human person,意即位格,是天主教神学法学专有的名词。——译者注

国家既能予之，亦能取之。如是，则恺撒窃夺了上主之位；政治社会之利益成为正确与错误之唯一标准。比如苏维埃刑法典（The Soviet Penal Code）其表述法律之目的在如下之条款之中："俄罗斯苏维埃联邦社会主义共和国（R. S. F. S. R）刑事立法之目的，乃是为了保护社会主义国家之工人、农民以及建立其秩序以抵制危害社会之行为（犯罪），通过对犯罪者实施刑法所规定之社会专政方式。"[87] 如是则其将公益完全定义为国家之整体之利益（collective good of the State），甚至或乃特定阶级之利益。而那些
43 非农民或工人之人则在国家面前无任何法律之地位，很可能成为"社会危险"而被粗鲁地"清洗"去。国家，事实上如同一个单个的阶级。正如维辛斯基（Vyshinsky）所言："法律完全是（1）行为之规范，因其表达了统治阶级意志并将其确立于法律秩序之中，且（2）由国家权力所批准之社会生活的习惯与规则，其之适用由国家强制力予以保证，以为了保护、落实和发展那些有利于统治阶级的社会关系与秩序。"[88] "苏维埃法，"他进一步说，"乃行为规范之集合，由劳动者的权威（authority of the toilers）所确立且乃其意志之表达。这些规范之有效运作，是由社会主义国家之绝对强制力所赋予的，以捍卫、保障及发展于劳动者而言更有利与更愉悦之社会关系与安排，且是完全及最终要去消灭资本主义及它在经济制度、人的生活方式及人的自觉意识中之残余——为要建立一个共产主义的社会"。[89] 此乃实证主义被推至其逻辑之终

[87] Article 1.

[88] Vyshinsky, *The Law of the Soviet State*, Macmillan, 1948, p. 50.

[89] *Ibid*.

点。统治阶级之意志，成为法之本质而理性则成了意志之仆从。

而如朗·富勒（Lon Fuller）所指出的，“几乎在实质（substance）的任何一点上……亚里士多德主义及马克思的共产主义哲学，都在适相反的两个极点上……几乎他之任何一个主要前提在某种程度上，都反对苏维埃法哲学与道德哲学之教义信条（the tenets）。在安顿与其他人之关系上，人是有责任的代理人（agent）；刑罚应当确立于且合乎比例于某种罪错或弱点（fault or shortcoming）；伦理问题与法理问题，要从属于理性之检验，使其能独立于特定社会的经济组织；而所有这些假设会在不同程度上多少与苏维埃哲学家们的想法产生冲突”。〔90〕

历史在多大程度上记取亚里士多德理念被天主教法哲学之代表人物圣托马斯·阿奎那所汲取，就能领悟到天主教立场摒弃集体主义有多远。用一位现代托马斯主义者的话来说，“人类共同体能够构成实质上之一个整体（a substantial whole）——这一点为圣托马斯所明确否定。终极的本体（ultimate substance），乃是人、单个之位格。而没有更高混合体之存在，亦无任何如一种‘超 44
灵魂（Over-Soul）’事物之存在。不论其之对于群体的天然性之强烈感受——圣托马斯从不认为这些群体，会演化成为自在之物（things-in-themselves）——有机组织（organisms），以其自身之整体生命而脱离于那构造它们整体生命之个体，集体人格（corporate personalities）会吞噬掉较为少数者（lesser persons）”。〔91〕

---

〔90〕 *Problems of Jurisprudence*, ed. Temporary, Foundation Press, p. 65.

〔91〕 Gilby, *Between Community and Society*, Longmans, 1953, p. 114.

而人乃终极目的,社会仅只是手段虽则乃是一种必要之手段。根据庇护十二世(Pius XII)的看法甚至对于基督之奥体(the Mystical Body of Christ)也是正确的,他一边区分了奥体与任何人类的社会,而另一边则把物质体(any physical body)完全排除在外。如此地泾渭分明以至于没有一个天主教社会哲学的认真的门生,能担负得起万一忽视他的这段话而受的影响:"而在一个物质实体之中,整体原则(the principle of unity)将部分联结在一起之这种方式,使得每一部分完全丧失对其自身存在(a subsistence of its own)之担当;而相反在奥体中,其凝聚力(the cohesive force)亲密无间,以这种方式将一个成员与另一个相连,每个人都能完全保有其人格。而更进一步之差别是:如果我们考虑整体与各个个体之间的相互关系,因为在任何一个活着的机体中,每一部分及每个人之生存其独一与最终目的,乃是为了整个有机体之利益,而人类任何社会结构自有其自身之最终目的,乃是为了功利主义的终极(utilitarian finality),为了每一个部分与每一个成员之善好,因为他们都是人或人格(persons)。"[92]教会的社会哲学,由此看,乃人格论而非集体论的(personalisticrather than collectivistic)。

另一方面,人格主义应判然区别于个体主义(individualism):前者将人作为一个道德整全的人,而后者主要将人视作经济单元(economic units)。比如,人格主义最看重劳动尊严,而个人主义则仅视劳动纯为一种商品而如同其他商品一样,为供求之经济规律所支

---

〔92〕 Encyclical Letter *Mystici Corporis Christi* (1943), ch. iii (Canon G. D. Smith 做了英译)。

配。只要在哪里,个人主义排他地完全去考虑自然权利(natural rights),人格主义会同样考虑到自然责任(natural duties)。物乃是个体化原则(Matter is the principle of individuation);故,个人主义注定要走向唯物主义或物质主义(materialism);精神乃人格之准则(Spirit is the principle of personality),故人格主义以完善人作为其之目标与鹄的——而这些若非爱与正义之培育而不可得之矣。 45

美国大主教在 1953 年有关于"人之尊严"的陈辞中,吾等可以发现对于个人主义与集体主义间之黄金中道(the golden mean)的清楚解释。"基督教观点,"正如其陈辞所云,"能避免个人主义与集体主义之极端对立,而这两者都建立于对自由之错误理解上;无拘无束之个人主义自由,既乃一种个人主义不受限制之自由,亦给予'个体'漠视社会之权;抑或是某种专制、独裁(dictatorship)之不受拘束之自由给予政府通过将个人吸摄进一个种族或一个阶层而忽视个体权利,从而破坏个体选择之自由。错误之个人主义自由通过将自由定义为个体的任性而败坏社会;错误之独裁专政之自由(liberty of dictatorship),通过将自由定义为独裁者之权利——这种权利被称为乃来自社会之必需,而取消人之位格(the person),败坏了人性"。[93]

现如今,吾等在这一立场上去理解之于公益之基督教定义:

---

〔93〕 圣伯铎禄(St. Peter)用一些通俗易懂的话总结过社会哲学(social philosophy):"尔固宜为自由之人,胸中洒脱,无所拘碍;然万勿以自由为名,而行其放纵恣肆,犯上作乱之实。当为天主之忠仆,敬众人、爱同道、寅畏天主、尊重君王。"(新经全集·圣伯铎禄书一 2:16 - 17)你们要做自由的人,却不可做以自由为掩饰邪恶的人,但该做天主的仆人;要尊敬众人,友爱弟兄,敬畏天主,尊敬君王。(伯多禄前书 2:16 - 17)

其主要意味着，从上帝而来的那种内在善意，即赋予人之为人。其对所有人都乃普适之的。公益之义，亦包括了国家与其他社会组织之集体善；然此集体善仅为实现法律之主要目的之手段而已。吾辈当进一步记取之，终极公益乃是主，更应进一步记取：终极之共同善，乃在于上帝之大能；个体之人之位格和社会都处在天主与律法之下。

是故，无论从哪个观点来看：爱，即法律之实现（love is the
46 fulfillmentof the law）。

第一部分

自然法与我们的普通法

小　引

这篇文章是源于我在纽约天主教律师协会(the Guild of Catholic Lawyers of New York)1953年12月5日所举办的论自然法之论坛上的发言。会开了一整天;共有四位演讲人:约翰·马安夫(John E. McAniff)教授主讲“自然法——其性质、范围与规诫”;查尔斯·戴斯蒙法官(Judge Charles S. Desmond)主讲“自然法与美国宪法”;奥斯卡·哈勒基教授(Professor Oscar Halecki)主讲“自然法与今日之国际势态”;而我则讲”自然法与我们的普通法”。

这一题目,原本是托马斯·罗汉法官(Judge Thomas E. Rohan)在邀请函中“布置”给我又被协会主席以协会之名又予以邀请并将函发送给我。我自然地感到荣誉因应这次邀请,而我却没有一丝惊讶于那些在普通法文化熏陶之中长大的人们,能唤来我这样一位外邦人,来说一说普通法“细故”。的确,我对于普通法常有一份隐秘之爱;而纽约的天主教律师们又是如何知道我这种隐秘之爱的,这使得我内心迷惑好奇——这直到现在亦覆如是的。但这份邀请于我而言如同一次挑战,我亦如“勇士般地”去迎迓之——好比我将“煤炭”运往纽卡斯尔(Newcastle),那是因为纽卡斯尔人们预订了它。

这次演说,嗣后予以扩充并发表于1954年《福德姆(Fordham)法律评论》三月号上;而我现在进一步地修改并扩充了
55 它,以使它适合于本书其他部分。

一些初步之释解是需要的:有关于何谓自然法,我已在我的序言中处理过这一名词;而之于“普通法”这一术语,我在最宽泛的意义上使用它——如同对于整个盎格鲁-美利坚法律传统之系统性的代名词,如是,则它就涵盖了法之所有部门与分支,要么是公法,要么是私法,要么是普通法院(the “law” courts)、衡平法院(“equity” courts)之判决,抑或是任何其他司审判权的法院(tribunals)的。我以一种宏观而非微观之视角看待普通法;在此非常感兴趣于其基本原理与特点以及其充满特点的方法与态度。

普通法突出之特点在于:它是一种由法官从一个判例到另一个判例构筑起来的法律体系,尤其在民事法领域;它由此体现了大陆法国家法律体系截然不同的——因几乎在每一个大陆法国家里面,对于法官判决来说,乃有成熟之民法典可援引之。而普通法法官会问自己的第一个问题将是:当面对一个案件时——从前有何判决是作为先例的,或至少是同眼前案件构成一种类比?当然,在普通法国家中有制定法;但这一法律规定亦要在司法解释与传统之上下文情境中对照之。

普通法国家之司法意见(judicial opinions)比大陆法国家的那

些要有趣得多。后者是推演式的，从一般到个别；从形式上看，它们至少是三段论的、演绎式的，至少粗从形式上看是如此。而一项法国的司法判决通常是这样的："依据法律如是，而案件是如此的……因此我们决定这样。""虑之法条之如何云云，考量具体案件又是如何云云……是此，吾等作出判决，如下云云。"当然了，一些实践理性的内容常在三段论（the syllogism）罅隙中"偷运"出来。但其形式是推演演绎式的，且对于那些习惯于更为坦率地运用经验主义的、实验的以及归纳的普通法方法的法官们来说这是让人厌恶的。普通法法官并不从一个大前提出发；他们必先尝试聚焦在某个点上，在此一过程中去寻找大前提去统辖这一案例，他们运用各种方法和推测——诸如类比，"可能是"（它经常采取这样的形式——任何其他的规则会带有某种不受赞同的或不合于理性的结果）；及"好像"（适用于当两种承认的不同情形在法律上是几乎差不多的时候）；又及区别技术（the method of 56
differentiation）（它诉诸当一个先例被一方当事人找到希望适用于案件时——但仍需由法官将正义"从既存之中识别出来"）。普通法之实验性的、动态的以及具体化的性格，使得其在这方面比大陆法法院的司法裁判拥有了更多发人深省与有益之研究成果。

普通法另外之特性，是在不同司法意见中被发现的，这在大陆法的系统中乃所未闻。例如，在中国为现代民法典所采用的，不同意见不被允许，更甚少会被出版。这一逻辑在于一旦人们知道法官们在法律问题上也不能达成一致时，他们对于法之尊重就会动摇。而在普通法国家却不存在这一点。君经常会发现一个法庭在某个特别问题上有细小之区别。美国最高法院的许多司法判决，在大部分关键性的宪法问题上是五比四票。异议(Dissents)在美国州法院系统中也是常有的；而民众，总体上之于法律有极大之尊敬，如同你在世界上其他地方所能看到的一样。而其人民并不希望法官总是正确无误，他们仅希望法官公平正直、诚实、合乎理性。因此，法官这一方，不同意见之坦率表达，在他们的责任心良知之中激发起他们之于这个国家的信心以及增强而非削弱了法之治理。这一传统使法律以其本来之面目出现：一种典型的人的制度，不高于也不低于属于人的标准。

盎格鲁—美利坚法学之实践气秉，更进一步地在其对于法律程序之强调重视中被发现。一项权利若其要有效，就必须受到保障和救济，而对其之保障主要是在其被侵犯时予以救济这种形式。当君之权利不被侵犯时你通常是离开法院远远的；当你的权利受到了侵犯，君就会诉诸法院之救济的途径，因非如此，君之权利就会得不到保障。这好比一个实事求是之管家婆。即普通法认为布丁(the pudding)存在的证明，在于它能被人吃掉。拥有一项权利是重要的，但同样重要的是通过正式而有效之程序，使得救济对于侵犯来说是可能的。这不仅是为实行一项权利，其真正
57 的意义是为了认可它。例如人身保护令(writ of Habeas Corpus)，其乃对于个人自由权利之必要补充。故而实体法若无程序法之支持，就会如跛足之躯一般。

汗牛充栋之司法言辞论及程序之重要性。最近对于它之一次提醒，就是出现在加州法院的判决书里：

司法绝对主义(judicial absolutism)并不是美国方式

之一部分。它那令人作呕的教义:用目的来证明手段是否正当(the end justifies the means),在我们的司法系统中并非盛行。法官所赋之权力在于其听审与裁决,而不能不经听审去判决。当宪法要求听证(a hearing)时,它所要求的是一个公正的、合乎已设立之程序标准审判。《权利法案》(Bill of Rights)之大部分条款不得不去面对大量的程序问题,这并非毫无意义。程序是公平、有序及以审慎之方式,借由其事项得以被诉讼。在一种竞争性的程序中审判意味着:在一个公开的法庭中进行对于两造证据之听审,意味着任何一方证据之优势的比较,意味那从真相所在之证据而来之结论,意味着恰当运用法律于被发现之事实以及依次作出判决。(Justice Vallée in *In re Buchman*,267 p.2d 73)。

我们到此为止目力所及的是普通法之范式。而从其潜在的哲学立场看,我们可以说其之正义理念,主要是来自于基督教之理念,其坚持人的尊严与平等,正如用布拉克顿的话所表达的:"国王在……上帝与法之下,"米勒大法官(Justice Miller)言,"没有人在这个国家中可以高过法律。"总体而言,我们也会说法官在其观念里一直保存着公平与信实之理想,他们努力将判决建立在合理性的而非是专断之基础之上,即由于他们的实践性的常识(practical common sense),他们经久不衰地去探索快乐的中道——甚至当他们可能有意识地仅仅去思考冲突利益间之一种妥协方式;而甚至当他们仅根据财产权来说话时——也蕴藉着一

58 种未尝明示之精神上之理想主义。这要归因于基督教之传统，它构成了一种至关重要之气氛(the vital air)——而法官们，不管其是否承认(willy-nilly)，它就是从孩提时起就呼吸到了。甚至即便那实证主义者与物质主义哲学占据了生活主题，也不能扑灭(crush out)他们心中作为基督徒的爱之火花。总而言之，普通法，并没有离自然法之基督教传统——也即并不认为权力与权利可以从责任和义务中脱离出来——太过于遥远。而只当法官接受并赞成一种根本性的唯物论法哲学观(a fundamentally materialistic philosophy of law)却坚持称其为自然法，如是，则普通法就变成为那种无可辨认之丑陋，且卷入某种坏名声中。

目前而言，法学面对其尚不确定之未来，其须在各个方向上努力尝试；其心怀盛大的希望果实，然而要冒的风险也一样大。在我观念里，我们最需要一种天主教之真精神及去直面当下困境之道德勇气，而这将佑助我们达到一个至关重要之新综合(a new
59 vital synthesis)。

第一篇

普通法在其故乡

第一章
普通法:摇篮中的小基督徒

一些杰出的英美法学者,会以“我们的圣母”(our lady)来称谓普通法。事实上,卡多佐大法官以及弗利德里希·波洛克爵士(Sir Frederick Pollock)曾用这样优美的表达:“我们的普通法圣母。”我并不清楚他们中哪一个人完全意识到这个称谓之隐喻。而对于一名天主徒来说,这好比是“我们的圣母玛丽亚”温柔地将圣婴揽在她的怀中;若普通法是我们的圣母大人,那么自然法就乃其怀抱中的圣婴。从表面上看去,我们的圣母抱着圣婴;而从实在观,却是圣婴拽着我们的母亲。我们知晓,圣婴正是那言,其“起初与主同在”。但对我们来说,更容易发现的是找见祂在我们圣母亲的臂膀中,而这给予君一种观念即我是如何着手准备这个分派给我的主题——“自然法与我们的普通法。”

坦而言之,吾之方法,会是经验与历史学的。至少,我应从普通法丰沛有型的经验史中出发。我们会越攀越高——直到我们得到一种对于自然法甚至永恒法的超越视界。而吾等之出发点，应当是一种司法或法院的经验。

将自然法与道成肉身之言的比较中，我诧异于我们的主所浸润到的人性——其并不是一种理型式的、而是造就一种生动的位
63 格之人。相仿佛的，将普通法比拟为我们之尊夫人，我无论如何也不能忘却我们尊夫人其纯粹之本身(our Lady is purity itself)，且当普通法在曼斯菲尔德法官(Lord Mansfield)欢悦之语句里，"纯粹地去运用那些从正义根基抽取出来的规则"。[94] 甚至这也是真确的，只要普通法在其最佳的巅峰状态。而当其最糟之时，按照特纳孙(Tennyson)所说，其成了一个"不合法的科学"、一个"无数无编纂的先例丛(codeless myriad of precedent)"、"一些个孤独例子之无际荒原"。

每当我遇到一桩坏的判决，我就会回忆起《浮士德》里面，学生与梅菲斯特(Mephistopheles)的那一场有趣的对谈：

学生：我从无可能让我自己去喜欢法学。

梅菲斯特：我不因此指责你，因为我太过知道它是怎样一门科学。所有的权利与法律都如永恒之疾病一般一代代传下去，从一个地方被带到另一个地方。理性成了一种假货，福利是一场瘟疫；而你就是这些的后代，且今后苦涩悲戚就是汝之运命。而我们与生俱来之权

---

〔94〕 Omychund v. Barker (1744),26 English Reports 15.

利，却无人问及它。[95]

然当普通法在其最佳状态时，这个国家因在一种仁慈律法下而成为一个真正家国。

自先例及至先例，自由慢慢地垂范广大。[96]

无论如何你言及它的欠缺，即所有人类制度所附带的，无人能否认的是，普通法其中的一个优势，乃是能超过其他国家之法律体系：因其自从历史发展之早年开始，就已是一个基督徒了。

与公元600年左右出现的艾塞尔伯特（Ethelbert）法*相联系，梅特兰（Maitland）写道："日耳曼法（Germanic law）没有任何有关其信仰异教时期的文字记忆。每一个旧宗教的痕迹，除了那最浅的，从所有那些被记录下的有关乎旧的宗教的——都被精心地予以删节、修订，其乃经过教士们之手。如此我们已猜测到一股强大的新力量，开始从数量与实质上转型和塑造了整一个蛮族法（barbaric law）之总体与实在——在法律能够对我们咿呀学语般地诉说最初那些字句之时。"[97]

在艾塞尔伯特时期的法之前的几十年，查士丁尼大帝（Emperor

---

〔95〕 *Faust*, *First Part*. 我自己的翻译。

〔96〕 Tennyson，"你问我，为什么"（You Ask Me Why）。

* 艾塞尔伯特（560—616年），约自558年或560年成为肯特国王，他是第一个皈依于基督宗教的英国国王；埃塞尔伯特法（Ethelberht's law for Kent），是他统治期间编纂的最早以日耳曼语言所写下之法典。——译者注

〔97〕 Maitland, *A Short Sketch of English Legal History*, Putnam, 1915, p. 5.

Justinian)已明显地以我们耶稣基督之名义,发布他那著名的《民法
64 大全》(*Corpus Juris Civilis*)。罗马法达到了它之完美点,而当英国法才刚刚如小儿咿呀学语之时。无人能预见到后者在后来几个世纪里其注定成长为一个较之先辈、先行者更为璀璨的法律体系。大法官霍姆斯并不算炫耀地说:"我们的法律,已经达臻了在更为涉及面广而深透的一般普遍性上,超过了罗马法,同时也在那些普通法产生的细节方面,远超过了罗马法。"〔98〕

毫无疑问,其之优越性有若干缘由;而在我平庸的观念里,其最重要之一点是:当罗马法在垂亡之际转向基督教时,普通法已是一名襁褓中之小基督徒了。在准备这项研究时,我追溯及非常早的起源,并惊讶地发现许多普通法圣贤,亦是教堂中的圣徒。艾塞尔伯特王是一名圣徒,众所周知到了亨利八世(Henry VIII)统治时期,其一生一直是维护基督宗教信仰的。〔99〕 而圣西奥多(St. Theodore)则将基督教婚姻制度移植到了英格兰土地上。忏悔者爱德华(Edward the Confessor)不仅因其法律而有名,且还因他之公平施政〔100〕使得他能御民心之所向;其无私对于大众福利之投入,使民众爱戴他的法律与政府;他被描摹为如同"一个被上主所拣选之人——在其施政于其王国中能活出一种天使般的生命且听从上主的教诲"。〔101〕 "好国王爱德华之法律与惯习"(laws and customs of

〔98〕 *Collected Legal Papers*, p. 156.

〔99〕 Butler, *The Lives of the Saints*, ed. by Herbert Thurston, S. J., Burns and Oates, 1932, February 25.

〔100〕 *Ibid.*, September 19.

〔101〕 *Ibid.*, October 13.

good King Edward)成为家喻户晓之说辞而为后世流传之。其之生命验证了此一真理“因此爱就是法之实现”(love therefore is the fulfillment of the law)。[102]吾之印象是,普通法不仅建构于正义之上,更为重要的是,扎根于恩典。普通法缓慢地汲取自然法之真谛,然并不将其作为一种抽象之理论,而是人之行为的根本实践准则。[9a]这一过程潜移默化,而却稳定而坚实。

在诺曼征服之后,神圣而博学的僧侣们,如兰弗朗克*(Lanfranc)、圣托马斯·贝克特**(St. Thomas à Becket)、索尔兹伯里的约翰***(John of Salisbury),以及许多其他的人,持续地将

〔102〕 Rom. 13:10.

〔9a〕 在这层意义上,我们能够与爱德华·贝瑞特(Edward F. Barrett)教授一起说:“自然法从根本上说,是我们的普通法与衡平法之开端。”参见 *Catholic Lawyer*, Vol. 1 (April, 1955), p. 135。

* 兰弗朗克(1005—1089年),生于意大利帕维亚,早年是法兰西圣本笃修会的一名僧侣。曾任坎特伯雷大主教。——译者注

** 托马斯·贝克特主教(1118年或1120年—1170年12月29日),他被天主教会和安立甘宗同时列为圣徒和殉道者。他曾因教会的权力而与英王亨利二世产生冲突而被后来的继任杀害于坎特伯雷大教堂。后为教皇亚历山大三世所封圣。而这段史事被伯尔曼(Harold J. Berman)教授在《法律与革命:西方法律传统的形成》(*Law and Revolution: The Formation of The Western Legal Tradition*)中认为是一个造成西方法律史发生转折之革命事件。这实质上是一种关于教会司法管辖权范围的冲突,它是教皇革命的一个范例:这一革命在整个西方建立了两种相匹敌的政治法律权威类型,即精神的权威与世俗的权威。——译者注

*** 索尔兹伯里的约翰(1115—1180年)生于索尔兹伯里,将自己描述成像Johannes Parvus那样,故称“小约翰”。英国基督教教士、哲学家、拉丁语学者。1136年,他赴法国从著名神学家、哲学家阿伯拉尔学习神学。1150年回英国,先后任坎特伯雷大主教托马斯·贝克特和西奥巳的秘书。因在国王亨利二世与贝克特的争辩中支持贝克特而被放逐到法国兰斯(1163年)。在那儿完成了著名的《教廷史》。1170年返回英国,目睹了托马斯·贝克特被谋杀。1176年任夏尔特尔主教。在三十多年的时间里,他是英国最重要的古典学者。《波利克拉替库斯》是关于法院和教会外交的专著,《元逻辑》(*Metalogicon*)是关于逻辑和亚里士多德的哲学的书。——译者注

自然法原则融贯到普通法中去。“欧洲共同法”(ius commune)这一称谓,是从僧侣中的教会法学家之一般法(ius commune)理论*而来。[103] 直到十二世纪,这一名称才开始为律师们普遍所使用,
65 欧洲共同法并非代表了那么多王室法院的司法惯例与传统。如是这般,普通法之司法性源头才具有优势地从其起源开端处明朗起来。

如君所知,普通法之“法记忆”[104] (legal memory)能追溯到1189年9月3日查理一世的加冕礼。让我们看一下那个时代,波洛克(Pollock)和梅特兰(Maitland)所说:

---

* 大陆普通法,从历史上看,是一种发源于中世纪(主要是12—13世纪)欧洲,糅合了以恢复和接受查士丁尼《学说汇纂》(Digest)思想的教会法与罗马法作为基础之通行于欧洲大陆之一种法律体系与渊源。——译者注

[103] Pollock and Maitland, *History of English Law*, 2d ed., 1905, Vol. I, p. 176.

[104] 我以轻松口吻来提及它,因我正在和律师们说话。事实是这种对于法记忆之限制(limit of legal memory),乃由一种历史偶然所固着。早前的诉讼中,一方倚赖于一项习惯法会说:它“自远古的年代(immemorial)起”就已经存在。为给予这一模糊标准以确定性,13世纪更早的法律在1189年——即在查理一世统治的第一年——确定了这种法记忆之限定。任何习惯若从那一年起被证明存在,那么会被视作“从远古以来”就存在。显然那些法律一度曾被通过,而最年长的还活着的人仍能够记起那一年,且能够因此证明这一效果:这样的习惯的确是存在的。而最后一部法律被提及的日子,是1275年的威斯敏斯特一世时的。而几个世纪过去了,法记忆之限定依然,因其从未被后来法律所废止过。二十世纪——这个日子虽则荒谬——但它并不过时,基顿先生(Mr. Keeton)有一个有趣的观察:“在实践中,困难被克服了——通过证实习惯在活生生之记忆中被连续不断遵循着——这一程序设置了一个服务于‘最古老居民’的高的犒赏。但如果那些否定了习惯有效性的人们能够表明,在早年习惯并没有被实践过,这对于习惯作为法源而言是致命的——这有甚于一个人声称:如今这一习惯以这一理由已从悲伤中复原了。”(*The Elementary Principles of Jurisprudence*, 2d ed., Pitman, 1949, p. 80)这是普通法特性之一,而我提及它是为了给我的读者们一个微笑,将使用它作为一个跳板,以便跳跃到那个时代中去。

> 英国法,其为王国中最有能力、最有教养的人所执行;不仅如此,它亦为同类的相似的人(the selfsame men)所执行之,他们也曾是教会法院的“平民法官”(the judges ordinary),这些人必然至少在某些方面,谙熟于教会法。曾几何时,亨利时代拥有三位主教作为最高司法长官(archjusticiars);而在查理执政时达到了顶峰。我们能发见,王座法院(the king's court)每日之审判:经常地,它由坎特伯雷大主教(the archbishop of Canterbury)、其他两名主教、两位或三位执事长(archdeacons)、两到三位执事(ordained clerks)及仅有两到三名俗人(laymen)所组成。成员中的大部分人,可能在任何时候都会被召来义不容辞听审有关精神领域之诉因以及去学习由罗马教皇法令(papal rescripts)所颁给他们之法律训诲(the lessons in law)。[105]

对于波洛克和梅特兰来说,“布莱克斯通(Blackstone)之于国家之图景分为两部分:‘主教与神父’(the bishops and clergy)在一边去为他们的外国法学而斗争,而‘贵族与平信徒’(the nobility and the laity)则在另一边忠实于‘以对老的普通法之平等的固执和持守’——而这些并非真实。”适相反,“正是通过‘天主教教士’(popish clergyman)之努力,吾等之英国普通法,才从一个粗糙

[105] Pollock and Maitland, *op. cit.*, Vol. I, p. 132.

的规范从而转变为一个清晰之体系，且当这些教士们最后终于服从于教皇之命而不再作为王座法院之大法官时，吾等中世纪法之
66 创造性时代，才成为过去时了”。[106]

〔106〕 *Ibid.*, p. 133.

第二章
大宪章

若非观照到大宪章(the Magna Carta)——普通法之绝对基础,而要去理解普通法之精神乃是完全不可能的。但在这里我只能简要涉及之了。总而言之,约翰王(King John)在其统治之初是遵循法律的,而其晚年的一段时间,却变得越来越具有压制性和变化无常,到了贵族们之旨趣直接地受到影响而不能再忍受听命于他的程度。通过武力,贵族们逼使约翰王以其名义起誓,即通过一些条款,来保障他们的自由和财产权以免国王专断之侵害——此乃大宪章之政治起源。通过捐赠之形式,对特许权之赋予(a grant of franchises),被自由国王来创制——事实上其乃一个条约,即通过封建领主(the feudal lords)从他那里巧取豪夺来的,而如若他不能遵守这些条款,将失去土地。比如,在1215年《大宪章》的第61条中,权力被赋予二十五个男爵贵族——如果国王侵犯他们权利的话——将会扣押国王的土地。

由历史观之，这绝非一次“平民的”(popular)运动。然则大宪章(the Magna Carta)之重要性，正如其是影响波及深远的。“因为简单说来，”正如波洛克与梅特兰所总结道的，“意即国王是且应当在法律之下”。[107]然而，如果国王在法律之下，那么就无人甚至那些功勋卓著的男爵们(barons)能够僭越于其之上。这一关于上帝是至高无上的，以及法在所有人之上的观念——虽然起初来自上层贵族，但却是一个强有力之催化剂，其随着时间长河渗透到普罗的大众。虽然这一宪章是由剑与火所“劫得”却并不改
67 其烨烨光华。而相反，它使自己赋予了生命力，而非仁慈君王之一个大方姿态，而不去主张它那些条款项目下之任何权利。

自然法条款特别之重要性，在其为教会僧侣与自由人(the Church and the freemen)保证了权利与自由。我有意趣援引两条于此处以飨诸位*：

> “首先，我们向上帝应许，由此，我们眼前的这个宪章为我们及我们的后裔确认和永久结订下：英国的教会应当是自由的，且应当拥有其权利与自由，完整与不可

---

[107] *Ibid.*, p. 173.

* 另可参阅《大宪章》更为简洁准范的中译：“1. 首先，我们及我们的后嗣永远应许上帝，根据本宪章，英国教会当享有自由，其权利将不受干扰，其自由将不受侵犯。……39. 任何自由民，如未经同侪的合法裁判，或经国法判决，皆不得被逮捕、监禁、没收财产、剥夺法律保护权、流放或加以任何其他损害。40. 我们不得向任何人出售、拒绝或延搁其应享的权利与公正裁判。”[英]詹姆斯·C. 霍尔特著：《大宪章》，毕竟悦、李红海、苗文龙译，北京大学出版社2010年版，第502~503、507页。——译者注

侵犯。”(第一条)

“自由民,若非为其同辈人或本国法所合法进行审判,其不得被逮捕、监禁、没收财产、剥夺自由权和自由惯习,或排除于法律保护之外、流放或以其他形式之损害,吾等亦不得驱逐、践踏之。吾等不得向任何人出卖、拒绝或延迟其权利或司法救济权利之行使。”(第三十九条、第四十条)

根据这最后所援引的以及其他相似性质之条款,波洛克和梅特兰有了更为审思之洞察:“甚至在大宪章最为著名之辞章中,我们能够发觉一项封建请求权(a feudal claim)之被停用,仅在于当在时间长河之中,人们曲解了它的含义之危险时才被停用下来。”〔108〕从一方面来看,国王的法官们并不是伯爵和男爵们(earls and barons)之同侪。如若这些字句仅从字面意思去理解的话,其仍会严重阻碍司法系统之整全性的路径。然在法律与政治演进之事实过程中,生活之逻辑比言词之逻辑更为重要。而在另一方面,大宪章仅担保“自由民”权利——它并没有包括大多数被称作“附庸”(villani)之农民。土地所有权就是一个自由民之标志,且其所有权之唯一形式被以自由保有地产权*(freehold)制度所知。

〔108〕 *Ibid.*,p. 173.

* 参见《元照英美法词典》之辞条“freehold”,载薛波主编,潘汉典总审订:《元照英美法词典》,法律出版社2003年版,第583页。——译者注

但后来律师发明了"公簿保有地产权[**]"(copyhold)制度,且许多之土地保有人,起初并非自由民而是成了公簿记录占有土地的佃户(copyholders)——其唯一可见之权利条目,存在于法庭羊皮卷中(the court rolls)——由庄园主之管家(steward of the manor)起草许可佃户去占有一块土地。虽然这一不动产所有权为领主意
68 志所决定,但领主并不能随意将它收回,且其之意愿亦须服从于庄园习惯法(the customs of the manor)。随着时间流走,依据公簿记录占有土地的佃户变得同任何自由地产保有人一样安全与自由;故而柯克曾写道:"然现在那些公簿记录占有土地的佃户们依赖于一个确凿的基础,他们不去权衡领主们是否高兴,也不会再动摇于任何一阵子之疾风草动了——他们安全安心安耽地吃、饮和安稳高枕无忧。"〔109〕这意味着大宪章之祝福已经在这一过程中延展惠泽于他们,而他们并未考虑到是贵族们曾为宪章和福祉斗争过。

在曼斯菲尔德大法官(Lord Mansfield)时期,大宪章中的"自由人"已经成了"一般人、普通人"(everyman)的同类词,故而在有名的 Sommersett ' s Case 判例中,宣称:农奴土地保有[***](Villeinage),当它的确存在于这个国家中时,就有许多特别的方面不同于西印度奴隶制。领主从不能抛弃他的农奴(villein),不

** 参见《元照英美法词典》之辞条"copyhold",载薛波主编,潘汉典总审订:《元照英美法词典》,法律出版社 2003 年版,第 321 ~ 322 页。——译者注

〔109〕 Coke, *Compleate Copy-Holder* (1641), sec. 9.

*** 参见《元照英美法词典》之辞条"villeinage",载薛波主编,潘汉典总审订:《元照英美法词典》,法律出版社 2003 年版,第 1403 页。——译者注

管是属地农奴*(regardant)抑或是属人农奴**(in gross),[110]将其带上镣铐,带至西印度,以及把他卖到矿上或在一个甘蔗园里劳作。无论如何,农奴土地保有制(villeinage)在英格兰被废止,它亦不能被复生之。英格兰的空气长期以来对于一个奴隶而言太过纯净,以至于每一个呼吸到它的人都是自由的。每一个进入英格兰的人都有权受到英格兰法保护,不论任何压制在此以前其所可能经受的,且无论其肤色是什么:不论他是黑的还是你是白的(Quamvis ille niger quamvis tu candidus esses),黑人奴隶得以释放。[111]

如是则大宪章保护之臂膀,不仅延伸到保护任何一个英国人那里,且延展到每一个踏上英格兰土地的人。其语词上并未有何变化,在含义上更无任何扭曲——不管波洛克与梅特兰对于反方面的陈述是什么。我们应当将大宪章看作是投进湖中之石,引起了不断扩大、加宽之同心圆,直至整个水面都被涵括融纳进去。事实上,这就是所有普通法根本原则所从生长之道。

但我不能在大宪章问题上不提一提红衣主教史蒂夫·兰登(Cardinal Stephen Langton),即坎特伯雷的大主教(Archbishop of Canterbury),他事实上是整场运动核心人物。于我而言,并非不是重要的是:大宪章之父,也是这首圣灵壮阔赞美诗——“求圣神

---

* 参见《元照英美法词典》之辞条“regardant”,载薛波主编,潘汉典总审订:《元照英美法词典》,法律出版社2003年版,第1166页。——译者注

** 参见《元照英美法词典》之辞条“villein in gross”,载薛波主编,潘汉典总审订:《元照英美法词典》,法律出版社2003年版,第1403页。——译者注

[110] Regardant 意即个体(individually)。

[111] Sommersett' sCase (1772),20 State Trials 1.

69 降临”[112]（Veni Sancte Spiritus）之作者[113]——这启示了赞美诗篇的同一个圣灵，同样在较低层面上，激发和激荡了这次以大宪章为冠冕的运动；且我亦以为，这同一精神亦激活焕发了普通法，通过在其中吹进自然正义与衡平（natural justice and equity）之风——那解放一切之影响力。

如果仅是僧侣们将一大堆粗糙习惯丛改造成一个明晰体系，那么它真就会成为一次值得颂扬之智识运动；但是这一体系并未获得让普通法后生学子们产生讶异之活力与生命力。而吾之推断是：普通法之生命力，是因着这圣灵的酵因（the leaven of the Spirit）。神职人员、宗教领袖之所曾为，已远超乎于用贫瘠黏土去
70 制造一个器皿，他们还开启了一个活泉之传统。

---

〔112〕 Veni Sancte Spiritus，有时候也叫作“金色序曲”（Golden Sequence），是一种在古罗马的礼拜仪式中为圣灵降临节的弥撒所作。它是中世纪四首序曲（medieval Sequences）中之一首。

〔113〕 Powicke，*Stephen Langton*，Oxford，1928，pp. 47－48. 在审查证据并对之细考权衡之后，鲍威克（Powicke）说道：“这毫无疑问地显示了，他并不是法兰西的罗伯特国王（King Robert of France），或教皇英诺森三世（Innocent III），而是最伟大的赞美诗（hymns）之其一之作者，是圣歌的作者。”

第三章

布拉克顿时代

亨利三世[Henry III(1216—1272 年)]的统治,在我的脑海里乃普通法历史上最为重要之阶段。如同波洛克和梅特兰所察之的,“从那个阶段结束,我们中世纪法之大部分主要轮廓已大体奠定;后续之世纪所能作为的甚为有限——只是去填充一个无法有大突破之框架之细节罢了”。[114] 而正是在这个时代,“普通法之父”[115]布拉克顿完成了其杰作。如同所有达到巅峰成就之人,他生活于一个正确时代。在普通法已缓慢发展了多个世纪之后,已留下了充分之素材,去等待一个天才人物以其创造思维,去规范与综合其于一个生动活泛之体系中。他的论著《论英格兰的法律与习惯》(*De Legibus et Consuetudinibus Angliae*),“乃英国中世

---

[114] Pollock and Maitland, *op. cit.*, vil. i, p. 174.

[115] 詹姆士·肯特(James Kent)将布拉克顿称为“英格兰法之父”(*Commentaries on American Law*, 12th ed. by O. W. Holmes, Jr., Vol. I, p. 499)。

纪法理学之桂冠与花朵”。〔116〕 他从许多源泉汲取营养,然其本土的睿智(native wit)都将这一切整合成一个浑然圆润谐和之整体。其从波仑亚的阿佐(Azo of Bologna)处学习罗马市民法(Roman civil law),〔117〕从格拉提安(Gratian)的《教会法汇要》(*Decretum*)以及从格列高利九世(Gregory IX)的《教令集》(*Decretals*)那里汲取教会法之原则。罗马法予其处理本国素材及填补法律漏洞之方法。他运用羊皮卷之诉讼卷宗(the Plea Rolls)编制教义,且其对待佩特雪(Pateshull)和瑞莱(Raleigh)之判决,如同阿佐对待罗马法学家们(the Roman jurisconsults)的观点以及后来那些注释法学者们(glosses)那样。好比一个真正之英国人,其为决疑论方法(the casuistic method)所武装,并推荐了使用判例来呈现法律。在他的《札记》*(*Note Book*)中,他嵬集了不少于两千个判例;而在其著作《论英格兰的法律与习惯》中,他使用了将近五百个判
71 例。当然他并没有达至遵循先例(stare decisis)的教义;而不容否认的却是,是他第一次偶然地去运用类比方法来发展法律:相似的事实应会达到相似结论。〔118〕 他真的发现了一种研习司法实在与解决法律事实问题之新方法——而这种新方法就根植于盎格鲁—撒克逊人脚踏实地之惯习,即当事情冒出来了就去处理而非诉诸什么抽象概念。这一体察法律之具体方法,从盎格鲁—撒克

---

〔116〕 Pollock and Maitland, *op. cit.*, Vol. i, p. 206.

〔117〕 Maitland, *Bracton and Azo* (Selden Society, 1894), *passim.*

* 布拉克顿之《札记》,据彧包含了两千多个从王室法院的诉讼档案中选取的判例,它们都来源于亨利三世(Henry III)统治时期的头二十四年中。——译者注

〔118〕 Bracton, *De Legibus et Co nsuetudinibus Angliae*, ed. by Woodbine, 1915, I, 16.

逊人的头脑中涌现，且其也在这之中找到了适合自己生长之丰硕土壤。这也就是为什么其萌发之想法能在时间长河中茁壮长成一棵大树，这也就是为什么他会被适恰美誉为普通法之父。

对于令状系统须置喙一言，[119]那是布拉克顿辅之以发展出来的，虽则他并没有直接去发明了它们。之于程序及救济之强调，亦是盎格鲁—撒克逊人实践感之典型表征。在这一方面，它们的确更像罗马人而非现代的罗马法学家（Romanists）[120]。他们太有罗马实践性格了，以至于不能照单全收地接受一个来自古代的《民法大全》（*Corpus Juris*）。正如梅特兰和波洛克所尝指出的，"较之罗马法学家更为罗马化，"它们"对于新的程式体系（formulary system）之波澜壮阔之实验……那少数人集聚在威斯

---

〔119〕 早期，那些愤愤不平的诉讼当事人求助于国王。国王签发令状给郡长（the sheriff）或其他一些合适的人——指令他去调查这个事件及给予特定之指示（directions）。逐渐地，一个常规的司法程序令状制度（a regular set of writs for judicial proceeding）形成了。令状形式（forms of the writs）被固定下来，国王所给予之指示，凝聚具像化为不同之救济类型。通过这种实践方式，人的实质性之权利与义务轮廓鲜明起来。普通法主要是通过程序渠道获得了成长。普通法通过程序的渠道发展——好比是凿一口井或是通过管渠来聚汇疏通水源。但这一演化在特定的时点上特别在十七和十八世纪，普通法成为一条河流，其有了己之渠道。也即当法官们变得意识到潜在的实在法的哲学，他们毫不犹豫为实现正义而去拓展诉讼之程式。

〔120〕 埃尔利希（Ehrlich）已经推出了一些在英格兰法与罗马法之间的一些类比关系。"正如在罗马，故也在英格兰，实体法（the material law）主要地是一些令状[the law of several actions（*actiones*）]。"参见《法社会学基本原理》（*Fundamental Principles of the Sociology of Law*），摩尔（Moll）译（Harvard，1936），第275页。这些诉讼是一些渠道、通道，在这其中正义与自然法的原则流淌着。当这些渠道为柯克所称的"人为理性以及法的裁判"所建构时，而原则则是从"自然理性"而来的，前者是可变的，而后者是不可改变的。

敏斯特,环绕着佩特雪及瑞莱,还有布拉克顿写作令状(penning writs)它们将会在大西洋之另外一边的没有王权的共和国(commonwealths)之中运作;他们为我们及我们的后裔铸就了何者为正、何者为误”。[121]

而另一重意义是:布拉克顿,乃是被当作普通法之父的。如我们已观察到的——普通法是个摇篮中的小基督徒,直到十三世纪普通法中的基督教因素才开始些许成熟。布拉克顿因其之超凡的关于综合涵纳之能力,成功构建了一种真的基督教法哲学。

其之伟大与原创性,倒不如说他在自己时代已经总结了法哲学与政治哲学中所有最好的。在解释加冕礼宣誓(the coronation oath)方面,如他说国王须在三样事前宣誓。首先,他会在他的权柄里保证上帝的教会及所有基督教民众,在他统治期间获得真正
72 和平;其次,他在所有阶层的人中间禁止劫掠掠夺和违法妄为;最后,在他所有的判决里,他会激发、提升衡平与慈柔(equity and mercy)——正如他期待从柔和仁慈的上主那里而来的慈悲一样。[122] 而事实上,依据布拉克顿,国王之设立与被拣选,乃是为了对全体行使公正之目的。国王,乃上帝在尘世之牧理(vicar and minister),且这是其职责去分辨对与错、公正与不公正,其目标是正直生活,不伤害他人,以己身之责任去区分正误、衡平与非衡

---

〔121〕 Pollock and Maitland, *op. cit.*, Vol. ii, p. 674。它应当注明“新的公式体系”(new formularysystem)——令状的体系(the system of writs),其不同于旧的乃在于,当罗马法中(the formula in the Roman law)公式总结了法庭的诉讼程序,但令状却开启了它。但两者对于程序的看重却都是一样的。

〔122〕 See Carlyle and Carlyle, *A History of Mediaeval Political Theory in the West*, 3d ed., London, 1915, Vol. iii, p. 34.

平，他的臣民要生活正直，不得伤害他者，得其所应得且作应有之贡献。[123] 如果国王行义，就是上帝之执法者；而若其行不义，他就是撒旦化身。他高于他的臣民，但却在上帝与法律之下；因为正是法律，使其成为君王。在这一点上，我想引述以下这一个著名的片段：

> 国王自身，应在法律和上帝之下而非在人之下，因为是法使其成为君主。因此，让国王回馈给法律那法律所赋予他的吧——疆域与权力。因为若只是意志行使主权、而若没有法律的话，那就没有国王（for there is no king where will，and not law，wields dominion）。作为上帝之代理人（as a vicar），其应当在法律之下，这由其所据之耶稣基督在尘世之位置所清楚显白了的，因虽则在上帝那儿一切坦诚；而为人类救赎之因由，许多道路和方法不能为吾等所云明——祂之真仁慈，选择了这样一条道路，就是特别为了去祛除撒旦的作工：而耶稣基督所使用的并非强力，而是正义的劝解。如是，祂情愿在律法之下，"可以赎回那些在律法之下的。"因祂不愿意使用力量，而是审判。且那位被祝圣的母亲（the blessed parent of God）圣母玛利亚（the Virgin Mary）——耶稣基督之母（mother of the Lord），拥有独一无二的权柄而临在法律之上，但为了给世人谦卑的范例而毫不犹疑地臣

[123] Bracton，*De Legibus*，（fol. 107）.

> 服法律。国王应当如是这般行事，以免其权柄如脱缰野马而不受羁束。[124]

由意志而非法律进行统治的话，那就没有国王（There is no king where will, and not the law, wieldsdominion）。这是关于法的至高无上性之最为清晰之术语塑造。法之本质，其并非意志或强力，乃是正义的劝解。在另一段话中他声称："Iuris enim
73 prudential agnoscit, et justitia tribuit cuique suum est. Item justitia virtus est, iuris prudentia scientia est."[125] 这可以表达为："法审度运思，洞悉每人之所应得，且正义将它传递于他。因为正义是一种美德，而法之省思（the prudence of law）则是一门科学。"此乃法学之真谛。而现代一些实证主义学者却要将正义从法学中排除出去。这将会成为司法学而非真正的法学（be juris-imprudence rather than jurisprudence）。

大法官爱德华·S. 多厄（Edward S. Dore），在其令人钦佩赞赏的关于"人权与法"之致辞中使用了这样一段话完美证明了布拉克顿所意指的意思：

> 在尤维纳利斯*的一个讽刺故事里面，我们发现一个任性霸道的妻子，要求他的罗马丈夫，没有任何理由

---

〔124〕 *Ibid.*, fol. 5b.

〔125〕 *Ibid.*, fol. 3b.

* 尤维纳利斯（拉丁语：Decimus Iunius Iuvenalis，英语常作 Juvenal），生活于 1～2世纪的古罗马诗人，作品常讽刺罗马社会的腐化和人类的愚蠢。——译者注

> 地而去苛责一个奴隶。当她丈夫问她为什么要这样时，她用把法律当作意志的一句经典的话回答道：“吾惟使之，吾令之，让吾之意愿代行理性吧（Hoc volo; sic jubeo; sit pro ratione voluntas）。”[126] 而这又是多么具有启发深意的被裹进这个短句“意愿替代理性”（*sit pro ratione voluntas*）！短短四个字，恰好表达了任何的不是建立在理性之上的而是在意志或强力之上之法理念。[127]

在爱德华三世（Edward III）的《年鉴》中，有一个关于法本质的极为有趣之对话。律师在其论辩中答道，法官应当如其他法官曾在相似案件中那样去审判，“否则，我们就不知道什么是法了”。希拉里法官（Justice Hillary）进一步解释道，“那就是法官们之意志。”而首席大法官斯多诺（Chief Justice Stonore）则回应道，“噢，不，法不正是那理性（law is reason）”。[128]

当然，的确，意志与理性一道塑造了法律；意志不应当受到轻视，因为它是上帝赋予人类的，且属于人之精神性的自然（spiritual nature）。诚如圣托马斯所云，“所有法律都从立法者之理性与意志而来；神法和自然法，从上帝之理性意志而来（the reasonable will of God）；人法是随从人之意志且由理性所规范的。”[129] 换言

---

〔126〕“所以，法官大人，正如我所意愿的；我希望它足够之理性。”（As I will, so I judge. That I will it is reason enough）

〔127〕*Fordham Law Review*, Vol. 15 (1946), p. 11.

〔128〕Year Books 18 – 19, Edward III, pl. 378. 在这里我使用了一个比较现代之版本。

〔129〕*S. T.*, I – II, 97. 3. *in corp.*

之，“为了使一个命令之决定意志（the volition）可以具备法之本性，它需要与理性的一些规则相一致。”[130]

以布拉克顿之名，虽然看起来其并没有机会去读到圣托马斯的论法（Treatise on Law），但其观念却着实非常接近阿奎那之观点。
74 布拉克顿对于法之定义体现在下述段落之中：

> 现在让我们看看何者为法律；我们应当知道，法律是那些谨慎的、有远见的人们协商中（in council）之一般诫律箴规，其乃对于故意或过失犯罪的强制性之禁止，对于公众利益之不偏袒的壁垒和保障，对于普遍利益的不偏不倚的保障。上帝是正义之作者（the Author of Justice），因为正义就在造物主（权柄）之中。由此，公正与法（jus et lex）代表同样事物，而在一个最为广泛之含义上，任何可以被理知的事物都可以称为法，它严格地表明了什么是正义的制裁（just *sanction*）——指令那些公正与正派的事物、而禁止与之相违背的。[131]

正如弥瑞阿姆·茹奈博士所正确评论的，布拉克顿对于法的定义以及制裁的原则是“对他之前岁月里，普通法发展及基督教思想成长之一个杰出综合”。[132]

---

〔130〕 *Ibid.*，90. 1. ad 3.

〔131〕 Bracton，*De Legibus*，fol. 2.

〔132〕 Rooney，*LawlessnessLaw and Sanction*，p. 76. 这本书对于布拉克顿（Bracton）的法哲学，包含了一个精彩的说明（pp. 58－76）。

他对于后继的大法官们如柯克、霍特以及布莱克斯通之影响及对于我们时代一些人之影响,是有益及深广的。

布拉克顿对于"判例法"的贡献及法至高性之理念,是一种不仅对于普通法且对于自然法哲学之贡献。在其书《普通法精神》(*The Spirit of the Common Law*)中,庞德已经指出了普通法有两种最为显著的特征,即先例学说与法至高无上之学说。他进一步指出在这两种原理中都有一种共通元素,即理性。

> 同样的精神,蕴含在每一个判例之中。先例原则(doctrine)意味着:诉因(causes),乃由原则来审判,并从过去判决的司法经验中归纳式地推导出来的,而非从那些主权者意志所专断建立的规则中演绎出的。换言之,理性,而非那专断之意志是裁判之最终基础。法至上性之教义,亦可简化为这样一种理念:即主权者以及所有其之代理者都要依据原理与原则行事,而非跟从专断之意志。它们务要跟从理性而非任意之妄为。而这两者,都体现了日耳曼法观念对于来自造物主之正义与真理之探寻。而普通法原理,恰正是适用于经验之一种理性。[133] 75

在这一方面,庞德院长对于普通法精神有如此敏锐之洞见;而我仅保留自己的一点意见是:他在那个时代的作品中并未就十

---

〔133〕 Pound, *The Spirit of the Common Law*, Marshall Jones, New Boston, N. H., 1921, pp. 182 – 3. 这本书当与后来他在 1939 年于美国天主教大学所作之讲座,并于同年发表于 *Jubilee Law Lectures* 的"法律史中的教会"放在一起来读。

三世纪经院主义哲学的研究，并沿寻其精神直至真正的源头有充分的认知。

事实上，关于法至高无上之理念及其对待判例的实证、具体之路径，这些恰是普通法之特征，其来自天主教教会之智慧。而现代式沉思与理性之自然法哲学，乃是对于经院传统之康庄大道之偏离。而在这一联系中，吾不可遏制地要从当代教会法权威之一的斯蒂芬·库特纳教授(Professor Stephan Kuttner)之话语中去引述一些非常智慧的片段：

> 自然法科学，其如同实践理性王国中之所有知识一样——其处理人类之行为，是不可能以几何学原理(more geometrico)、以一种抽象思辨的方式[例如缺乏事实上人与人之间关系与社会结合(social compounds)之经验数据]，而被予以解释分析之的。自然法概念，的确其在严格意义上好比是由人的理性与社会性之天性所赋予的一些原则，有其自身之实在，其以普适(Universals)之方式"存在"于智性秩序(the intellectual order)之中；然而在实践秩序中，它如准则与量度(regula et mensura)一样能发挥一种规范性的功能——通过一些当下人之社会存在偶在条件(the contingencies)*的一些联系：且这些偶在条件是大量而易变的；它们是实证法的主体素材——在它所有的变体和相关性之中，它表

---

* 从现代行为理论理论来看，偶在(contingence)论，乃对于理性主义之一种质疑，其注重环境、情境等因素。——译者注

达了中世纪僧侣们之智，他们满足于将所有的实证法之于自然性的实质联系予以哲学化(philosophizing)，而非梦想着一个自然法其在细节上也完美，能成为一劳永逸掌管人类社会行为的法典，且通过吸收让所有实证法都显得多余；或非要将自然法打发到某个不可触及之超验领域中去。[134]

它描绘了圣托马斯之方法，也描绘了布拉克顿之方法，及达于整个普通法传统。甚为遗憾的是：事实上，所有十七、十八及十 76
九世纪的自然法哲学家，都偏离了这一伟大传统。他们发展了几何学的方法，编织了整个的所谓自然法体系——好比蜘蛛从自己肚子里织出网来。而稍可以提及的是：霍布斯(Hobbes)、斯宾诺莎(Spinoza)、洛克(Locke)、普芬道夫(Pufendorf)、克里斯汀·沃尔夫(Christian Wolff)、托马修斯(Thomasius)、博拉马奎

[134] "自然法与教会法"(The Natural Law and Canon Law), in *Natural Law Institute Proceedings*, Vol. 3 (1949), Notre Dame, 1950, p. 85。我并没有与科纳教授(Prof. Kuttner)看法完全一致，当他说到自然法的概念仅仅"存在于""普遍智性秩序"(intellectual order)中。而我以为之自然法，自永恒法而来——它来自上帝的心智，根植于上帝的理性与意志——因此比科纳的话看起来占有了实在(reality)之更高程度。然而我完全地同意他对于自然法思辨哲学家们之批评，即那些发展了几何学论证思路的人。一个典型例子就是萨缪尔·普芬道夫(Samuel Pufendorf)的 *Elementa Iurisprudentiae Universalis*——在那里正如科尔曼·菲利普森(Coleman Philipson)所巧妙指出的，他"汲取采纳了欧几里得(Euclidean)方式，且承认通过严格的数理论证过程去确立一些特定之结论。"参见 *Great Jurists of the World*, Boston, 1914, p. 310。在这些思辨哲学家们与中世纪经院哲学的僧侣之间的巨大差异在于：当前者理性主义与教条式的(rationalisticand dogmatic)之时，后者却是合理的与经验式的(rational and experimental)。

(Burlamaqui)、康德、黑格尔以及甚至边沁及其之幸福微积分学(felicific calculus)——所有这些都属于一个沉思的团体[135]。许多十九世纪的美国法官用他们自己之个人主义者之偏见来辩认与定义它们,而妄用了自然法之名;他们中一些人——甚至侵犯了自然法之尊严以树立他们自己之非理性之种族偏见。吾会在
77 稍后之章节中来对待这一问题。

---

〔135〕 See Mitchell, "Bentham's Felicific Caculus," *Political Science Quarterly*, vol. 33 (1918), pp. 161 – 83. 波洛克并不离真理很远——当他声称边沁的著作是纯而简单的天赋权利观([Pollock, *History of the Science of Politics*, London, 1925, pp. 111 – 12)。圣托马斯有关自然法之哲学理解包容了功利原则(the principle of utility),但看来是超越了它。

第四章
从《年鉴》到托马斯·莫尔

在布拉克顿故后不久出现了《年鉴》*（*Year Books*），它们中最早的出现于 1292 年，乃属律师会馆（the Inns of Court）及大法官法庭（Chancery）所组织起来的律师们所为。这些会馆，几乎是法律研究之中心，其承载着并进一步强化了普通法作为判例法系统的这一个传统。虽则十四世纪未被杰出法律人士所妆点，但它为了法律体系延续性之匿名的贡献，则是不能被一笔带过之的。而十五世纪迎来了利特尔顿（Littleton）和福特斯丘（Fortescue）。吾不能进入利特尔顿之于保有权**（tenures）之经典研究中——除非去提一提这一研究标志着不动产法律领域之里程碑性质这样

* 参见《元照英美法词典》之辞条“Year Books”，载薛波主编，潘汉典总审订：《元照英美法词典》，法律出版社 2003 年版，第 1432 页。——译者注

** 参见《元照英美法词典》之辞条“tenure”，载薛波主编，潘汉典总审订：《元照英美法词典》，法律出版社 2003 年版，第 1335 页。——译者注

的话。约翰·福蒂斯丘，他作为一名圣托马斯·阿奎那之门徒与追随者，反对古罗马箴言："那让君王高兴的，无不具有法上之强制力（Quod principi placuit legis habet vigorem）。"[136] 他认为："一名英格兰的国王不能随心所欲地改变土地法令，因其通过政府行为来实施治理，它不仅仅是王室的、君王的，且也是政治性的。"[137] 他能做的是这样一些改变，也即经由人民之同意。于他而言，旧约和福音书中所揭示之自然法，乃是至高无上的。"因为没有一项国王的命令或诉讼（edict or action）甚至以政治名义提起，能够逃脱神性之复仇——如若它来自他而反对自然法则之统
78 治。"[138]

事实上十五世纪法哲学，仍深具基督教色彩。如在 1468 年，（衡平法院）御前大臣或大法官（the Chancellor）告知上议院（the House of Lords）："正义是任何一个王国昌盛、和平与公共准则之地土、泉源与根脉——世界上所有之法律都应当确立、栖息于此三者之中：也即神法（the law of God），自然法及实证法。"[139]

---

〔136〕 参见 Fortescue, *De Laudibus Legum Angliae*, trans. by Crime (1942), c. 9. 关于这句格言，布拉克顿完全公正地指出：它不应当从上下文情境中被孤立出来，以显得是在替君主独断意志而辩护——因这部分之结尾有一个赋格条款："根据被通过的涉及其权力之君王法（Lex Regia）"（Bracton, *De Legibus*, fol. 107a）——故其乃法律而非国王意志，此乃最终之理解。对我而言，布拉克顿看来对罗马法有一种超乎于福蒂斯丘（Fortescue）甚至梅特兰（Maitland）的更为深刻之律师式的理解。而若在法系之间作比较，我们有必要避免树立起极端之对照。

〔137〕 *Ibid*.

〔138〕 Fortescue, *De Natura Legis Naturae*, trans. by Gregor (1874), pt. I, c. 27.

〔139〕 See O' Sullivan, in *Under God and the Law*, Blackwell, 1949, p. xvi.

1469 年，在普通民事诉讼法庭（the Court of Common Pleas）* 上，耶尔文顿法官（Yelverton，J.）尝建言："我们如同僧侣与平民那样行事：当一桩案子在面前而找不到可适用法律之时，便会诉诸自然律（the Law of Nature），而其正是所有法律之基础。"[46a] 于亨利六世时的一本《年鉴》中，有一段非常精彩之评注："法律，是国王所拥有的最高级的遗产（the highest inheritance）；因通过法律，他和所有之臣民都受到统治；而若无法律，就没有国王且没有统绪（no inheritance）。"[140] 这让我们再次想到了布拉克顿。

十六世纪初叶，有一个非常有趣之判例：艾斯堡修道院院长诉圣斯蒂芬的院长（The Prior of Castleacre v. The Dean of St. Stephens）。[141] 有一个小修道院被解散了，它的财产由一项议会立法（an Act of Parliament）收归于王权 **（the Crown）名下。而在这个判例中所存在的问题是——是否王权摇身一变成了"教区牧师"（"parson"）？而如若是这样，国王就有资格享有什一税（tithes）。普通民事诉讼法庭一致通过认为：国王并不能成为教区牧师。而用首席大法官弗洛维克（Frowicke）话而言，"我并没有看到任何尘世中人，能够成为教区牧师而无最高宗教领袖（the Supreme Head）之首肯"。这首席长老当然就是教皇。金斯弥尔

* 参见《元照英美法词典》之辞条"Court of Common Pleas"，载薛波主编，潘汉典总审订：《元照英美法词典》，法律出版社 2003 年版，第 340 ~ 341 页。——译者注

〔46a〕 Y. B. 3 Edward IV, p. 9（Mich. pl. 9）.

〔140〕 *Year Books* 19, Henry VI, pl. 1（1954）.

〔141〕 *Year Books* 21, Henry VII, pl. 1（1506）.

** 参见《元照英美法词典》之辞条"crown"，载薛波主编，潘汉典总审订：《元照英美法词典》，法律出版社 2003 年版，第 354 页。——译者注

法官(Justice Kingsmill)也同样说道:“议会立法不能让任何尘世人拥有精神事务管辖权,因除了教皇(the Supreme Head)没有谁能够这么做。”故而费舍法官(Justice Fisher)也尝说:“国王不能由这个议会立法而成为教区牧师*,且任何俗人通过这项法律也不能称为牧师。”记录显示没有一个异议之声音冒出来。难道谁能期待于二十八年中,一项议会立法会将“教皇”这一头衔传给亨利八世呢?这一法律不仅反对神法和自然法,也反对普通法本身。

而在这一法律下,托马斯·莫尔(Thomas More),普通法最有
79 光彩的圣贤以叛国罪受到指控。无力的傀儡立法机构和法院,连同一个目无国法的暴君一起,密谋杀害了这个正直的人。托马斯·莫尔的光荣殉道广为人知而不必再细置喙之。吾所想言及的是,普通法本身,遭受到了因由致命伤之死遁,至今亦无法再行复原,至少在英格兰乃如是。而它并没有让一位天主教徒律师去发现这一点。而梅特兰,既非一名天主徒亦非一个圣公会教徒(Anglican),他这样说道:

> 1535年莫尔被处死的那一年,《年鉴》也已走到了它的尽头。换言之,判例汇编**(Law Reports)之伟大河流,流淌了近两个半世纪,自爱德华一世(Edward I)开始变得间断离隔并致于干涸。这一不祥事件之特别意

---

* 参见《元照英美法词典》之辞条“parson”,载薛波主编,潘汉典总审订:《元照英美法词典》,法律出版社2003年版,第1027页。——译者注

** 参见《元照英美法词典》之辞条“law report”,载薛波主编,潘汉典总审订:《元照英美法词典》,法律出版社2003年版,第792页。——译者注

> 涵一直未能得到充分发掘，但它的确如此使人不悦睦。从埃德蒙·柏克(Edmund Burke)那里，我们听到了这样的话："《年鉴》，走到了它的尽头——不啻让英格兰法如明日黄花。"[142]

于托马斯·莫尔非常出色之自传前言中，钱伯斯(R. W. Chambers)，即另一位非天主徒写道："这本书，致力于描绘莫尔，其不仅乃一名殉道者，更是一名欧洲伟大之政治家。莫尔其远见卓识，在其那个自私专制主义(the selfish despotisms)时代的统治氛围中被忽视了；然而他的话语、行为与所经受之痛苦都始终如一贯穿于其之一生；它们建立于那些让其得到重生之精神与原则。莫尔虽被杀害了；但这些原则，却最终取得胜利。若非如是，则欧洲文明就会走向穷途末路。"[143] 这是些什么原则呢？钱伯斯引用当代英格兰最为著名之天主教律师中之一位 K. C. 理查德. O'苏利文(Richard O' Sullivan, K. C.)之言云："托马斯·莫尔之生与殁，乃国王及议会权力须加以限制之见证，而我们自己时代引为星宿(a constellation)之天主教的及非天主教之历史学家和律师们之文字与裁判，已引领吾等再次确认了莫尔其为之生与为之殁之自然法与神法之原则。"[144]

对于亨利八世(Henry VIII)梅特兰曾写道："如若亨利故意要

[142] Maitland, *English Law and the Renaissance*, Cambridge University Press, 1901, pp. 21 - 22.

[143] Chambers, *Thomas More*, Jonathan Cape 1935, p. 15.

[144] *Ibid.*, p. 383.

当‘教皇、整个的教皇并要僭越于教皇’，相信市民们（the
80 civilians）将会以三重的、包含每一个独立王冠的王冠（the triple and every other crown）安放在他的头上……如果他真将他的《法典》（Code）及他的《新律》*（Novels）那么当回事，那么市民们就会发现：当且仅当教会已成了王国的一个部门和分支，他的想法都能成为现实。”[145] 换而言之，他们认为，法律不过乃王权意志
81 （the will of the sovereign）罢了。

---

* 参见《元照英美法词典》之辞条“Novels”，载薛波主编，潘汉典总审订：《元照英美法词典》，法律出版社 2003 年版，第 985 页。——译者注

[145] Maitland, *Canon Law in the Church of England*, Methuen, 1898, p. 94.

第五章

克里斯托弗·圣杰曼

在1518年出现了一本论衡平法之杰出著作，为克里斯托弗·圣杰曼(Christopher St. Germain)所作。他是内殿会馆*(the Inner Temple)大律师，同时亦为神学博士。正如书名《博士与学生对话集》**(*The Doctor and Student*)所示——它用对话体之形

---

* 英国四大律师会馆，分别为中殿、内殿、林肯、格雷会馆。有关律师会馆的比较全面而系统的引介之书，可参见[英]塞西尔·黑德勒姆:《律师会馆》，张芝梅编译，上海三联书店2006年版。——译者注

** 拉丁文书名为*Dialogus de fundamentis legum Anglie et de conscientia*，是一位神学博士和一名英格兰法的律师(法学生)之间的对话。以其之对话展示英国普通法与良心(conscience)之间的关系。这是第一本研究衡平(equity)在英格兰法中角色的著作。圣杰曼自己把它译成了英文。虽然这本书讲到了良心与法，但直到十九世纪依然受欢迎，乃因其清晰介绍了普通法的一些概念术语。可以说直到布莱克斯通(Blackstone)出版他的《英格兰法释义》(*Commentaries*)[国内研究有称为《英格兰法释义》，如仝宗锦博士学位论文"威廉·布莱克斯通爵士和他的《英格兰法释义》——以英格兰法体系化的问题为中心"；亦有称为《英国法释义》，如游云庭、缪苗译，上海人民出版社2006年版]之前，这部书一直是作为普通法学子之重要启蒙书籍。——译者注

式,诠释了英格兰习惯与法律,且以“良心”或良知为全书奠基。其乃最早以英语论及衡平法学(equity jurisprudence),其对于晚期衡平法发展之影响已为英国法史家广为传颂。[146] 而对于我们当下目的来说饶有兴味的是一段话,代表了从自然法出发的衡平法哲学,诚如笔者愿意称之的:理性法则。我们常将自然法与衡平法说成是同义词,而并不反思这两个术语在一方面有错综勾连之内在联系而另一方面亦颇有大的差异。以下这段话我打算引用以澄清这一事实,若君留意并作一番思索的话:

> 衡平,乃正确之理智或智慧,它考虑到行为之所有特殊情形,它亦以仁慈之甘甜馥郁(the sweetness of mercy)偕调之。如此这样的衡平,须在任何人法之中一直被遵循,因此亦蕴藉在任何普遍法则之中。深解其心者云:法律渴求衡平统治(Laws covet to be ruled by equity)。且这个明智的人儿说道,追求公正的理智,乃
> 82 极端之错谬:正如有人说,若汝钻进法律字眼死扣穷究,反而有时是与法律精神相违背的。且汝应当知晓,更为

[146] 这本书的全称是:《博士与学生:或一名神学博士与一名学生有关于英格兰法之对话》(*The Doctor and Student: or Dialogues between a Doctor of Divinity and a Student in the Laws of England*)。我使用的是 William Mutchall 的版本,印行于 1874 by Robert Clarke & Co. ,Cincinnati. 圣杰曼其著作之历史重要意义为普拉克内特(Plucknett)所总结道:“外行法官(lay chancellors)的新派别从它那里学到了良心原理,所以有能力以同样之精神,继续他们先贤之工作。”(*A Concise History of the Common Law*,2d ed. ,The Lawyers Co-operative Publishing Co. ,Rochester,N. Y. ,1936,p. 248.)(新版本,Little,Brown & Company,Boston,1956.)

朴实之主张是:人之法律行为好比以跳水者方式无限地展开而无法得出任何法之一般规则,且其会在一些案件中跌倒。因此,立法者需留心对待如许这般经常会发生的事情,且并非具体到每一个个案,因为他们不能做到尽管他们作如是想。因此在一些判例中,是跟从法律字面之语词,而在另一些判例中则是对于正义与共同福祉之双重背离。这就是为什么有一些判例之中,有必要忽略语词而遵从理性与正义之要求,且这种意念注定衡平会起作用,也即缓和或减轻法律的严格肃穆或刻板,这被一些人称为权宜(epieikeia)。其并非他物,而是一种上帝律法或理性法则之例外情形,其从人法之普适规则出发——当它们通过它们的普遍性来推理。在任何一个特别的判例中,法官将会反对神法或理性法即在任何一部实证法之任何一个一般规则中所需隐含理解之例外情形部分,这就显得衡平法并不都恰好是正确的而仅仅乃通过法之普适话语来看是正确的。它亦并非注定要去反对法之严苛性,因为法律在这样的判例中,通常被认为是良善正确的。但在所有那些要求正确与正义之特殊判例里,衡平都依法律而来而不管法之普适准则处于对立面的时候。为此其之出现,如若任何人法没有如许例外地被表达或隐含着的,就会显得乃不合理的,也不能经受住考验。也就在某种因缘际会之下,人们会发现:法律很可能会违背神法与理性法则之情形。如同一个人发誓他不会再吃肥肉,而接下来又吃不到什么肉

> 食那就势必要打破所说的。因为如前所述,特殊案件乃以衡平(或 *epieikeia**)之普遍表示而被隐秘地作为例外情形的。同样地,比如根据一个城市中所创制之法律——无人可冒死刑之刑罚风险,在太阳升起之前去打开城门;而如果市民们在此时为逃脱敌人正涌到城门前,其中一个人为了解救民众而在法律约定时间之前去
> 83 开启城门,那么并不触犯法律,因此情形正如同前之所述,乃是为衡平法之普遍规则所豁免的。衡平,更是追循法意图而非法律字面意思。吾还假设了同样一些类似之衡平,其建立于法律王国之普遍规则之上的。[147]

如是,则衡平实乃一中介或代理——神法和理性法,都乃经过其去控制实证法之运作。衡平法之果效,并不延展至那些判例——当一般规则因与自然法原则相抵触而归于无效的情形——因为在这些判例里并非衡平法而乃自然法自身使这些实体法规则归于失效。衡平法作用,在那些判例中乃是受限的,当一般规则本身并非恶坏而其在特殊情形下可能会导致某种之不

---

* epieikeia 这个古希腊语词——在亚里士多德那里,曾认为乃法官根据正义女神(Dike)来审判,而僭主或独裁者则根据 epieikeia 来作出命令。后世通常将 epieikeia 这个词转译为衡平,因其之同义词为合理的、公平的、衡平的,乃是对严格制定法之一个更为合理更具人性化之缓释、纠偏与补充以行出法之真精神;其亦可被指涉耶稣基督之慈柔、温和与宽容大度。而衡平在英国普通法史上之大量出现,尤指大法官法院之审判方式。——译者注

〔147〕 Dialogue I, chap. 16. 这个词"舍弃"(leave)被用括弧括起来是我在使用辛辛那提版本(Cincinnati edition)用来替代"爱"(love)的(第 44 页)。读者应会同意我,"爱",在具体文本中并不具有什么含义,几乎是"leave"的打字上之错讹。

正义。在此时，衡平法能介入并中断此规则之运作而引入一种例外之机制以应对之。

然什么使克里斯托弗之观点，具备如此哲学上之深意，乃在于其并不认为例外乃是一种被引入的人为发明，即当某种情形发生时，去纠正法律规则。他认为这种例外，是“在任何一个实体法之一般规则中被默认（secretly understood）了的”。如此这般则根据他的观点，例外规则（the exceptions），虽乃后来才被引入的却真正限制一项一般之规则能根据其内在限度而运作。易言之，衡平并不改变规则，而仅仅去界定规则恰如其分之适用范围，且其是在理性法则名义之下而去界定的。衡平法与实证法共同隶属于理性法则，它委托实证法以权威去制定规则，同时交托衡平法以能力去解决问题——当那些一般法律规则所不及的情形发生，当适用这些法律规则会导致初衷目的之落空或至少与那些原初目的极不相联之时。

英格兰法史家一贯地声称，《博士与学生对话集》（*Doctor and Student*）之出现，是在一个再合适不过的时机上了。它使人们回想起托马斯·莫尔作为第一个俗人（layman）被委任国玺（the Great Seal），但他所知之经院法哲学与克里斯托弗的一样多（虽然并不优于其）。而一句题外话，克里斯托弗在一些神学问题上却与莫尔是有分歧的，在此不予赘述了。而对于晚近的（衡平法院）大法官们来说，《博士与学生对话集》之出现的确是为了保证 84
自然法传统在衡平法学中的连续性。必须说明的是，克里斯托弗于衡平法之解释，稍带有一点儿理性主义倾向，他似乎有点儿偏离于亚里士多德主义立场。他认为，衡平，乃一种对于法一般规则之矫正。[148] 从表面上看，其观点是站得住的，然从现实实质的或功能论角度，却并非真实——若其主张所有之衡平所纳入法律规则中之例外情形为法律本身“所能隐秘理解之了的”。衡平法正如实证法，其权威乃从自然法而来，而其所运用之具体衡度（measures），却并不必然乃自然法之组成部分。衡平，正如亚里士多德和圣托马斯所发现的，看起来较少之绝对性，而更多人性之因素而甚于克里斯托弗所想到的。当克里斯托弗言及衡平，若从人类社会普遍法律规则观之，“并非他物而正是一种神法或理性法则之于人类一般法律规则之例外”——那么，其之立场于我而言，却看上去并不是代表了经院传统最为纯正的程式。

吾之立场，可用几句话概括之：衡平，其通过在一些特殊案例中排除实证法之方式而纠正了实证法，且衡平法通过自然法权威去发挥其果效。而另一方面，衡平法所引入之实际上的矫正（actual corrections）并非乃自然法之必要组成部分，多数情况下，它们通过对被包含价值之权衡过程而臻于完成，而这一过程又远非有完全之正确性。这一过程之结果，不能被直接归到理性法则
85 中去，更不屑说其来自神法或上帝之律法的了。

---

[148] 亚里士多德：“那产生问题的是：衡平法上的（equitable）是公正的（just），但它不是法律上的公正而是对于法律正义之一种矫正（a correction of legal justice）。”参见 Max Hamburger, *Morals and Law: The Growth of Aristotle's Legal Theory*, Yale, 1951, p. 98.

第六章

莎翁笔下之自然法

宗教改革后的经院法哲学，因太过深刻扎根于英格兰土地而不能被完全地连根拔起。好比莎士比亚，他看上去甚为知晓其土地上之普通法与自然法，知道判例法心理学意义上的理性（the psychological reason）是什么，一如他从鲍西亚（Portia）之口中所说出的：

> "在威尼斯，谁也没有权力变更既成的法律，而要是开了这一个恶端，以后谁都可借口有例可援，而什么坏事情也都开了先河了。"〔149〕

---

〔149〕 *Merchant of Venice*, Act IV, Scene I. 参见《威尼斯商人》（节选），载《莎士比亚全集》（第 2 卷），朱生豪译，人民文学出版社 1994 年版，第 77 页。

其亦知道以衡平来缓和法律之严苛古板僵硬：

俗世之力量，多么肖似于上帝
而当仁慈来把握正义分寸时。[150]

他也知道遵循程度、比例、形式与秩序之重要性，而这些于他而言，就是权利与过犯的客观标准，因为它们拥有本体论之基础：

除去了程度之别，无疑会变乱琴弦，
听吧！不协调之音蜂拥而至；每一桩事情都彼此
敌对：江河之水
抬高胸襟高举过河床，
地球淹没：
86 强者凌弱，
鲁莽之子击到父亲的头上：
而暴力将是对的；或甚至，对与错，
于不尽争吵声中，
失去它们的名誉，正义亦将倾覆。
每一桩事，都包含了其内在之力，
意志力，欲望之念；
而欲望啊，世界之狼匹，

---

〔150〕 *Merchant of Venice*, Act IV, Scene I. 参见《威尼斯商人》（节选），载《莎士比亚全集》（第2卷），朱生豪译，人民文学出版社1994年版，第77页。

将如此加倍双重地，与这意志与力附和之，
将不得已成为普世泛泛的猎物，
自我吞噬，自我毁灭……[151]

莎翁对于自然理性律令却有如此深沉之尊重，以至于一个属人的庄重誓言，也会失却其之效力——而若其将要假的事是违背正义原则的。在《亨利六世》的第二部分（*Henry VI*, *Second Part*），他的塞尔兹伯里伯爵（the Earl of Salisbury）说道：

以行罪名义而起誓，乃一盅之大罪
更大之罪恶，还是要去坚靠这个罪誓

---

[151] *Troilus and Cressida*, Act I, Scene 3. 另请参见译文[《特洛伊罗斯与克瑞西达》，载《莎士比亚全集》（第 4 卷），人民文学出版社 1994 年版，第 267 页]如下。——译者注

"只要把纪律的琴弦拆去，
听吧！多少刺耳的噪音就会发出来；一切都是
相互抵触；江河里的水
会泛滥得高过堤岸，
淹没整个的世界；
强壮的要欺凌老弱，
不孝的儿子要打死他的父亲；
威力将代替公理，没有是非之分，也
没有正义存在。
那时候权力便是一切，而凭仗着权力，
便可以逞着自己的意志，放纵无厌的贪欲；
欲望，这一头贪心不足的饿狼，
得到了意志和权力的双重辅佐，
势必至于把全世界供它的馋吻，
然后把自己也吃下去……"

而谁人可为某个所谓神圣誓言所左右
去行谋杀，抢掠
剥夺处女贞操
掠那孤儿之遗产所得
去榨干那可怜寡妇
且无任何理由可予申辩之
而不过就是那个该死之誓言么？
[第五幕，第一场(Act 5，Scene 1)]*

没有人将“法与正义之尊严与伟力”描摹得更为生动的了。在《亨利四世》第二部分(*Henry IV*，*Second Part*)中，我们发现亨利五世(Henry V)与首席大法官的一番对话，[152]而大法官因其在乃父老国王统治时期的一些违法犯罪曾将其送入监牢。新近作为王的他(亨利五世)仍对大法官，有愤懑之心。这个新国王一开始对法官所说的话就是：“您啊，我想对我并非心存好感。”而这位首席大法官答道：“我知道陛下您无由来恨我。”“什么！”亨利五世说道，“谩骂、责备及被冷冰冰地送进监牢的恰是英格兰的王

---

* 另可参考译文《亨利六世》节选，载《莎士比亚全集》(第3卷)，人民文学出版社1994年版，第87页，此篇由章益翻译，如下。——译者注

立誓去做坏事，那是一桩大罪；
如果坚持去做坏事的誓言，那就是更大的罪。
如果一个人立誓去某杀人，去抢劫人，
去强奸贞女，去霸占孤儿的遗产，
去欺侮寡妇，难道一定要他遵守誓言？
难道因为他曾经庄严宣誓，就非叫他去做这些坏事不可吗？

[152] 第五幕，第二场(Act V，Scene 2)。

子！这是很轻而易举的吗？好比在忘川河[*](Lethe)洗了趟澡就忘记了吗?"而大法官平静的回答却达到了这样的效果:他是仅仅为了维护老国王治下法的尊严而履行正义。而加上了一些理由 87
尤其能吸引住这位新王的心:

假设您是父亲;而有这般小儿,
听说汝之尊严受践踏,
看看您那神圣法律被他嗤之以鼻,
瞧瞧您儿子,亦怠慢轻觑您啊;
且想像有人如我伴于君侧
执行您之权力给予您子暴行以温和的制裁;且,以汝之权威,
在冷峻思量之下,您要给我一个公正判决;
以您一国之君主身份,以君王名义,且告诉我,
吾所为哪儿僭越吾之身份,
僭越民人,抑或主权呢。
[第五幕,第二场(Act 5,Scene2)][**]

---

* 古希腊神话传说中的河流,勒特河、忘川河。意即忘却(世间世事)、遗忘、隐藏、湮没;是由古希腊思想中的真理(不朽不灭)而来的一种思维。——译者注

** "请陛下设身处地,假定您自己是有这样一个儿子的父亲,然后再请陛下想象我为了尽忠于陛下的缘故,运用您的权力,给您儿子的暴行以温和的制裁;在这样冷静的思考以后,去给我一个公正的判决,凭借着您的君王的身份,告诉我我在什么地方犯了渎职欺君的罪恶。"参见《亨利六世》节选,载《莎士比亚全集》(第3卷),人民文学出版社1994年版,第320~322页,此篇由章益翻译。——译者注

而亨利五世在此处的回答却值得引介，若从外在的角度，其展示其政策之思量如何煞费苦心地支持正义内在固有之要求：

法官，您是正确的；您权衡中允；
因此仍然持剑与秤之平衡吧：
我确是希望您之荣誉可加增，
直到您有一天能看见我的一个儿子
因冒犯了你而向你服罪，正如我曾所做的那样。
那么吾可否亦引溯吾父之言：
“我多么高兴呀，一个人竟如此果敢
可以在我可爱孩子头上动怒；
我又何其之幸愉快地能拥有这样一个儿子，
放弃其之贵重
交付至您正义权柄之中。”您曾将我下监：
因我冒犯到了您
无痕慧剑，我将其再次交付到你手中；
带着这样一份记忆，您可以继续使用它
以相似之大胆、公平和不偏不倚
正如您曾对待我的，这正是我的手。

［第五幕，第二场（Act 5，Scene2）］*

一个理想主义者，或会感到相当之震惊，当他发现法律至上之统治，却建立在一种如此庸俗不堪的功利动机之上。而这亦是自然化工以达到大自然其之鹄的。她将炯炯双目、明眸善睐于德行，而她也有其自己之方式去美化具体实行。比方说：谁又能在养育自己之幼儿时，天性没有让良药给涂上了糖衣呢（if nature had not suger-coated her pills）？ 88

莎士比亚之大作，点缀撒满法律理性之谷粒——已为众多杰出知名之法学者如德国约瑟夫·柯勒（Josef Kohler）专门以很广博的论文述及过。而在这里吾等须满足于这些小之影像片断。但吾不能如此地打发他而不指出其整全之人文主义精神。正如

---

* 另参见“亨利六世”节选，载《莎士比亚全集》（第3卷），人民文学出版社1994年版，第320～322页，此篇由章益翻译。——译者注

“你说得有理，法官；你能够衡量国法私情的轻重，
所以继续执行你的秉持公道、挫折强梁的职务吧；
但愿你的荣誉日增月进，
知道有一天你看见我的一个儿子
因为冒犯了你而向你服罪，正像我对你一样。
那时候我也可以像我父亲一样说：
“我何幸而有这样勇敢的一个臣子，
敢把我的亲生儿子依法定罪，
我又何幸有这样一个儿子，
甘于放弃他的尊贵的身份，
服从法律的制裁。”因为你曾经把我下狱监禁，
所以我仍旧把你一向佩带着的无瑕的宝剑交在你的手里，
愿你继续保持你的勇敢公正而无私的精神，
正像你过去对待我一样，这儿是我的手。”

普通法一般，莎士比亚既不冀望于人超乎其本性去做什么，亦不赞许那劣等于人性之行。于莎翁言，常人所拥有之尊严根源于其天赋本性；而让莎翁能成为如此至高荣誉之艺术家的——恰在于其一直镜鉴于自然（holds the mirror up to nature）。他笔下的哈姆雷特曾有云：

> ……人是什么，
> 如果其主要之善及其时间之营生
> 活着不过是睡与吃？那不过乃野地里一个走兽罢了，
> 的确，上帝祂使我们高谈阔论之，
> 前瞻后顾之，而却给予我们
> 这神祈一般之理性与大能
> 而不是将它们白白腐朽耗散……
> [第四幕，第四场（Act 4，Scene 4）]*

而这正是人之理性天赋，其使人能誉为"世界之娇蕊，万物的

* 另参见朱生豪译《莎士比亚全集》（第5卷），人民文学出版社1994年版，第379页。——译者注

"一个人要是把生活的幸福和目的，只看作吃吃喝喝，他还算是个什么东西？简直不过是一头畜生！

上帝造下我们来，使我们能够这样高谈阔论，瞻前顾后，当然要我们利用他所赋予我们的这一种能力和灵明的理智，

不让它们白白废掉。"

王储(*the beauty of the world, the paragon of animals*)。"[153]然而,当人之理性为泛滥之激情所侵蚀败坏,就会失却其稳健天性而堕落为比笨拙之牲畜更为甚之的了。

在《特洛伊罗斯与克瑞西达》(*Troilus and Cressida*)中,莎翁让赫克托尔(Hector)引用亚里士多德之言而达到了这等之果效:热血沸腾、意气用事(the hot passion of distempered blood),却并不会带来正与错之间的自由决断——"因人之耽享与复仇之念会比蝮蛇更耳聋而听不见真实决断之声音的"。* 而赫克托尔则说出了一种法哲学,而它也正是在亚里士多德的谱系里面的:

> ……自然渴求
> 物各归其主:而现在,
> 于所有人性里,更为切近之关系,
> 能多过于妻子之于丈夫的?而如若此种自然律
> 为激情所朽坏,
> 而伟大思想与头脑也沉溺、放纵之
> 麻木不仁;
> 于任何良善秩序之国中,有如是这般之律法
> 去遏制那贪婪悖逆欲望
> 那最为不屈服及执拗的。 89

[153] *Hamlet*. Act II, Scene I.

* 参见《莎士比亚全集》(第2卷),人民文学出版社1994年版,第89页,译文如下:"因为一个耽于欢乐或是渴于复仇的人,他的耳朵是比蝮蛇更聋,听不见正确的判断的。"——译者注

一若海伦为斯巴达王之妻子，
如那些被称许为自然、国家之道德法则
应大声之告诫
使其回心转意；而若执迷不悟
以错释错，
则重如累塔……
［第二幕，第二场（Act2，Scene2）］*

这一哲学，直接由自然理性以及赫克托尔之良知源出。而足以让人好奇的是，赫克托尔却决意“仍要拥有海伦”，且特洛伊罗斯（Troilus）也打算将这一非理性决意通过引入约定俗成之名誉—面子哲学及其殁后之英名而予以合乎情理化！

由是则提醒了我：莎士比亚于《皆大欢喜》（*As You Like It*）中所引介的，在试金石（Touchstone）这个庸俗哲学家（conventional philosopher）与柯林（Corin）这个天然哲学家（natural philosophe）

---

* 赫克托：“物各有主，这是造物的意旨；
在一切人类关系之中，还有什么比妻子对于丈夫更亲近的？要是这一条自然的法律为感情所破坏，
思想卓越的人因为被私心所蒙蔽，也对它悍然不顾，
那么在每一个组织健全的国家里，都有一条制定的法律，
抑制这一类悖逆的乱行。
海伦既然是斯巴达的王妃，按照自然地和国家的道德法律，
就应该把她还给斯巴达；
错误已经铸成，倘再执迷不悟地坚持下去，
那就大错而特错了。”
参见朱生豪译《莎士比亚全集》（第5卷），人民文学出版社1994年版，第286页。——译者注

之间之一个有趣讨论——毫无疑问,莎翁同情后者,因为非如前者试金石般的一派荒唐言(nonsense),后者言之凿凿且踏踏实实:

> 阁下,我乃一个地道做活计的;吾自食其力而去挣吃挣穿,
>
> 不招人怨恨亦不嫉恨他人之宴乐;为他人幸运高兴,自己倒霉了也尚能自嘲自解;
>
> 而吾之最大骄傲,乃是见着我的母羊儿吃草,羊羔儿啜奶啊。[*]

这附带地在英国人民社会生活中布下了一道亮光;在莎士比亚时代,任何人都早已是自由人[**]的了。而很显然地,牧羊人柯林就是这样一个占有土地之佃户[***]啊。 90

---

* 先生,我是一个地道的做活的;我用自己的力量换饭吃换衣服穿;从不跟别人结怨,也不妒羡别人的福气;瞧着人家得意我也高兴,自己倒了霉就自宽自解;我的最大的骄傲就是瞧我的母羊吃草,我的羔羊啜奶。[这段译文可参见《皆大欢喜》(第三幕第二场)节选,载朱生豪译《莎士比亚全集》(第2卷),第90页。——译者注]

** 参见《元照英美法词典》之辞条"freeman",载薛波主编,潘汉典总审订:《元照英美法词典》,法律出版社2003年版,第583页。——译者注

*** 依据公簿记录占有土地的佃户;依据公簿记录租赁不动产(土地)的人;参见《元照英美法词典》之辞条"copyholder",载薛波主编,潘汉典总审订:《元照英美法词典》,法律出版社2003年版,第322页。——译者注

第七章
柯克

如是我们将行进到爱德华·柯克爵士那里，霍兹华茨*曾说过“莎翁之于文学界之地位而言……正如柯克对于英格兰公法与私法史之重要地位。”[154]而每当政治考量倾向于擢升一个主权者高于法律，柯克即有洞识与勇气诉诸上帝之律法及自然法（它保存了中世纪对于法至上性之理念）。在加尔文一案（Calvin's Case）中[155]，他声称“自然法乃英格兰法之一部分”，“自然法于任何本国司法或法律之先”，“自然法乃不变的”。他将自然法等同于永恒法。[156] 因其言及，“自然律，乃上帝在创造人类天性时所

* 威廉·瑟勒·霍兹华茨爵士（Sir William Searle Holdsworth，1871—1944年），曾任牛津大学英国法教授、法史学家，著有17卷本之《英格兰法律史（*History of English Law*）》。——译者注

〔154〕 Holdsworth, *Some Makers of English Law*, Cambridge, 1938, p. 132.

〔155〕 7 Co. Rep.. 1, 77 Eng. Rep. 377 (K. B. 1610).

〔156〕 在这方面他背离了经院传统（the scholastic tradition）。

灌注于人心的，为其世代之延续与行为之端方；它是永恒法（lex aeterna），是道德律（moral law），也被称为自然法之一种。而通过上帝大手所抒写于人心上之法律，乃历漫长年月，上帝之子民（the people of God）所遵循的——而在这律法为摩西所写下之前，而摩西是这尘世间第一个将法律予以公布并书写之人。”又及在 *Dr. Bonham' s Case* 中，[157]柯克创设了司法审查原则（the principle of judicial review）：“它出现在我们之书籍中，在许多判例里面，普通法将控制议会之立法，有时候判决它们全然无效：因当议会立法与普通法上之权利与理性相悖谬或不一致，不可能被予以实施和执行，普通法会加以限制并使之归于无效。”这一意味深长、启发 91
于后世之思想种子并未发芽生长，繁育于英格兰土地；而如同我们后来所看到的，它漂移到了美利坚大陆，并在那儿生根开花了。[158]

然而甚至在英格兰，有关司法审查议会立法这一原则（doctrine of judicial review of Parliamentary acts），也是很晚才有回

---

〔157〕 8 Co. Rep. 113 b, 77 Eng. Rep. 646 (K. B. 1610). See Plucknett, *Bonbam' s Case and Judicial Review*, *Harvard Law Review*, Vol. 40 (1927), p. 30. 柯克对于美国法学者之影响曾是巨大的。甚至直到 1831 年，在 Bank of State v. Cooper 一案中，格雷法官（Justice Green）还宣称，“有正义的永恒法则——没有政府有权利去漠视之。有一些法律，虽未明确禁止之，但它们很可能有违理性平常与明显的含义。‘普通法’，柯克法官说道，‘宣判一个制定法到目前为止是无效的’（‘adjudgeth a statute so far void’）。”—2 Yerg. 599, at 603 (Tenn.)。这样，司法审查不仅建立在宪法上面，而且也在考文（Corwin）所云的一种“高级法”（a Higher Law）之上。

〔158〕 事实是在美国成文宪法对此就有所作为。See John Marshall' s opinion in Marbury v. Madison (1803), 1 Cranch 137.

应的。在黛诉沙文局(Day v. Savadge)一案中,[159]大法官霍拔特(Chief Justice Hobart)宣称:“甚至当一项议会立法有违于自然衡平,即让一个人在自己案件中充当法官,就会归于无效;因自然法不可变(Jura naturae sunt immutabilia)。[160] 且它们是万法之法“(leges legume)。”[161]布拉克顿之于霍拔特与柯克之影响,由此可见一斑而不可谓不弘了。

而事实上在他与国王詹姆士一世争斗的那一幕,柯克曾援引布拉克顿作为权威参照。他坚称:根据英格兰法律,国王自己并不能亲自来审判任何诉由*,且所有之案件或民事或刑事的,统由法官根据王国法律与习惯来判断之。自然理性要求法律争议之裁度应当诉诸“人为”(artificial)理性。自然法须为人法所添补(supplemented)——因为艺术也让自然更为圆满(art perfects nature),这也同样适用于自然法之箴规。

柯克与国王詹姆士之间那场重要的遭遇战,亦为思想史增添了许多“食粮”与“养分”。我们就让柯克叙说一下他的这段故事吧:[162]

> 因土地争议双方,由国王来听审、给予判决,要予以撤销,因其不符合普通法精神。而国王说道,他认为法

---

[159] Hobart 85 (K. B. 1614).

[160] “自然法是不可改变的。”

[161] “万法之法”(The Law of laws)。

* 参见《元照英美法词典》之辞条“cause”,载薛波主编,潘汉典总审订:《元照英美法词典》,法律出版社2003年版,第203页。——译者注

[162] Prohibitions Del Roy,12 Co. Rep. 63 (K. B. 1612).

> 律乃建筑于理性之上，且他与其他人一样，也与法官们
> 一般具有理性。对此，由我来应之，“这个没有错：上苍
> 赋予您杰出的智慧及伟大天赋；而陛下您并非熟知您所
> 辖英格兰王国之法律，涉及陛下臣民的人身或遗产继承
> 或者动产或不动产诉讼，这些并非为自然理性所判断而
> 为人为或技艺理性（artificial reason）及法律来判断。而
> 法律是一种在一个人能够获得对它的认知之前——需
> 要经由经年累月之学习及经验积累。且法律是作为黄
> 金中道与尺度（the golden met-wand and measure）来审判
> 这些事由的。它保卫王国于安全与和平”。国王因此被
> 极大惹恼了。他说道，法官认为他应处于法律之下，这 92
> 可以肯定是一种叛国罪。而在此，我引用布拉克顿之言
> 回答道：“国王不在任何人之权柄下，但须在上帝与法律
> 之下（quod Rex non debet esse sub homine，sed sub Deo et
> lege）。”

它完全契合于圣托马斯主义之立场：自然法普适原则中有一个规律，关于自然法之特别情形之决定以及对久远意义上的某些结论实际是人法在起作用。它正如柯克所指出的，必须建立在经验与研习基础上，而这两者须伴随着人类社会条件与时间流变而变迁。事实上，圣托马斯将永恒法、自然法与人法设想为一个不间断的连续系列；他甚至认为自然法，可以通过添附之途而发生变化，它伴随着之于人类文明进程中所出现之新价值的体察、认

知而成长。[163]

同样对于柯克来说，上帝之律法、自然或理性之法则以及土地法（the law of the land）构成了一个连续之序列。于他而言，普通法乃一棵牢牢根植于上主与自然（的权柄、理性）中之树木并葱翠蓊密，经年而长成一株常青藤。如是看去，没有谁能比柯克更为确切地领悟普通法之精神的了；无怪乎梅特兰将他（柯克）仰慕
93 为“普通法之道成肉身”（the incarnate common law）。[164]

---

〔163〕 参见，例如对于隐私权的现代式的认知上，Patterson, *Jurisprudence: Men and Ideas of the Law*, Foundation Press, 1953, p. 374.

〔164〕 *A Short Sketch of English Legal History*, p. 113，在那里梅特兰（Maitland）写道：“爱德华·柯克爵士（Sir Edward Coke），乃普通法之道成肉身（the incarnate common law），在荒漠中结出硕果实来。”

第八章
霍特

柯克之理念——国王甚至议会都务须要臣服于上帝与法律，乃是一个坚固信念。直到十八世纪，我们发现，霍特法官仍在伦敦市诉伍德(City of London v. Wood)一案中支持柯克的这一观点：[165]“我们的大法官柯克在柏海姆博士案*(Dr. Bonham's Case)中所说的话一点也不夸张，因为其乃一个合理而真实之说法：如果一项议会之法律委任同一个人既是一方当事人又是法官或同样地，法官在他自己的案件中作为法官，那它就会是一项无效之法律。因为一个人不可能既当法官又是当事人之一，因为法官要在两造当事人之间或者在政府与当事人之间作为裁判者……”他进一步说，虽则一项议会立法可能做出一些“看似出

---

〔165〕 12 Mod. 669, 687, 688 (K. B. 1701).

* *Dr. Bonham* 案的案卷编号，细述为：8Co. Rep. 107a(1610)。——译者注

格”的事，然显而易见，它是会有一定制约的。比如，它“不会让通奸合法化”等。

在R.诉诺利斯(R. v. Knollys)一案中[166]，霍特认为上议院(the House of Lords)不能任意拓展自己之特权。在阿什比诉怀特等(Ashby v. White et al.)案[167]与帕提案(Paty's Case)中，[168]他否决了下院(House of Commons)的一项类似请求。的确，有些事甚至议会也不能做。显然，阿什比诉怀特等(Ashby v. White et al.)一案之判决为1839年的斯托克戴尔诉汉萨德(Stockdale v. Hansard)之判决所遵循。[169]

有鉴于此，它事实上与听见一名普通民事诉讼法庭(the Court of Common Pleas)法官在1871年的一个声明互为陌异：“有人曾提到，我认为应该是在霍拔特——如果一项国会法令(an Act of Parliament)可以让一个人在自己案件中作法官，法庭可以漠视

94 它，忽视它。而这名法官之附带意见(dictum)* 应是作为一种警告而非一项权威而被遵循着的。我们作为女王及立法机关之仆而行事，我们会像具体摄政者(regents)，是要去超越议会与女王、贵族院或平民院合意所做的那些吗？我并不认为有任何此等权

---

[166] 1 Ld. Raym. 10 (K. B. 1695).

[167] 2 Ld. Raym. 938, 3 Ld. Raym. 320 (K. B. 1703). 这一判例有赖于霍姆斯大法官在*Nixon v. Hearndon*, 273 U. S. 536 (1927) 一案中所确立的权威观点：即由政治行为所引起的对于个体之侵害，可以通过法律诉讼予以恢复；而这仅只是用一个例子来表明普通法传统之不屈不挠的精神。

[168] 2 Ld. Raym. 1105 (K. B. 1705).

[169] 9 A. & E. 1 (K. B. 1839).

* 参见《元照英美法词典》之辞条“dictum”，载薛波主编，潘汉典总审订：《元照英美法词典》，法律出版社2003年版，第413页。——译者注

威之存在。"[170]吾并非质疑这桩判例里面特殊的判决意见，它可能由其他一些背景情势所共同达成。但若君听到一个法官说出这般卑躬屈膝之言，君是会有理由担心，普通法或已开始失阙其灵魂力量了。

现在让我们回到霍特。浸润着普通法之精神，霍特之于人之位格尊严与自由（the dignity and liberty of the human person）有着最澄澈之敬意。在一些判例里，他坚信：在英格兰土地上，任何人都不能被役使为奴。他在一个判例中言及"借普通法，无人能够将他人作为财产来使……"[171]在另外一个判例中，他说"当一个黑人奴隶一进入英格兰那么他就获得了自由，一个人在英国可以是一个农奴（villein）而非一个奴隶。"[172]

在他许多的判决中，人们能感到一种来自普通法特征之温良和煦的合理原则。例如，在布兰卡德诉卡尔第（Blankard v. Caldy）一案中，[173]他将自然殖民的殖民地（settled colonies）从被征服的殖民地（conquered colonies）中区分出来。在自然移民的殖民地上，"所有在英格兰生效的法律在那里也是有效的……"而在另一方面，在被征服的殖民地，"英格兰法并不在那里起效用，直到为征服者如是宣称……"如果一个非基督教之异教国家被征服了，"其之法律，因被征服而被停止效力，仅仅是那些有违于上帝

---

[170] Lee et al. *v. The Bude and Torrington Junction Ry. Co.* ,6 L. R. C. P. 576. See also Hall, *Readings in Jurisprudence*, Bobbs-Merrill, 1938, p. 289.

[171] Smith v. Gould, 2 Ld. Raym. 1274 (K. B. 1706).

[172] Smith v. Browne and Cooper, Holt, K. B. 495 (K. B. 1703).

[173] 2 Salk, 411 (1694).

律法的法律;以及……在这样一些判例中:当法律被拒绝其适用或其保持缄默时,被征服国家则应受自然衡平法则(the rule of natural equity)所管辖。"这对于一个民族惯习风俗之考虑,就是普通法从经院哲学中所吸收同化成熟而中庸之智慧(the mellow and moderate wisdom)之最伟大素质之一,而经院自然法哲学亦为其之多样性留下许多之空间。

在那些执业律师所关注之领域中,霍特所裁决之最为知名的判例当属考克斯诉伯纳德(Coggs v. Bernard)案[174]。在此判例之中,霍特法官依据布拉克顿之权威区别了不少于六种类型之寄托(bailments)*,且尝试用学者之耐心及艺术家明眸,去决定注意**之程度,此乃受托人(the bailee)在每一种分类之中所应如是履行的。这一判例甚具法理之重要性,因于此,汝能发现司法过程之
95 运作,以及法官心智如何因应于不同情势;汝将觉察到一种最为精细敏锐之尺度:它告知有多少之注意义务,将在每一桩判例中被要求及与此相对应之疏忽程度,足以构成受托人之责任。而在一些情形中,被要求以最大限度之注意义务,因此最轻微的过失(negligence),足以构成责任理由;而在另一些判例中,公正要求一种较轻程度之注意,因此仅只有当受托人总体负有过失(gross negligence)才使之负责;在另一些情形之中,当一般注意义务被要

[174] 2 Ld. Raym. 909 (K. B. 1704).

* 参见《元照英美法词典》之辞条"bailment",载薛波主编,潘汉典总审订:《元照英美法词典》,法律出版社2003年版,第128页。——译者注

** 参见《元照英美法词典》之辞条"care",载薛波主编,潘汉典总审订:《元照英美法词典》,法律出版社2003年版,第193页。——译者注

求时，一般的过失（ordinary negligence）就足以使之承担责任。当然这里，诸如此等之分类尚无最终定论。事实上斯托里法官（Justice Story）将寄托（bailments）简化为三类即为委托人利益（benefit of the bailor）的，为受托人利益以及为了双方利益的。且进一步将注意与过失之程度（degrees of care and negligence）相配于每一类型，而予以理性化。然而我所感兴趣提出的乃是吾等普通法之型制（the modality），其在形成与创造变化的岁月里——在其被法典化之前，极其近似于罗马法。普通法，好比一位耐心与和善的主妇懂得如何穿针引线，来为汝做一件无缝束腰上衣*（tunic）让汝去穿试。

当然，法学意义上之区分，很少非黑即白。正如君之所知，总体疏忽，会积聚成一种故意，而严重之故意则将会成为一种恶意。用乌尔比安（Ulpian）的话来说明：重大懈怠为过失，重大过失为故意（Magna negligentia culpa est，magna culpa dolus est）。〔175〕一种巨大危险之可能性，相当于另一种小的可能性。且吾等须牢记：法学，并非一门精确科学；且我们并不被要求“如药剂师在他的秤柄上计量药品一般地精准地”以去衡量我们行为之后果。”〔176〕总而言之，我们所被要求去做的就是——如同一个普通

---

* tunic，紧身衣、束身上衣。中世纪骑士袍服之一，其穿紧身衣以护脊柱。——译者注

〔175〕“严重的疏忽（great carelessness），会累积成一种故意（intentional fault），且严重之故意（great intentional）会累积成诈欺（fault amounts to fraud）。”

〔176〕参见 *Sikes v. Commonwealth*，304 Ky. 429，200 S. W. 2d 956（1947）. 在这里 Commissioner Stanley 引用了这些话。他也写道，“人定法（man-made law）非是对人性视而不见；至少是自我保存式的。”

审慎之人其所行使之理性来判断之。

普通法满是半阴影,边缘部分(fringes and penumbra),充满了阴翳与参差不齐(shades and nuances)的细微差别。这就使得普通法具有如许之人性化、吸引力以及如此具有自然之情致。在普通法的神秘园(the enchanted garden)里:有许多隐藏的小丛林,雀跃着您心灵、焕发着您的精神,而同时也会诱使君走到一些新路上去。其并非乃一个封闭园地而是一个一边不断有野地、山丘和河流而另一边则会豁到街道和集市上去。起初,除了迷失于迷宫
96 似的小径,君感觉不到什么;君希冀去发现一些路标,但却无功而返。然日日徜徉于此园中,让君开始逐渐熟悉一些当地的兴味以及园子里始终变幻的情致,结果汝不可避免地越来越为其所着迷。汝开始神化一些模糊的标记,然而好奇因子却从未消失。因看起来随着天气变化且随着新季节之来临呈现出新的诸般景致。可能汝会发现一些人为设计之痕迹在此处或彼处,但汝没有能力确切道说它——哪儿自然中止而艺术产生;汝没能找到一个普遍之设计方略——除非其可能来自自然或神秘天意(Providence)之筹划;汝所发现的并非即刻整体之一贯而是一个不停歇的有机变
97 幻,如日复一日地更生。

第九章
曼斯菲尔德

普通法并非封闭,而是一个开放的系统。在其黄金岁月,风儿从天国吹拂它,而在其对外拓展的年月里,风从海上吹来——而这正是曼斯菲尔德那个年代。

曼斯菲尔德法官,可能是最具活力和朝气之人,他使英国法官席熠熠生辉。吾并不将其看作是最为一流之法学家或哲学家,因他确是一个充满实践常识与深邃道德直觉之人,在人文方面满有充分之积淀而可引用自西塞罗。看起来几乎不能把万民法(ius gentium)从自然法(ius naturale)中区别开来,一点不比盖尤斯更多。[177] 若从实践目的观之,万民法足以成为自然法,因无论如何世界性之习惯法(the cosmopolitan usages)及国际商事习惯(customs of the international merchants),比单独一个国家之本国

---

〔177〕 Gaius, *Institutes*, 1, 1.

法看起来更接近于自然法。在路克等诉吕德(Luke et al. v. Lyde)案中,[178]包含着一项货运主张,他宣称“海商法并非哪一个国家的法律,而是通行各国之法(Non erit alia lex Romae,alia Athenis;alia nunc,alia posthac;sed et aqud omnes gentes et omni tempore una eademque lex obtinebit.)”。[179] 特别是在他组建海事特别陪审团(Mercantile Special Juries)上,尤为体现他身为苏格兰人的常识及那种来自本土的睿智机敏。好似坎贝尔法官(Lord Campbell)所告诉我们的:“曼斯菲尔德法官在商会大厅*(Guildhall)培育了一个特别陪审员群体,他们普遍地将所有这些商事案件都在那里审判。他与这些陪审员有最为熟稔之交往,不
98 仅与他们自由交谈交换意见且约邀他们共赴筵席。从他们那里,他学到了商事习惯法,而反过来他又以极大耐心与努力对他们解释法律基本原则,以使他们能够遵循之。”[180] 而当法律关注于现实生活本体时,就会获得茁壮成长。通过采纳与适用万民法曼斯菲尔德法官为普通法又加上了一栋广厦——一栋有着许多房间之别墅。虽然,在理论上他看上去有时会混淆了自然法与国际商业习惯法,但其却行出了自然法之真精神——因为自然法其之一个箴规是:人法应当持续不断地调适自身以因应人类文明条件之

---

[178] 2 Burr. 887 (K. B. 1759).

[179] 引自 Cicero,*De Re Publica*. 参见 Loeb Classical Library 中 Keyes 的翻译(Putnam,1928),p. 211. “雅典与罗马的法律并没有什么不同或现在与未来的会有什么不同——它是一个永恒不变的法则,对于所有国家与时代来说都会是有效的。”

* 参考了《元照英美法词典》之辞条“guild(-)hall”,载薛波主编,潘汉典总审订:《元照英美法词典》,法律出版社 2003 年版,第 618 页。——译者注

[180] Campbell,*Lives of the Lord Chief Justices*, Vol. II, p. 407, note.

变化。法律之体系,不进则退。[181]

他在准契约(quasi-contracts)问题上的裁判与自然法有更为切近之联系。在默瑟斯诉麦克菲尔伦(Moses v. Macferlan)一案里,[182]是一场债务人承诺偿还或履行*(indebitatus assumpsit)之诉,即索回被告从原告那里不当取得的六英镑之诉讼。曼斯菲尔德法官确立了一项重要的原则。“这种类型要求恢复公平正义之诉讼,”他说道,“去取回那被不义占用的钱,是十分有益且应被鼓励的。它仅仅存在于按照公平与善的原则(ex aequo et bono),被告理应归还的金钱之诉。这里并不存在原告所支付的钱——根据荣誉与诚实这一点须支付的,而在法律上却不能作索回。”换言之,这样一种诉讼,不会存在于“被告可能用一种稳靠的良心来获

---

〔181〕 毫无疑问,这是一项确定的原则:即所有的法律,注定要为了共同善(the common good)。但共同善之理念在历史之中成长。例如,参见首席大法官范德比尔得(Vanderbilt)所写的美国法学从其先驱者时代直至今日之“连续不断的目标”(*Law and Government in the Development of the American Way of Life*, p. 19)。正如圣托马斯所说,“对于人类理性而言,从不完善到完善之进阶,是自然的”(S. T., Ia IIae, q. 97, a. 1, in corp)。我们可以在这里加上人类理性(human reason)在两种方式上获得发展:首先,承认人类文明进程中所出现之新价值;其次,发现新方式以去推行这些价值。但无论如何,它都不应有违于自然法之基本原则。

〔182〕 2 Burr. 1005 (K. B. 1760). 承诺偿还或履行之诉(Indebitatus assumpsit)是一种诉讼名称,在这个案子里原告声称被告欠他一笔债务或负有一项义务理应承担。这里有两个要素是关键的:一项义务或债务,以及一个承诺(an obligation or debt and a promise)。而眼前这个案子中,并没有承诺存在。而就法律而言,暗示被告有一项承诺存在。所以这类判例被称为准契约(quasi contracts)而非是正常的合同关系(contracts proper)。此乃一名法官根据新情况拓展既存之诉讼格式(an existing form of action)以回应正义需要的例子。

* 参见《元照英美法词典》之辞条“indebitatus assumpsit”,载薛波主编,潘汉典总审订:《元照英美法词典》,法律出版社 2003 年版,第 680 页。——译者注

得它——虽然根据实证法他被阻却于索回所失的钱物之外。”但当“钱被错误或冤枉支付，被明里暗里地征收，被敲诈勒索，被压榨剥削，或当从原告身上谋取不当利益等。这一切都是违背法律对处于此类情形中的个人私权的保障……一言以蔽之，此种类型诉讼之主旨是——被告在本判例的情形之下其为自然正义与衡平所要求而去归还钱物。”

曼斯菲尔德法官，其列于普通法之伟大传统之中被记住。因其知道当“自然正义与衡平”有需要之时，如何对应新形势去扩展既有
99 之诉讼程式*（forms of action）。普通法坚硬难嚼却也有张力与弹性，此乃其成长壮大之生命力与成长潜能之堂奥罢。然而在十九世纪边沁与约翰·奥斯汀（John Austin）之影响下，许多英国法官们更多认为，议会乃唯一之立法者，当他们仍认为自己受已有先例约束之时，就不敢去创设一个新判例。与此同时，他们亦不再以“神法、自然法与土地法”（the law of the land）来作为思考之依据了。于他们而言不复有高于实证法之高级法（higher law）存在；他们不再与托马斯·莫尔、克里斯托弗·圣杰曼、柯克、霍特与曼斯菲尔德等人的看法相一致。而这些法官的头脑和心智比较接近于奥斯汀（Austin），而对后者而言，自然法与自然权利理念却不失为一个十足的笑话。奥斯汀尝写道：“一项神圣或不可剥夺之权利乃无价——却发现其实乃意味着零，因为并没有任何办法去度

---

* 参见《元照英美法词典》之辞条“forms of action”，载薛波主编，潘汉典总审订：《元照英美法词典》，法律出版社 2003 年版，第 572 页。——译者注

量之。”[183]

在当前这个世纪，实证主义(positivism)，在一些英格兰法官那里，看来是达到了其之顶峰状态。1913 年汉密尔顿大法官(Lord Justice Hamilton)在默瑟斯诉麦克菲尔伦(Moses v. Macferlan)一案中言及：“不管 146 年前之判例如何判决，吾等并非自由地……去贯彻那些模糊的法学原理——它有时候迷人地协调‘人与人之间正义之尺度。’”1923 年，斯库鲁腾法官(Lord Justice Scrutton)声称“这种特别之诉讼程式的整个发展历史，成为我们可称为的一段善意的思维混乱史”。[184]

希望这种极端的实证主义，乃是对于普通法之灵魂的自然法与衡平精神的暂时撤逃(setback)。[185] 而人们可从艾伦深思熟虑之言辞对现代英格兰司法之脾性得以管豹之一窥——“查尔斯·

---

[183] Austin, *Province of Jurisprudence*, p. 48. 对于这个态度的一个合适的评议，请参见 LeBuffe and Hayes, *Jurisprudence*, Fordham University Press, 1938, pp. 57 – 58。

[184] Baylis v. Bishop of London, 1 Ch. D. 127, 140 (1913); Holt v. Markham, 1 K. B. 504, 513 (1923).

[185] 我并不认为英格兰应当采纳司法审查原则。英国公众关于立法(law-making)的意见是同质的，且在议会与法官之间的巨大差别之观点，几乎是没有可能性的。我高兴看到的是，对于自然法与正义之坦率承认，正如在司法判例中之一种必要法源——当实证法(制定法、习惯和先例)保持沉默时，或当有模糊和不充分之处需要解释与填补漏洞。我们从法官和律师们那里最少去期待的是：他们不应特意正式宣称议会能解决一切事情——这样一种自由事实上是议会始料未及的。有一名总检察长(Attorney-General)曾被报道据说其宣称：“议会就是主权，它能制定任何的法律，它能让所有蓝眼睛宝宝都胎死腹中。”(参见 O'Sullivan, *The King's Good Servant*, Newman, 1948, p. 18)。有人质疑议会是否会欣赏对如此夸张的权力如此慷慨之授予。理性人(reasonable man)是普通法上的英雄——当然这并不是让法律官员们，假设议员们之丧失理性。沉浸在对于这些蓝眼睛宝宝们的一种想象上的辩护，只在学术上是充分的，而在想象之中，去杀死那样一些无辜者却是更为糟糕的。

狄更斯(Charles Dickens)并不夸大这种荒凉孤独——那旧的大法官法院冷酷的手上所散播于那些‘因天主之爱与仁慈之道而走近的人们。’而当所有这一切俱成往事,我们重又呼吸到一份新鲜空气。然时至今日,它并非犬儒主义之愤世嫉俗精神而乃一桩冷冰冰之事实。现代一所大法官法庭的法官会如许以为,‘这种法庭已不再乃良心之法庭(a court of conscience)。’我们对于‘良心’的怀疑主义相称于吾等之给定之公式(prescriptive formula)之崇敬——或许这两者都希冀去找寻一个更为宽容共存之基础。”〔186〕

100 一位先知式人物,总会“墙内开花墙外香”。吾心中荡起那欢快鼓声,因曼斯菲尔德法官之精神,在美利坚亦觅得意气相投之田园。其撒播到准合同(quasi-contracts)领域之种子不适繁富生长,却被移植到了普通法之新家园,而已长成了一株被唤作“返还原物、恢复原状”*(Restitution)之可爱之树,其会被认为是一种普通法元气恢复之标记。而美国法律制度产生了之于返还原物、恢复原状之重述(a restatement)。来自哈佛大学的思微教授和斯各托教授(Professors Seavey and Scott of Harvard)于联名写就之一篇有关此一主题的文章中列举了推定信托**(constructive trust)之七类情形后,总结道:“在所有这些情形中,有一个共同因素,也即一个有这种财产权利的人将会以他人为代价而不公平地致富,如

〔186〕 Allen, *Law in the Making*, 5th ed., Oxford, 1951, p. 396.

* 参见《元照英美法词典》之辞条“restitution”,载薛波主编,潘汉典总审订:《元照英美法词典》,法律出版社2003年版,第1191页。——译者注

** 参见《元照英美法词典》之辞条“constructive trust”,载薛波主编,潘汉典总审订:《元照英美法词典》,法律出版社2003年版,第305页。——译者注

若他被允许去保留它。因此,作为推定信托财产之受托人(constructive trustee of the property),应以课责的。"[187]这整一个观念,在大法官卡多佐对于庇艾特诉古根海姆勘探公司(Beatty v. Guggenheim Exploration Co.)一案[188]之经典理念中得以出色地表达,他说道,"当财产权在这样一种情境下获得,合法权利之所有人并不会在善意(good conscience)之下获得收益,而衡平法将其转变为财产受托人"。

推定信托(constructive trust),这一种滴水不漏之设计在美国法学中所成就的能够为戴斯蒙德法官(Judge Desmond)于新近一桩判例中之言予以总结之:"一种推定信托予以确立,无论何时有必要去满足正义之需求。这样一种推定信托仅是'一种公式(the formula)——通过这个,衡平之良心,找到了其表达方式'。其之适用性仅为人类的创造力所限制——那些找到新途径,通过抓取那些本不该属于他们之事物而致富的人们。"*当人们用"最新颖之方式去犯下最古老之罪时",而法庭却通过古老之方式予以最新兴之救济。 101

[187] *Law Quarterly Review*, Vol. 29 (1938), p. 213.

[188] 225 N. Y. 380, 386, 122 N. E. 378 (1919).

* 299 N. Y. at 27. ——原书正文上的附注,译者注

第十章
自然法之逍遁

在其值得赞叹之文“美国法对于英国法之偏离”中，庞德院长(Dean Pound)以一种合情合理之骄傲(a justifiable pride)评注道：“……美国法之于英国法之最大出离，体现在宪法上。而恰正在此偏向中，美利坚人其实更深沉体现了其之英伦性。吾等已延续并发展了从中世纪至十七世纪英国普通法法院之教义，而英格兰在 1688 年却以议会绝对主义取代斯图亚特所宣称的皇室绝对主义，远离了普通法律师们所信奉的那些学说。”[189] 其甚然也。而其不能被想象为：在英格兰，所有当代法官们已完全偏离并异质于以普通法节奏韵调(the common-law rhythm)所表达之神法、自然法与国土上的法律。于古德哈特教授(Professor Goodhart)评注中，吾等可看见大量事实评论道：“英国人的教义所咆哮的那些东

---

〔189〕 *Law Quarterly Review*, Vol. 29 (1938), p. 213.

西，比它张口去咬的行为还要恶劣。”[190]就以司法审查权（judicial review of Parliamentary Acts）之权限来看，他们已然官方地否定了自然法君临一切（overriding）之权威。然而，只要当一项议会立法之合法性、有效性问题未被讨论到，自然法就只能以潜藏于诸如“自然正义与衡平”、“公正与合理的”这般措辞之中或用其他术语来表达之——其假定了补充性的渊源，以其更为谦卑之角色，来填补实证法之漏洞。[191] 例如，在库帕诉文德沃斯建设管理委员会［Cooper v. Wandsworth Board of Works（1868），14 C. B. N. S. 184］一案中，法官拜勒斯（Justice Byles）宣称“虽则一部制定法中并无确切语词，要求当事人应被听审，然而普通法院的法官 102
（justice of the common law）将会来填补立法漏洞。”这看起来似乎是：经过司法解释，法庭始终就事实问题（de facto）——如果并非法律问题（de jure）——来控制制定法。[192] 在新近的帕克森·林德赛先生公司诉建设部专员（Sir Lindsay Parkinson Co. v. Commissioner of Works）[193]一案中，上诉法院（Court of Appeal）拒

〔190〕 A. L. Goodhart, *English Law and the Moral Law*, London, Stevens, 1953, p. 79.

〔191〕 正如梅斯纳（Messner）所云，“自然法在任何判例中都胜出，当哪儿人法不充足时，（自然法）它是补充的。从本性上看，在所有一切人法中都能发现这样一种缺失”（*Social Ethics*, p. 209）。的确，在法典化的国家（code countries）及判例法国家确都如是。参见 Gutteridge, *Comparative Law*, 2d ed., Cambridge, 1949, p. 88; Paton, *A Text Book of Jurisprudence*, 2d ed., Oxford, 1951, p. 96; Friedman, *Legal Theory*, 2d ed.（London, 1949）, p. 49; Goodhart, *English Law and the Moral Law*, London, 1953。

〔192〕 参见 Wade, The Twilight of Natural Justice?, *Law Quarterly Review*, Vol. 67（1951）, p. 103。

〔193〕 2 K. B. 632（1949）.

绝以一种字面方式去阐释一项条款——从条款表面上看乃是允许被告要求原告作无限制之劳作，虽然总体支付的酬劳(remuneration)是明确而有限度的。大法官爱斯奎斯(Lord Justice Asquith)说："只有那些最有说服力之言辞，会让一个法院以一种组合的配备，以使得当事人一方，完全受制于另一方。"[194]

这就提醒了吾先前的导师——柏林大学的鲁道夫·斯塔姆勒*，他主张，没有人应当屈从于另一方之专断意志——一个法律上的命令仅当能以如是之方式——义务人(the obligor)仍会是他的邻居。如今斯丹木拉作为一位新康德主义者(a neo-Kantian)，他真诚相信自己关于正义之原则之普遍有效；然则他却并不信赖自然法。吾目前之于斯丹木拉之法与正义之哲学及所有其他法学者那些理念论而非本体论心智(idealistically but not ontologically minded)的学说——就好似吉尔松(Gilson)于康德主义之表述——当其言及："或许康德之伦理学，不过乃仅是一种基督教伦理学其摆脱了可为之提供正当性基础之基督教形而上学体系——它是一个虽然仍显得伟岸之圣殿废墟，带着它暗暗已朽坏了的根基。"[195]

在家庭法领域中，英国法官们仍然或多或少使普通法仍保持自然法之传统。在一桩涉及父母对于子女之监护权的案子中，博

---

〔194〕 *Id*. at 662.

* 鲁道夫·施塔姆勒(Rudolf Stammler, 1856—1938 年)，新康德主义法学家，是吴经熊于 1922—1923 年留学德国时期的导师。——译者注

〔195〕 Gilson, *The Spirit of Mediaeval Philosophy*, Sheed and Ward, London, 1936, p. 342.

文大法官竟事实上使用了“自然法”这一术语。他说道:“现在,我们的法庭不应忘却且将永不会忘却的首先是家庭生计之权利,其是神圣的。首先,是家庭生活的一些权利,它们是神圣的。”[196] 在言及儿童福利之时,他说道,“由法庭来考虑并不必然有益于婴儿,而根据自然法的规则:一位父亲远比法庭法官更懂得怎样对他的孩子好,而这必然有益于孩子……”[197] 在更新近的一桩类似的判例中,[198] 大法官斯雷瑟(Lord Justice Slesser)从圣托马斯之《神学大全》(*Summa Theologica*)中援引了两处,一处是在 IIa IIae 103
Q. 10,a. 12,在那里,圣托马斯言及,“其有违于自然正义,如果一名儿童在开始懂得运用理性以前将其带离父母监护或任何这般有违于其父母意愿之做法,或者因为孩子在其亲关爱之环抱中(这正如一个精神意义上的母体子宫的意义)”。另一处为 III Q. 68,a. 10,在那里圣托马斯说道:如果一个孩子“还不能使用其自由意志,依据自然法他们处于父母关护之下,而只有当他们还未能照顾并主导自己的时候”。[199]

不仅普通法可以做什么,而且是它不能够做什么,让其好比人民的慈爱母亲,一位对于她的孩子们之小错误与弱点故装糊涂之明智妈妈,一位识大体的妈妈。阿特京法官(Lord Atkin)在拜尔弗诉拜尔弗(Balfour v. Balfour)一案中之观点,[200] 正是这样一

---

[196] Agar-Ellis v. Lascelles,24 Ch. D. 317,337 (1883).

[197] *Ibid*.

[198] I*n Re S. M. Carroll*,1 K. B. 317,354 (1931).

[199] 有一个对于荷恩的亨利·斯雷瑟爵士(Sir Henry Slesser in Hoehn)之很好的人物速写——*Catholic Authors*,Newark,1952,p. 557.

[200] 2 K. B. 571,579 (1919).

种人之质素之绝好例子:“普通法并不规范如沐春风之关系中配偶间之种种约定的形式,他们之誓言,并未为盖章或封印。那些于他们而言真正可得之对价(consideration),乃是自然情感与爱情——而这些于冷冰冰之法庭上,却被忽视……两造双方就是他们自己的律师、法官、法庭,郡司法执行官员(执达吏*)(sheriff's officer)以及司法报导者(reporter)。在关于承诺(promises)的方面,每一栋房子就是一个领地,国王令状(king's writ)亦不能发挥作用而获许进入之,官员们也不被许可进入之。”虽则自然法尚未被念及,然吾却认为其实是根据了它——因为它正是自然法结论(conclusions)之一种,即人法应当知其界限且为伦理留下足够大之空间。正如帕吞(Paton)所言:“在婚姻之中,只要爱与情感存续,并不需有多少的法律去规范丈夫与妻子之关系——因为一伺律师走进了门,爱就会从窗口飞了出去。”[201]

甚至在家庭法之外,自然法并未全然被禁止。如在1768年,一项由曼斯菲尔德大法官所裁判案件之上诉审中,财税法庭**(Court of Exchequer)一致全体判决:“自然法,就是神义之律法(the law of God)……吾等意即应将判决建立于神法基础上,理性

---

* 这一翻译,参见[英]威廉·S.霍尔兹沃思:《作为法律史学家的狄更斯》,何帆译,上海三联书店2009年版,第53页——“执达吏(sheriffs' officers),属于郡行政司法官员,经过考试确认能够胜任其职,由行政司法官任命,负责送达令状及法院债务类判决的强制执行”。

〔201〕 Paton, *A Text-Book of Jurisprudence*, 2nd ed., Oxford, 1951, p. 53.

** 参见《元照英美法词典》之辞条“Court of Exchequer”,载薛波主编,潘汉典总审订:《元照英美法词典》,法律出版社2003年版,第341~342页。——译者注

原则，道德及普通法基础之上……"[202]有趣的是并非法庭如何将这些术语概念打包在一起，好比它们都意味着同一种东西。看起来这就像英格兰法官们心智之特点。[203] 但他们心灵又不偏不倚、充满善意。他们是实践性的且甚少关注名谓。归根到底正如同其之所思所念： 104

> "名为何物？那莫若玫瑰之谓，
> 另有祂称，亦为甜馥。"[204]

借同样之精神，法官法维尔（Justice Farwell）在布莱德福特诉富安特（Bradford v. Ferrand）[205]一案中宣称，"善与平等（aequum et bonum）这一理念及自然法（ius natural）所流溢出之种种权利构成了英国普通法之一个大部——虽则在英国许多判例之语词当

---

[202] Low v. Peers, Wilmot's Reports, 364, 371, 374 (1770).

[203] 拉斯基（Laski）曾将英国人的头脑描绘成一个"充满了真正睿见（real insights），从不能执着于任何主题、从不抽象地论证，而是一直被驱使去使用岌岌于使用具体例证之作用，很少是合乎逻辑的及大约十次里面有八次显然是正确的"（Howe. The *Holmes-Laski Letters*, Oxford University Press, 1953, p. 303）。通过许多有代表性之语录所证实之，当一个人在英国法判决里及其他一些相关文献遇到的，例如"合乎理性是善的，但常识（common sense）是必要的"（Evatt, J., in *R. v. Connare*, 61 C. L. R. 620）。托马斯·布朗内爵士尝说道："一个国家非为利己主义所支配。许多治理良善却无法以什么联邦或共同体来定义之……当自然逻辑（naturallogic）没有胜出，人为之逻辑（artificial logic）亦时常败落"（*Christian Morals*, *Works of Sir Thomas Browne*, Bohn's ed., Vol. iii, p. 111）。

[204] 这并不使得莎士比亚成为一名唯名论者（nominalist），因其并不处理什么普遍原理（universals）。

[205] 2 Ch. D. 655, 662 (1902).

中,‘自然律’(the law of nature)或‘自然法’(natural law)并未经常被提及”。

普通法,如此深地根植于基督教之中而不能完全彻底从自然法传统中剥离:它循有一个对人之高贵理念即人之位格观(human person),将人之生命与自由、理性与社会性设定为最高价值观。它并未厘出明晰之价值尺度。而若吾等以整体去观之,应能发现:它在人格利益方面较于财产利益方面设置了高得多之价值梯度。如在斯凯若曼加诉斯坦普(Scaramanga v. Stamp)一案[206]中,一个事关海商法(maritime law)之判例当中,贝莱特大法官(Lord Justice Brett)言道:“要求一艘船不偏离航道而去救助人命,这是对公共政策之违反;因一艘船以这个目的离开航路并不违反它应当直接赶赴港口目的地之合同之约束。”首席大法官考克班(Chief Justice Cockburn)所想是:如果船之偏航,乃以抢救财物为唯一目的,那么它将不会是优先必要的且要承受所有因为此方面所导致之后果。随之,他做了如下这段有一点理性之哲学的推论:

> 去解救人之生命于危困中之愿力,乃人性中助益他者之本能之一种……对于所有那些不得不从事航海的人,最重要的是在这一方面人性激发,不应为有关一艘船或船货(a ship or cargo)没有得到必要救助所导致损害后果之吝惜考虑所影响。货物主须被认为在海事法

[206] 5 C. P. D. 298 (1880). 参见 Richard O' Sullivan 的一篇有趣的文章——A Scale of Values in the Common Law, *Modern Law Review*, Vol. 1 (1938), p. 27。

> 领域之普遍实践中乃以默许之合意——正如其由人性中固有之本能所激发且建立于所有那些裸露于海上危 105
> 险之中的人们之共同利益上。[207]

而这恰正是普通法之音。一桩公平合理之审判注定了要为了公益与共同善(common good)服务。一个真正之法理学,须必要时超乎审慎小心或宁可放弃较低遵从较高之审慎。吾等的圣母玛利亚(Our lady)当她从立时流露本心,从未如此优雅且坦诚。首席大法官比斯利(Chief Justice Beasley)就是她的新闻发言官——当他说道,"法律护卫人之生命位格尊严(the lives and persons of men)乃以更大之用心看护,比护卫财产更为甚之。"[208]

"而法律,"圣托马斯言之道,"其乃是为人之行为所设。它处理单独并偶发的事件,而这些事件其拥有无穷之变体。制定一条规则以适应所有之案例,乃不现实的。"[209] 而此为普罗国家之司法经验所证实之——不论为成文法抑或判例法之国家。诚如艾伦所指出,从第一面印象看也即这些案件既非为制定法(statute)亦非为先例所概括,法官不得不简单地诉诸"理性原则、道德的,以及社会之功利(social utility)——而它们不仅乃英国法之源头,亦是所有其他法系之源头。法官们并不会为这类明确案件中缺失'权威'而感不安,因为在确定法的本质问题上,并无其他什么

---

〔207〕 *Id*. at 304.

〔208〕 (1890) 19 Atlantic 472.

〔209〕 Gilby, *St. Thomas Aquinas*: *Philosophical Texts* (Oxford, 1951), p. 364.

权威”。[210] 在现代型的判例里面,可以引用如下之话来证实之,而一个人可能会得出这样的结论:虽则自然法在英格兰被抽去了其形而上或本体论之基础以至于不能再有力量——如同在布拉克顿和柯克时代那样,使一部实体法失效,但其仍含有填补(实在法)漏洞之残余之力。自然法,当其从前门被赶出却又从后门返回。甚至在实证主义时代,只要人还作为人,那么彻底根除自然法,依然无法想像。事实上于所有现代法律之中,自然法——无论吾等如何称呼它——它仍被视作法源之一。吾只消引述一例予以说明之:

> 于所有民事案件中在哪儿没有明确法条存在,法官就必定会依据衡平来判案;而当在哪里,实体法保持着缄默,为求判决之公允,法官便会诉诸自然法、理性或业
106 已被广为接受之惯习。[211]

[210] Allen,《成型中的法律》(*Law in the Making*),p. 277,注释 79. 也请参见丹宁勋爵(Sir Alfred Denning)新近的一本书,*The Changing Law*,London,1953,其中有精彩的一章关于“宗教之影响”(The Influence of Religion)。

[211] Dart's *La. Civil Code*,art. 21.

第二篇

普通法在新大陆

第十一章
美国对于普通法之继受

当普通法来到了“新世界”,其青春与活力亦重新焕发,其视阈亦大为拓展。英国法有其深度,然而总体言之在外在视野上依然带有岛国之偏狭。经由美国法学家之手,普通法既在广度上得以拓展,同时亦保留了其初始时带有的那种深度。自普通法逐渐成型的十三世纪以来,于其之演进史上其之在美国大陆的继受,乃是这一进程中最重要之事件。在这一过程中,普通法的基本原则被清晰地表达出来并被重新予以肯定,不合时宜之处又悉数被修剪。大学者诚如詹姆士·威尔逊(James Wilson)、马歇尔(Marshall)、斯托里(Story)与肯特(Kent),他们在这份不枯竭的遗产上孜孜不倦地工作,并给予其新的定向,以使其能适应于新社会条件与新的政治制度。这些大律师们同时亦是政治家或文人(men of broad culture)。而他们并非狂热改革者;在他们那里,大胆创新精神与其对历史连续性之深切感受是结合在一起的;他们,既是满怀理想的人同时又是实干的人。若他们开出新的路径,那一定是伴随着律师职业人所固有之审慎与严谨。

然而这里却充斥着一种新精神、一股冲劲、一种视野开阔之世界主义眼光、一种开放心胸的及于他者之善意,既对未来有无尽潜力之洞觉,亦同时带有那些自还未尽成就的路上所衍发出来的谦逊来,一股强大自信裹挟着要向其他源泉学习之愿力与热
117 情——而所有其之下的不外乎那份出于对上主及其正义之深切信仰罢了。对于普通法而言确是它的"第二春"——其之美好,超乎于语词局限,却又唤起那份灵魂里的深切情动。当思绪及至普通法在其新家园景象,我要说的莫若一首时常萦绕心间的爱默生的诗歌《五月天候》(Emerson's *May-Day*)中之几段:

> 当格架上之葡萄枝无法遮掩曝出新花,
> 而新生儿般的须发啊,缠绕,
> 那旧酒在桶中黯沉下去
> 而却分明听到那新枝上的花开,
> 于是肿胀暴破,皆因那春的诱愿吧。

斯托里大法官在1829年的梵纳斯诉帕卡德[VanNess v. Pacard (1829)][212]一案中宣称,"英格兰普通法","并不能被认为在各个方面在美国本土都可以适用之。我们的祖先们给新大陆带来了普通法的普适基本原则,且将其称为与生俱来的神圣权

[212] 2 Pet. 137.

利——而他们所撷的仅仅是适用于他们的生存处境的那一部分”。这一席言,即为后来的法官们定下了基调。

麻省的首席法官肖(Chief Justice Shaw of Massachusetts)在挪威草原公司诉波士顿缅因铁路[Norway Plains Co. v. Boston Maine Railroad(1845)][213]一案中就曾说道:“普通法之伟大美德与优势之一,就是能替代一连串具体烦琐的实体规范——其由一些实证条款所确立且因应于特别案例之细致的情形而变动(而这一切都会成为过去而凋落——当它们所适用的商业实践与过程被停止或迁变之时);而普通法内蕴一些宽阔而面向甚广之原则原理——它们建基于理性、自然正义与开明的公共政策上——它们修订、适用于所有那些特殊案件可能落入的情形。”当这些原则和原理在司法裁判的过程之中一定程度上注定在司法裁决过程中,要凝结进精确与特定的规则,它们这个整体就不再被简约、拆分且细化为规则——总是有一些富余的来自母体的甜乳汁为此形成某种新的精华与结晶——“当新情况新实践发生时”以及“那些新的事实意蒂之综合所由发生之时”。

1890年,特拉华州的首席法官考密基(Chief Justice Comegys)在州诉威廉姆斯(State v. Williams)[214]作这样的陈词或可被视作普通法中的美国哲学之体现。他说,“当英国普通法之庞大体躯运作如斯,正如作为其之一部分的制定法,也是合乎于 118
我们的社会条件与社会情境的。”然而什么又是其恰切契合性之

[213] 1 Gray 263.
[214] 18 Atl. 949.

标准或曰维度呢？——而我们仅仅会因为某种权宜或机会主义而感到满足吗？所以这名法官又接着说道："在自由政府里面——正如我们自己的以及来源于母国的，所有法律的目标，不论普通法的还是制定法的，就是要确立'正义'（观）——这一涵括甚广之词汇包容了三个伟大的事物——根据我们的《独立宣言》，人之政府所由设立。不论不成文法如何规定，与正义之伟大意图相左——生命安全、自由以及追求幸福，就不是一个适合于我们人的条件与生活场域的事物；我们已经开始着手并迄今带着满心的愿意去追求以及成就我们政府的志业——其应允了对任何个体都不得为不义，且无论情况如何或这个个体的社会地位是如何地低下。"

在眼下这个国家，普通法内在生命动力与扩张之天性，又一次在美国法学中饱胀着锤击着时间。在奥本海姆诉克瑞德［Oppenheim v. Kridel (1923)］[215]一案中，克莱恩（Crane）法官说过，"普通法并非僵化、泥古不化（is not rigid and inflexible）之教条，其乃是一个随着周遭环境与条件之变迁而凋谢之事物——因其理性之延宕成长壮大。普通法并非是一些机械条款的干巴巴之记录——如用不可改变和不可擦去之字迹写就；其乃是有生命之机体，其因应整个国家和时局之更广泛与充分之发展而成长且流变。"

就在最近，一名加州的摩尔法官（Moore of California）还说过，"……法纵之天才，并不倡滞塞（stagnation）。恰相反，其却是

---

〔215〕 236 N. Y. 156, 140 N. E. 227.

寻求于扩张、纵横捭阖;在任何一个领域之努力上,它因应时势提供新规则与新救济形式。一个‘此事前所未有’的孤独绝望的哀鸣,无法逆转一个崭新、健康的潮流”。[216]

故此,俄亥俄州的克洛斯兰法官(Judge Crossland of Ohio)也如是云:“法目向前,而非眼目长在后脑勺上,它朝着未来而非过去,当称颂已故的是为了服务于那些有希望的现在以及将来的,而非在前进的步履和目标中侵蚀、朽坏与死亡凋落。因法之初设 119
及意图,乃是为了人类所组织的社会,而非扼杀人们意图成长,前进与繁荣的努力。”[217]

与此相似在美利坚合众国诉摩根(United States v. Morgan, 118 Fed. Supp. 621, at p. 688)这一著名的判例中,法官梅迪纳(Judge Medina)写道:“没有一家法院可以扭转时间乾坤之手……鸡蛋被打散了而不能复原。如果他们能够那么做,是为了谁呢(cui bono)? 我们务不能忘却法在任何时候都是一种因应社会之需的活泛的力量,而非一场游戏似的法官们从先前判例中引用什么,好比一个人从一个棋盘格里把国王与王后任意地调换。”

或许再没有如卡多佐大法官那般诗意地表达出(法的)这种“向前涌动之特质”:“那些为夜晚遮风挡雨的小旅舍,其并非旅人足下旅途之最终归宿或终点——而法律,正如那旅人,是要迎着明日的朝阳(出发)的。”[218]

这儿,让我们稍许“歇脚”,看看我们行至何处了。美国法学

---

〔216〕 (1953) 263 Pac. 2d 333.

〔217〕 (1953) 116 N. E. 2d 54.

〔218〕 Cardozo, *The Growth of Law*, p. 20.

的动态品格无疑是其有魅力之处。但这里难道没有另一种质素，可给予这种活力之方向予以解释吗？（因为精力活力它到底并非炸药）。我并非不去思索任何制动系统——急刹车的确是任一动力源或动力系统之必备；我所思的正是生命或生活的最终目的——而这也是任一动力被假定地孜孜以求、坚持不懈所提升与服务的。法律视人生之终极，乃是受制于某种物质文明的发展吗？——正如我所查阅的当代美国法官的判决书我所找到的一些征象，许多联邦法院同州法院的法官，他们越来越敏感地关注于人在精神和道德方面的利益。

在布鲁克诉伯吉斯与镇委员会[Bruker v. Burgess and Town Council (1954)]一案中，[219]贝尔法官(Justice Bell)于反对意见书(dissenting opinion)中写了一大段话，来警告那种为变而求变之哲学。现在我并不十分清楚他在那桩具体案件中的立场是否正确，虽即如此，但是这段我要引用的话是很有先见之明地批评一种在大多数无思想人群中所曾盛行的那种人生观。现时代，许多的人“形同朽木”，而仅仅是无目的地漂流尔尔。现在真实之进步并非去随波逐流。鱼跃于渊、激流勇进(living fish swim against the current)；而只有死鱼儿才无心地随波漂流。在目前西方文明
120 危机中，我们不得不置喙落墨于我们天性中的精神状态，“而若阙

---

[219] (1954) 102 Atl. 2d 418. 较之 Moses J. Aronson 富有思想性的话：“对于成长原则(a principle of growth)必要之认识，带来了塑就目标或者价值以标识进步之阶段的义务(obligation)。因为不受拘束之成长是一种无意义之变化——它导致了混乱(chaos)——正如不改变的保守主义(conservatism)暗示了死亡的严峻(rigidity of death)”(*Journal of Social Philosophy*, Vol. 4, p. 19)。

于此,”正如霍姆斯大法官所言:“吾等不过是慢性子的蜗牛或凶残的鹰虎(snails and tigers)。”[220] 据于此,我们也看一看贝尔法官的话:

> 我们生活在一个急剧变化的时代。我们从一个马背上的时代,过渡到了一个依靠汽车以及迅速发展到以驾驶飞机以及原子能时代。这些曾发生的巨大变化,现在每日还在发生,其已必然地产生了不确定性、不安与困扰——这不仅停留在人们的意识,而在于人们生命(见证)中的许多阶段;而作为一个结果,“改变,革新”挂在每个人的口头上,而不安心与不确定感(unrest and uncertainty)却在许多人的心头。为渴求于变化,在这不止歇的、不安宁的对于一个物质富裕与轻松愉快的乌托邦的渴求、渴望之中,难道我们也没有经常忘却对于精神事物之追求以及国家历史和我们人民自古以来之习常传统欤?难道我们没有横冲直撞以及不留意当心地去追求那些假的善好(false goods)——物质繁盛以及政治上的灵丹妙药(political panaceas)?我们那些伟大的农人们难道不被允许在他们的农村生活共同体中保存一些他们远古的特权、习俗与实践——尽管更多的收入(income)会由一个不同的用途(或公共或私人的)而来?

---

[220] *Collected Legal Papers*, p. 246.

那些视野更为开阔的法官们开始对于家庭解体之危机怀有警觉。在一桩涉及“推定遗弃”(constructive desertion)*问题的离婚案子中,南卡罗来纳州最高法院有意地拒绝援用所谓的“自由规则”(liberal rule),并毫不迟疑地将其有意引到“保守学说”(conservative doctrine)上——虽然前者,自由条款,为大多数的司法审判权所支持。为法庭全体一致意见代言时,G. 拜·贝克(G. Badger Baker)法官曾说道,虽然新近在有关婚姻制度的国家公共政策方针方面有某种新转变,“而婚姻始终作为一项习惯、风纪伦常和制度而存在——因其维持并凝结了公众对其纯洁忠贞性的某种深挚热忱……”“对于自由观的过度承认和褒誉,会直接有损于社会的这种旨趣伦常以及夫妇之间的约束,并及家庭的福祉共有福利等。”[221]

在另一个相似的案子里,它带有某种“同气相求”之气息,印
121 第安纳州上诉法院(the Appellate Court of Indiana)法官罗伊斯
(Judge Royse)说道:“甚至在一个现代原子式个人主义的时代,在大多数人的眼中,通奸仍是一项严重的过犯——它虽无法为提交出来的证据所证实。为确认这桩判决……是一种为轻松地离异之一个‘放行的标记’。而我们并不准备通往‘好莱坞’的道路上去。”[222]

当然,家庭整全性(family integrity)这样的问题,并非仅依法

---

* 参见《元照英美法词典》之辞条“constructive desertion”,载薛波主编,潘汉典总审订:《元照英美法词典》,法律出版社 2003 年版,第 304 页。——译者注

[221] Mincey v. Mincey (1954) 80 S. E. 2d 123.

[222] Nelson v. Nelson(1954) 116 N. E. 2d 560.

律即可解决。宗教、教育以及社会经济，是需要共同合作去杜绝那些破损家庭的一些糟糕的现象；而法律是必须在其中有所作为的。而作为家庭破裂之后果，法院却不得不去处理大量没有止境的儿童监护权的案子——也正是体现在这些案件之中，基督教人文主义(the Christian humanism)于美国法学思想中达到了一种成熟饱满。法官对于家庭纷争中无辜受损者福利之关切是超乎于父权的(more than paternal)；毋宁说乃是从母亲方出发的。在作出判决过程中，法官们须以无限之柔意耐允从各个角度出发去揣度何为儿童之福利：从身体康健的、智力的、道德与精神的。在如是之案件中，法律被融入进了衡平，而衡平的考量，融入到社会的实例个案中。在其中，心与脑、自然并艺术，统合在一个完善和谐之运作中。

且以一些例子说服并充实之。这些自然法则是多么实用以及脚踏实地——能从那些处理人们伦常关系的判例中得来。比如，密苏里州的布莱斯法官(Justice Brace of Missouri)说过：[223]

> 在所有文明国家中，家庭被视为社会有机体的一个单元——那些年幼的成员必然应当在即刻为他们的生存负责的人的监护和爱护之下；为此，从天性之中，人们心中被植入了那父母与子女间的爱意情感的种子——那是为了保证在婴幼儿其无助幼弱的那段成长阶段获得照顾和保护，而当他们长大之后他们会重新回报给父

〔223〕 (1890) 12 S. W. 798, 99 Mo. 484.

> 母其反过来处于无助亦需要保护及需孩子们的气力与成熟度的时候。就出生问题而具备的法律施于父母亲照管与保护之责——为了履行这些责任天性之本能如此迅敏，且授其以监护权（the right of custody）来更有效
> 122 地实行之；如此这般假定，是因为监护权与人之天性契合融汇——其乃最大之利益化的，其不仅是父母与子女间的，亦是为了社会和人类之存衍。

与此相类似地，霍策夫法官（Judge Holtzoff）在最近的一个案子里说道："家庭是社会之基础。一个已婚男人之责任，是去抚育和保护自己的妻子和孩子，这是蕴藉于人性之中的；它是自然法之一部分——正如这也是任何一个文明社会法律的要求一样。它并非是一个普通的债权债务关系——如合同的强制要求或侵权损害的判断。"塞登伯格诉塞登伯格［（Seidenberg v. Seidenberg，1954. 126 F. Supp. 19，at p. 23.）］案。

在另一桩著名的案子皮尔斯诉耶稣和玛利亚圣名姊妹会（Pierce v. Sisters of the Holy Names of Jesus and Mary）一案中，[224]美国上诉法院一致讨论宣布："自由之基本肌理，在于在这个联邦中所有政府行为排除了任何一般的国家力量，通过强制他们仅仅去接受公立学校老师们的训导而去标准化（standardize）它的儿童们。儿童，并非仅仅乃国家之受造物；那些养育他且导引他命运的人有权利、同时也有同样的义务，去认识到以及为其准备额外

[224] (1925) 268 U. S. 510. Justice McReynolds wrote the opinion.

之规训(additional obligations)。”

在雷蒙诉雷蒙[Ramon v. Ramon(1942)]一案中,[225]纽约家事法院(the Domestic Relations Court of New York City),支持了一份婚前协议(an ante-nuptial agreement)即孩子生下来就以天主教信仰方式来培育,说道,“法庭会给予司法注意——当事人双方之宗教以及道德义务”。法庭数度援用教会法,然而,最让我感兴趣的却是它对于世界大百科全书(*International Encyclopedia*)的引用:“妇女地位的提升——是归因于教会法之规定,即教会在所有改信基督教国家中所推行的。”

在新泽西州最近的一起判例中,即莱斯诉霍甘(Leith v. Horgan)案,[226]它涉及的问题是一位已婚妇女之双亲,是否有权利在违背女婿意思的情况下去探望自己女儿。而最高法院虽则承认目前情况下,更为明智的做法是,不要去执行这项权利因为担心这会加重“她瘫痪麻痹之疾患所由带来的紧张压力”,然而原则上支持这项权利。赫尔大法官表达了法庭之一致意见说:

> 婚姻状态从本质来说要优先考虑——但并不能如此独占欲和暴烈的:无理且专断地截断一名妻子与其娘 123
> 家的亲属之间的纽带——自然天性的良法(Nature's laws)并非要如此屈服于人之判决(decree):不仅仅夫妻配偶之间应忠诚相偕,更值得赞赏的是,它还应要超越

[225] (1942) 34 N. Y. Supp. 2d 100.
[226] (1953) 100 A. 2d 175.

> 于这种婚姻内的责任；而婚姻的维系，并不由任意地强制来伤害任一配偶之自然的自由来达成——情况是恰恰相反的。

如若法庭并不允许这对老夫妇当时去行使他们的自然权利探视自己的女儿，那或是考虑到“为了身受疾患的这名妻子的好，是最具决定意义的考虑”。

现在这个判例从自然法哲学这一立场看来，其具有特别大之重要性：因其看待自然权利并非绝对或抽象，而是由理性内在约束，与自然义务（natural duties）相联。这里至少包括了三项自然权利：父母去探望他们已婚女儿的自然权利，配偶一方对于他人排他的婚姻上的自然权利，以及一个人的生命权。正如法庭所解释的那样，所有这些自然权利为理性——根据具体情形环境以及对于各方都能显示公正的想法所规范与考量。它们（正如其所应是的那样），是被在一种人与人之间活生生的关系里去看待的。这种看待自然权利的方式，与自然法的基督教传统更具有一致和共通性，而超越了其与绝对论者（the absolutist）、现时代的沉思哲学（speculative philosophies）所达成一致之程度。这潜藏着的法庭之基督教哲学，分明为如下之表述所阐发：

> 没有为着那遭受痛苦一方的利益，而相互宽容忍让，以及更为可爱的心灵与灵魂上的安耽，由家庭悲剧而产生的深深的苦涩，就会加重这层辛酸苦辣及遮蔽黯淡在危机中的信仰与希望的光芒——而这是需求希冀

一种最为精致纯良之灵魂质素(spiritual qualities)来克服的。它的确是为了这样一个时刻:夫爱之为德,宽裕含忍,恺悌*慈祥……;无所不容……无所不忍。(圣葆乐致格林多人书一 13:4 -8)【爱是含忍的,爱是慈祥的……凡事包容……凡事忍耐。(思高版格林多前书13:4 -8)】

当自然法与自然权利,在基督教爱之活生生的叙事结构中被理解时,它们注定是会去完成人类之远大前程。甚至十九世纪时,法官们在看待家庭关系及与信托关系(fiduciary relations)上还并非完全个人主义式的,因在这些判例之中,他 124
们的自然法哲学是完全地明智与康健的,即当他们以福音书为镜鉴之时。仅当他们在处理财产权方面的问题时,会暂时忘却他们的这种基督性而暂时屈从于某种谬误之"经济福音"——自由放任主义(economic gospel of laissez-faire)。而这却是后来的事了。

无论如何言之,美国法学(American jurisprudence)达臻其最佳状态,必逢着一种完善之自然与艺术之交响共鸣,正义的基本原则及正义与天才的法律思维方式——而这能在法的各个领域所由经见:从字面上看是从"遗弃"到"区隔"(from "abandonment" to "zoning")。美国法学正朝着一个整体与多样性之间真正的综合。目标就是一个,而方式手段可以说是五花八门的——这个目标往

* 恺悌:和乐平易——参见吴经熊所译《新经全集》此条之注释。——译者注

往就是出于正义,而方式手段多灵活多样。举例子说,法官摩尔曾说过:“对于一个合同的阐释,好比其他那些被发现的事实一样,是需要在几方辩论之下用慧眼去发现正义。”〔227〕虽则法律解释是一门高度复杂之技艺,然其所服役之目的却是正义之职事。如同法官黑尔(Justice Hale)在西蒙斯诉威尔逊(Simmons v. Wilson)一案中的说辞〔228〕:“推定信托(constructive trusts)纯是衡平之创造。其之形式与变体,事实上是未有边界的。它们之分类是依凭于每个个案具体情势之下所界定的财产权利名目之获致。作为救济性之特质,其宽广作用蕴藉于其种种之变体与分类——以已成立的衡平与正义诸原则,来救济不法同不公正之滋衍(to redress wrong or unjust enrichment)。”

所有法律原理*(legal doctrines),即由那些司法之艺术所塑型的,其必然要具备望向正义的眼睛。甚至那经过风蚀日月而伫立不倒之遵循先例(stare decisis)之义,不能被蒙蔽不视。正如首席法官范德比尔得(Vanderbilt)所推崇的那样,“遵循先例原则倾向于从我们的法律中产生出确定性来,但很重要的一点须被意识到的是,确定性其本身仅是一种达到目的之手段,而非目的之本身。确定性,是值得赞美的,仅当其之运作是为了最大限度地实

〔227〕 263 Pac. 2d 333, at 336.

〔228〕 (1949) 216 S. W. 2d 847.

* 参见《元照英美法词典》之辞条“legal doctrines, principles, and rules”,载薛波主编,潘汉典总审订:《元照英美法词典》,法律出版社2003年版,第815页。——译者注

现善和导致最小的危害并因此而提升正义之尺度。"[229]

只要哪里蕴藉着基本原则以及正义之诸种目标，法律就变得如同山峦河川岿然不倒，而因此法官之态度亦应似磐石般坚定持守。

让正义得以实现吧，纵使天帝降怒（Fiat justitia, ruat coelum.）。[230] 在州诉翟蒙（State v. Dryman）案，[231] 即一个新近的蒙大拿州（Montana）的判例中，被告被指控犯一级谋杀罪，其申 125
请改换主审法院，以使一个在图里县（Toole County）有可能有偏袒的陪审团无法形成，因为当地民意已沸腾，会对被告不利。蒙大拿州最高法院的法官弗里本（Freebourn），批准了这一请求，他写了如下文字，揭示出法律某些不得动摇之面向：

> 我们的政府就是法律之一部分，它并非空泛形式：在一个案例中遵守了，而在旁之判例中就可以忽视不计。法庭宣誓以看顾我们的法律与我们宪法的条款被履行之，看是否被告所拥有各项权利是真的被赋予于

---

〔229〕 Fox v. Snow（1950）76 A. 2d 877, at 883. 首席大法官进一步说道："普通法会耗尽气血（life blood）——如果遵循先例原则（stare decis）会被视作神而非作为一种指导（a guide）。"在这里，正如同在其他地方一样，通过媒介（*via media*）乃是最好的：一方面，遵循先例原则不应当成为一种拜物教（fetish），而另一方面其须仅是一种指引。否则正如罗伯茨法官（Justice Roberts）所云，司法判决（judicial decisions）就会成为"一种受限制的火车票，仅适用于当天当次的而已。"（321 U. S. 96, at 113）。

〔230〕 Lord Mansfield 使用了这一格言。（Rex v. Wilkes, 4 Burrows Reports 2662.）

〔231〕 （1954）269 P. 2d 796.

> 其——而不管便捷便利，他方的不满或者利益得失等。若非如是，则人之任愿就会占上风：如是，则一年中四季之流转，如时间之轮流转而人发生了改变，今朝是对的明天就会被判谬；由是，则没有什么匡范和以据为准绳之规范可予以证立了。

在这一灵活性的方面，普通法正如一隽美湾流——“那水流顺势滑过脚踝，在人的脚边不知不觉地流逝滑过，它在无尽之曲折罅口处周流盘旋，看上去竟是要遁失于漩涡之中，几要没入那青山”。[232] 然而，这一河流之源头处在于更高之区域，即在深山处，在山巅上，其之不可动摇和无比森阔的特征，让其成为某种纯洁高尚的体征。

也正如孔夫子所云，“智者乐水，仁者乐山”。[233] 而法学——作为艺术之科学与善和衡平之艺术，它却综汇了这样两种之乐
126 啊。

---

〔232〕 法国的国际法学家（publicist）庞特美（Boutmy）在其对于英、法与美国之宪政体系比较研究上使用了此一意象。参见 *Studies in Constitutional Law*, trans. by E. M. Dicey, London, Macmillan, 1891, pp. 3 – 4。

〔233〕 *The Analects of Confucius.*

第十二章
建国国父们的自然法哲学

迄至目前,我们已研习了美国法学之基本面相。而我们主要是从普通法角度。现在就让我们从自然法立场再加以审视吧。

不必深究之即能发现,自然法已在美国受到了比在世界上任何国家里都更为热烈之欢迎。而事实就是,自然法传统之生命力最终倚傍于宗教,而没有谁能比建立美利坚这个国家之清教徒们和他们同胞们,持有对于宗教更为严肃与诚挚之态度了——因为对于他们来说,“自然律以及自然之上神的律法”并非奇思怪谭,甚至也并非仅是理念中之物——它们是绝对唯实的(real),比那些人法真实广大得多。且当美国人说如下这番话时,其亦并非纵于辞藻而无法自拔,“有些真理是不言自明的,即每个人都是生而平等的,他们从造物主那里被授予了那些不可被让渡之权利,包括生命,自由权与追求幸福的权利”。他们把他们的意思精确地表达了出来。他们是一族宽阔仁慈、真挚、追寻信仰自由以及敬

神的民众。他们把这真理看得如此明白并且深挚感怀地将民族命运与之偕系。所以在十九世纪三十年代晚近，托克维尔（Alexis
127 de Tocqueville）可以确信无疑地为之佐证之：

> 在美国，主权权威是宗教性的，且结果是伪装信教（hypocrisy）现象亦必然普遍：但这世界上没有一个国家比美国就基督宗教在人们的灵魂心智上能保留有更大之影响力了；而且也没有更好的证据来证明它更有利于人且与人类之天性更相一致的了，在宗教的影响下，其已是这个地球上感受到最大启蒙与自由的国度。[234] *

美国法学形成阶段实乃对大宪章火热年代的重温，亦是后来柯克大法官对于自然法高于人法理念之抗争。柯克之努力在英格兰曾遭重创，然其对十八世纪美国法律师们的影响却不啻是伟大的。在《独立宣言》产生之前，殖民者所希望的就是成为普通法的继承者——就是布拉克顿、柯克、霍特、曼斯菲尔德和布莱克斯通所定义的那种普通法。丹尼尔·杜兰尼（Daniel Dulaney），一位马里兰州的首席检察官（Attorney-General）在他十八世纪六十

---

〔234〕 De Tocqueville, *Democracy in America*.

* 另参见［美］托克维尔：《论美国的民主》，第 128 页："在美国，主权者必须表示信奉宗教，所以伪装信教的现象也普遍存在。但是，美国仍然是基督教到处都对人们的灵魂发生强大的实在影响的国度，而且再没有什么东西能够表明它比宗教更有利于人和合乎人性，因为这个国家在宗教的影响下，今天已是最文明和最自由的国家。"参见［美］托克维尔：《论美国的民主》，董果良译，商务印书馆 1988 年版，第 128 页。——译者注

年代出版的册子《有益于英格兰法的马里兰州居民之权利》(*The Right of the Inhabitants of Maryland to the Benefit of the English Laws*)中论证了美国人配得那些英国人在英王国所享有的自然与法定的自由、特权与权利。然而在我们的这一主题下所特别包含的是:杜兰尼所理解普通法之那种方式——对于他来说,普通法接纳了"自然法则、理性法则以及上帝启示的法则(the revealed Law of God)。"[235]而这些准则,在任何时间地点和人那里,都具同样的约束力(即不分时间、地点和人众具有一等的拘束力)。除了这些普适原则之外,普通法也蕴藉着如是之惯例与习惯(usages and customs)——它们被实验性地找到以适合社会的秩序与契约,而不含任何事物是有违于诚实,正派与良好风俗礼仪的。[236]他以为,这些惯例和习惯具有因长期通行与使用而来的法之效力——这种有关普通法之定义,是承继于布拉克顿与柯克以降的大传统之中的。

波士顿的著名律师詹姆士·奥堤斯(James Otis),在他的著作中则更为明晰和强烈地表达出这样一种法的宗教性的基础。我意愿引用那于我而言可作为正统美国自然法哲学观的基石之一小段话以飨之: 128

言及国会是绝对与专断的,不啻为一种自相矛盾;因国会无法使 2+2=5:这就连上帝之无所不在之大能,

[235] 参见 Wright, *American Interpretations of the Natural Law*, Harvard, 1931, p. 59。

[236] *Ibid.*

也无以达到。一个国家中的最高权力，仅仅为了实现法律（jus dicere），而制定或变更法律（jus dare），严格地来说，是单独属于上帝的。议会在任何情境之下都宣称什么是为了全体的好；但它并不是议会的宣布使然：即必使在任何一个情况下，都有一更高权威之存在，也即，上帝。如果国会通过的一项法律可能违反任何上帝的自然法，即那些不变的真（immutablytrue），那么国会立法可能与永恒真理，公平和正义相矛盾，而其结果定会是无效的：如是，它为国会自身所宣判，当被认为是他们之过错之时。[237]

当听到人们如此头脑清晰、信仰坚定的声音，君会感到这世界又复如初始之纯洁。正如亚当与夏娃——他们同上帝是如此亲近之关系一般。如杰斐逊（Jefferson）所说的那样："上帝给予我们生命的同时也给予了我们以自由。"这亦如约翰·亚当斯（John Adams）的话，他写道："我当询问，是什么法律使得美国国会在整个美国拥有权威？那是来自上帝之法律，它在旧约和新约圣经里面，它并没有说什么；……经由英国普通法，也没有说……"[238]也如亚历山大·汉密尔顿（Alexander Hamilton），当他写道："人类圣洁之权利并非从……在老的羊皮卷或发霉的记录里面被翻检出来的。它们被述说出来正如一道阳光——以整全之人性——即

[237] Otis, *The Rights of the British Colonies Asserted and Proved* (1764), p. 47.

[238] 参见 Wright, *op. cit. supra*, p. 88, note 105.

通过云中神来之笔(by the hand of Divinity Itself),且它不能为任何必朽之力量所抹杀或蒙遮之。"[239]

必由指出的是,虽然这些伟大人物主要是从圣经及普通法里面汲取了灵感,他们同样也在一定程度上从约翰·洛克、格老秀斯、普芬道夫、卢梭、孟德斯鸠以及博拉马奎(Burlamaqui)那里领受了理性主义的观念(rationalistic ideas)。除了一些极少之例外,他们并非与经院哲学传统十分熟稔。因为毫无疑问地,从他们那样的历史处境看,他们倾向于更多地思索人之自然权利与自由,而非自然法与自然法责任(natural duties);他们也多探讨个人权利胜于公共空间之公益。或许在他们(理性主义者)之时代,个体自由之确立与持存构筑了公益之首要部分。如布莱克斯通所言,"公共的善(the public good)并不比保护每个个体私权实质上更 129
为有利"。[240]

没有什么比这些国父们使用这一短语"生命,自由与追寻幸福"更能清楚地表达他们之整全心性(soundness)。不论来自约翰·洛克的对于他们之影响,他们其实并未采用洛克式口径去表达,即"生命,自由与财产"。正如西恩(Sheen)主教在他《宗教哲学》(*Philosophy of Religion*)一书中所指出的,[241]是杰斐逊使得"追求幸福"这个语词为洛克追随者萨缪尔·亚当斯(Samuel Adams)所强调的"财产"(property)这个语词所代替了。而拥有财产所有权是幸福之一个因素,却并非能替代其之全部。

---

[239] 参见 Wright, *op. cit. supra*, pp. 90 – 91.

[240] Pound, *The Spirit of the Common Law*, p. 53.

[241] p. 19.

当后来的那些法官们开始将“幸福”与“财产”相等同——他们事实上已与早期美国人中最大多数人之精神相背离了。布鲁厄法官(Brewer)将宪法置于《独立宣言》之语境中来解读是对的,但我却十分地怀疑他对于《宣言》之解读是否确凿,因其言及某些不可让渡之权利时,却使用了“生命、自由与财产之神圣”这样的话语。[242]

财产权从某种派生的意义上说,的确是一种自然权利;而甚至在自然权利之中亦有一种价值之序阶。从重要性上言之,它未尝若生命与自由同等高度之可贵。生命同自由是终极的价值,而财产却仅是一种工具性的价值(an instrumental value)。而我觉得在十九世纪的后二十五年及我们当前这个世纪的最初几十年中,美国最高法院的许多误判即能溯及一种过份强调财产权利以人的个人权利(the personal rights of men)与公益之合法化要求为代价。而让人高兴的是,许多如是之判决已经为原法院自己所宣告无效。

再没有什么比跟随自然法哲学之富矿,在这个国家里更葆有吸引力了。它之主要荣誉在于其对于“有比实定法更高级的法”这样的理念之确认。在这一继受的早期,美国自然法哲学尚未将

---

〔242〕 布鲁厄法官确切地主张《独立宣言》(the Declaration)“是一种思想与精神(the thought and the spirit),以独立宣言之精神去阅读宪法文字一直会是安全的……”[Gulf, Colorado& Santa Fe Ry. v. Ellis, 165 U. S. 150, 160 (1897)]。然而,请参见 Charles Grove Haines' 在他的文章“内战之后的法律正当程序史”(The History of the Due Process of Law After the Civil War)中对于布鲁厄的极端个人主义之批评,刊登于 *Selected Essays on Constitutional Law*, Foundation Press, 1938, Vol. I, pp. 268, 295 – 6.

自身从宗教中离析分离出来——且这一美式自然法却成为真正民主得以确立之坚固磐石。是故，自然法之真正绪脉(the genuine tradition)自根本处体察之，是皆有神性且具备民主之精神的。[243]
如红衣主教史班尔曼说的："在民主社会中，宗教的角色——从对 130
于民主最基本定义的考量来看，正如水晶般澄澈透明；民主最重要的功能，乃将其(宗教)区别于及将其提升于政府之任何其他形式之上——就是它关注于个人权利与尊严及不可让渡之权利来源于自然法……这一伟大之自然法——先于所有人的创制与人为设计——是民主制结构可安稳据于其上之唯一基石。并非建基于合意或协定(covenant)，亦并非通过授权(warrant)或国家的让与(state grant)——而这些权利却得以建立——它们是从上帝而来的礼物和主之馈赠。"[244]只要我们记着这点，就不会有滥用此一自然法概念来论证物质化个人主义(a materialistic individualism)之合理性之危险；因我们深知是上帝给予我们自由，也给予了我们理性及超验之命定(a supernatural destiny)。换而言之，我们在接受自然权利之瞬时亦承受着自然法之义务——
正如上帝之爱与邻人之爱(the love of God and of our neighbor)。 131

---

[243] Schmidt, An Approach to the Natural Law, *Fordham Law Review*, Vol. 19 (1950), p. 25.

[244] 为了主之荣耀(His Eminence)，红衣大主教(Francis Cardinal Spellman)，在1952年7月24日于军队专职牧师协会(the Military Chaplains' Association)大会晚宴上之致辞。参见[复制版(mimeograph)]。

第十三章
十九世纪之个人主义

个人主义——即每一个个体的人，从基督教之理念看，皆依上帝之形象所造，个体本身就蕴含着终极的目的——而在此种意义之上，寓其谓之“人格主义”(personalism)。每一个造物都是一个个体(an individual)，而只有一理性之生命方可谓之以“人”之称号。而如若个人主义被认为是：从这个意思上去理解，没有人会是他弟兄的守护者、监护人(his brother's keeper)，一个人是其个人财产的绝对主人(an absolute master)，一个人可以随意处分其财产——甚至当他人濒临饿死的边缘——这完全就是有异于基督教之精神的。而不容否认的是就其这一种蹩脚的个人主义，曾占据着美国的法律思想超乎半个多的世纪——只要当法律还不得不去从事商业以及工业上之贸易之时。而如若此种非基督化之倾向，身披自然法与自然权这些神圣名词之外氅时，不可避免的是要招致一种法之法利赛人主义*(legal Phariseeism)。

从事实看,上一个世纪的许多个法官,汲取十八世纪思辨与理性观念的哲学家思想,他们将自然法以几何法来等观之。而当其时之英格兰法官们正怯于去声称自然法箴规之无上与绝对性,而美国的法官们却过于鲁莽地将观念之物(matters of opinion)提升到自然法层面上——甚而将其之偏见视作不变之箴言——如是,他们则落入贫瘠不毛之概念主义之框框以及一种机械教条的法学知见中去了。 132

而当这种个人对于自然法之沉思,其从源头活水、温柔谦抑之基督教传统之中剥离出来后,其后果无疑会是主观的、反历史的、非真实性的以及有时甚至带有荒谬可笑之面相。人性,多么虚弱且有邪行,若不将向上之影响与来自启蒙之正面的光芒投向于它——它极易将其中之骄傲、贪婪、无知以及残酷等倾向以某种自然法之名义而予以理性化。

例如,由 1872 年田纳西州最高法院所判决的州诉贝尔(State v. Bell)一案[245]中:一个白人男子与一名有色人种女子在密西西比州结为永好,而这桩婚事在当地是合法的;随后,他们前往田纳西州居住——而在那里,不同肤色人种之间的通婚(miscegenation)却在法律名下被视为犯罪。这个男人被起诉,但初审法院却支持了他——因为他们在密西西比州是合法的结合成婚姻。后由于州的上诉,判决被推翻了。法庭承认了一项

---

* 即以面目虚饰伪善之出现。——译者注

[245] (1872) 7 Baxt. 9, 32 Am. Rep. 549.

普遍的规则:婚姻在一地合理在别地也应如是认可;但是认为这一普遍规则不得不面对那些仅仅是形式上不同且并不适用于那些违背于一州公共政策与善良风俗之婚姻。特奈法官(Turney)代表法庭修饰了他的意见:

> 若被告要求扩大使用这条规则之适用范围,我们在田纳西州可能承认父亲与女儿一起居住,儿子跟着母亲一起住,兄弟姊妹住在一起——在一种合法的婚姻家庭关系之中——在一州或一国中并不为禁止。但在土耳其伊斯兰教那里(The Turk or Mohammedan),男人可以拥有位数众多的老婆,建立起自己的后宫于圣殿门口(his harem at the doors of the capitol),但我们无法救助这种现象。再没有比这更让人讨厌,更让人避之而不及,或更为不自然、反人性(unnatural)而甚于我们面前的这个事例的了。
>
> (衡平法院)大法官肯特提到婚姻契约应是稳固与合理的——在自然法以及市民法上皆然。

我并非质疑这类判决——它以社群共同体之和平与秩序为合理理由是可行的。人们不能以暴风骤雨式地根除根深蒂固之
133 流行偏见或期待民众一夜之间全体文明化。然而若我们将一桩现代式婚姻与多妻制及乱伦作比较却是荒谬的;且以自然法为名来论证法院于其中之立场,亦是让人震惊的。

当有一个人记得“自然法”这一名词是如何随便被议及——

对于任何各种荒诞愚昧想法,都借予一种普适制裁之观念——一个人就能明白为何具有强烈道德直觉之法律人,当其提到自然法时,会充满如许之敌意:例如,于边沁而言,所有诉诸自然法的都“不过是一种妇人式的抱怨及孩子气式的争执,它肯定会让人恼火且绝不能说服人,——‘我认为,立法机关不能这样做——我认为,它可以。我认为它若如是则超出了其权威的边界——我认为,它并没有。’这显而易见是,如果争论双方以用这种方式,那么这样争论下去,只会让彼此感到恼火与困惑,并会因争执不宁而没有最微小一点机会曾去达成某种一致意见。这无异于用一种模糊不清的以及同时一副强词夺理之模样,去表达对立的论调,甚至是情绪化的事物,而他们双方都不会认真地去探究争论背后的那些根由”。[246]

我无需过多置喙于所有那些对于自然法之冷嘲热讽。H. 劳特帕特(H. Lauterpacht)教授对此一点确有一个公正之觉察:“为了维护既微不足道又是极不公正的理由而对自然法观念加以滥用,已经引致了许多对于它之不耐烦的拒绝。这可能是主要理由:即为什么一个如杰里米·边沁那样重实践的改革家、伟大的法官如霍姆斯先生,以及如汉斯·凯尔森那样杰出的法哲学家——所有那些社会进步论的信奉者,给予自然法之尊重可以说是微乎其微的。然而对于一个事实或潜在地对于理性是宽容的观念之拒斥——它将会或已是带着一种对于唯实主义之滥用之

---

[246] “A Fragment of Government” in Bentham’s *Works*, ed. by Bowring (1843), Vol. i, p. 29.

况味了——它常引导人们去击溃之。”[247]弗里德里希·波洛克(Frederick Pollock)爵士触及了这一误解之真实根由，他写道：“如果边沁能懂得自然法的确真如其在中世纪之概念，他会不得不用更为敬虔之态度去提到它了。”[248]然而对于自然法无知之追捧(the ignorant advocates)甚至对其之陨黯(eclipse)负有更多的责任。

事实是自新教改革(the Reformation)以降之现代思想越来越
134 漂离于经院哲学的传统(the scholastic tradition)。经院主义(Scholasticism)，这一语词成了被斥责、羞辱(reproach)的代名词——当然缺乏一种对于它事实上所意味的以及所代表的之最微末理解的时候。在十八世纪，即所谓“启蒙时代”——理性主义成为今日之主流秩序。而现如今之理性主义基本教条，正如教皇利奥十三(Pope Leo XIII)所阐述之，它不啻是“将人类理性推崇至极致，却拒绝服从于神圣与永恒的理性，其宣扬自身之独立及构筑自身乃以最高原则与渊源及真理之审判”。[249]

人类理性，宣称自己独立于神圣理性，去寻求法律制度之根本基础，却发现它在社会契约形式中的那些流行意志里面。所以理性主义从实在意义上看，只是对于一种潜藏的意志论(voluntarism)之理性化罢了。

或许“普遍意志”(“volonté générale”)与社会契约这一教义，

---

[247] Lauterpacht, *International Law and Human Rights*(Praeger, 1950), pp. 108 – 9.

[248] Pollock, The History of the Law of Nature, *Columbia Law Review*, Vol. i (1901), p. 22.

[249] Encyclical Letter *Libertas Praestantissimum.*

只是针对王权专制意志之一剂解毒剂罢了。这一学说推理认为：多元意志结合在一起工作，能够平衡与缓冲彼此，而使彼此的特质与倾向或变化能得以被中立化；这一经验事实是这一学说的理性内核；而若当这一普遍意志学说，假定一个绝对主义者之立场，它就会蒙蔽我们的双眼，而看不见理性其作为在人类事务正当性(rightness)之最终标准之不可或缺性。因为归根结底，个人意志之繁衍从不能将意志转变为理性。甚至一个群体的集体意志，并不一定比一个单打独斗之个体意志更能合乎理性。

理性主义——缘起于将人类理性提升到上主之宝座前，终结于无条件地让位于赞成意志论——不论国家之意志、独裁者之意志，或者市民个体或无产阶级之意志。在过去的几个世纪中，整个世界变得有那么点像一个重病患者在床上不停翻滚着，从右到左，从左到右，从一边到另一边，并不能稍许缓解其痛苦。而现代世界之全体文明，好像是建在沙地上之壮美的空中楼阁(a magnificent edifice)——它并不能通过建得更高而拯救自己，除非归返到本源处，且恭顺匍匐在耶稣之脚下让其作为自己的奠基石。 135

美国法学不得不为欧洲流行思想所影响。开始时，它通过强调自由企业精神臻其极致的方式，在鼓励这个人口稀疏之大洲的自由发展方面运转得很不错。财产权之绝对安全稳定的观念以及合同绝对自由，在一时是没有什么问题的——当收获甚丰而劳动者寥寥之时。为了在大自然开垦拓荒，而去接受这些话看来并没有什么舛误：

“简单的筹划是，
他们推选那有实力者，
及他们应当拥护有能耐的人。”[250]

而在十九世纪的后半叶，当产业主义(industrialism)已经大大地发展了，而人口也得以迅猛激增——就其时，这一计划变成为一股多样性的，是冲突磨难与艰辛的丰沛来源，且其应已降至一个更为理性之筹划。然而不幸的是，其之巩固强化之时正逢达尔文主义(Darwinism)和斯宾塞式的个人主义(Spencerian individualism)开始在美国人头脑中发挥巨大影响。

在一部合作的书《企业时代》(*The Age of Enterprise*)中，柯然(Cochran)与米勒(Miller)这样地说道：

由英国人赫伯特·斯宾塞(Herbert Spencer)最为彻底地得出这种“进步”哲学，其在美利坚获得了成功超过了以往任何一种哲学能如此风靡于一个国度。对一代人来说不可思议地醉心于争相逐利于工业文明之财富——其给予自由竞争以普适认可。在一个崇拜科学的时代——它“合乎于科学地”不停歇地盘剥拓殖、开发利用而辩护。恰好能同气相求于美国商人们之热望旨趣——它为他们提供一种信仰与思想上之指引以完好

[250] 为 Chancellor Pitney of New Jersey 在 Meeker v. City of East Orange (1909), 77 N. J. L. 623, 74 A. 379, at 385 中予以引用。

> 地维持他们之生活理念。当他们满心希望时，充满无限膨胀的乐观情绪；而当他们遭遇到困境，其来“证明”艰难困苦是达至进步与成功的唯一道路；当他们心生犹疑时，它用一种表面看来是无可辩驳之证据来舒缓这些困惑。他们之贪婪——它当做是普世间生存挣扎之一部分而为之辩解之；而它将他们之财富神圣化为“最能适者生存(fittest)”的一种符号。[251]

这一对于自然法的有害版本，占据这些法官之头脑达到如此之程度，以至于所有有志于改善穷困者之生存处境之社会立法，136 却被法院认为违背法律正当程序而判之违宪。

耶稣会士马斯·本杰明神父(Father Benjamin L. Masse, S. J.)，其对于斯宾塞个人主义哲学在那段岁月里于美国之巨大影响曾有过评注，我想撷取他那个绕有意趣之观察视角：

> 这好比是一剂强心针——从自由经济(Liberal Economics)及达尔文进化论(Darwinian Evolution)酝酿而生，它使1870年至1890年那几十年间许多甚有影响力之美国人陶醉。受过良好教育的圈子深深沉醉于这种新的长生不老药以及点缀着一些最有说服力的倡导者(apostles)，这其中有哈佛大学的艾略特(Eliot of

〔251〕为 Rev. Benjamin L. Masse, S. J.，在他的小册子 *Economic Liberalism and Free Enterprise*, The America Press, 1944, p. 20 中予以引用。

> Harvard)与哥伦比亚大学的巴特勒(Butler of Columbia)——根据斯宾塞的福音。参议员亨利·卡伯特·劳奇(Henry Cabot Lodge)竭力去遏止滑铁卢·威尔逊(Woodrow Wilson)的"新自由"之时尚潮流,以毫无愧色地从《人对国家》(*Man Versus the State*)那里借用来的话来作论证——先知主要著作(the Prophet's principal works)之一种。当第一次阅读到斯宾塞时,安德鲁·卡内基(Andrew Carnegie)竟惊呼道:"大的光如洪水涌来,一切都洞明了般。"且如霍姆斯大法官所证示的,甚至连最高法院也于当时缺乏了其司法上之镇定,而将这名英国哲学家事实上纳入国父们之列中。[252]

当然,美国并非这一潮流之孤独弄潮儿。整个西方基督教世界的主流阶层,都在追赶、追踪异教的神——最为出名的是那个所谓的金牛犊(the golden calf)。我几乎无法想像出一种比之更为糟糕的造物了:一个人既亲吻上帝,而在心里却又崇尚玛门*。通过批准那些冒以自然法与自然权利为名的残酷竞争——这种法律倾向于强化在一个号称对一切维持一种抽象与形式之正义与公平的大氅下之一种经济与社会上之不平等!

---

〔252〕 Benjamin L. Masse, S. J., *Economic Liberalism and Free Enterprise*, The America Press, 1944, pp. 20–21. 马斯神父(Father Masse)以赞同引用了霍姆斯大法官的话:"第十四修正案(The Fourteenth Amendment)并没有扮演赫伯特·斯宾塞先生的《社会静力学》(*Social Statics*)之角色。"(同上引,第20页)

* 玛门(Mammon)在新约圣经中用来描绘物质财富或贪婪,在基督教中它掌管七宗罪中之贪婪。——译者注

通过运用亚当·斯密以及李嘉图(Ricardo)理论,来论证自然法之统领人与人之间的经济关系,法官们将头脑完全埋没在法律技术(legal technicalities)之沙圜里,完全淡忘了社会现实;结果是法律被不知不觉地降格为一种人之贪婪的不知情的共犯。以安纳托·弗朗斯(Anatole France)的话来说就是"法律,以其之伟大、庄严、壮丽之平等原则而禁止富人以及穷人睡在桥墩下,沿街乞讨,以及去偷面包"。[253] 他们并未实现诺廷顿法官(Lord Northington)所说的:"真正来说,处于饥寒交迫中之人(necessitious men)其并非自由的人,为了应对眼下的紧急状况, 137
会投降于任何类似狡猾、狡诈(the crafty)之类的指称。"[254]

有时候能够发现法官他敏锐意识到现行法之不唯实性(unrealistic)的本性而给他满肚子的正义感以出口。据载在上个世纪中叶一个英国的例子中,毛勒法官(Justice Maule)说了这样一番话:

> 被告人,你已经被以重婚罪(bigamy)起诉,也就是说,同一名女士结婚而当时你太太还在世,虽然事实上她已经遗弃了你且与其他男人通奸。因此,你已经触犯了你们国家之刑法,且也是在一种对于你本应该追求的过程之非常严重的误解之下做出的。所以你应当已经去过教会法院(the ecclesiastical court)且得到一个针对

---

[253] 为 Chief Justice Vanderbilt 在 *Law and Government in the Development of the American Way of Life*, p. 16 中予以引用。

[254] Vernon v. Bethell (1762), 2 Eden 110.

> 你太太的夫妻分居(a mensa et thoro)的传令(a decree),这样你就可以在普通法院起诉并得到赔偿——毫无疑问你会从你太太的情人(paramour)那里得到的损害赔偿。由这些判决所保护,你应当已接近于一项立法——其给予你以自由,且合法地有能力去与一个人结婚而无这样的限制。甚为正确的是,这些个程序耗费太多银子,而你又无几个铜子。然而因为法律知道富人和穷人之间在法律上并没有什么区别。法庭对于你之判决因此会是:你会被判一日监禁,而这一期间已经被超出了,因为当庭审开始时,你已经处于被羁押(custody)中了。[255]

这段引述已经足以让我们对于法律平等观和经济平等观之间显著的矛盾,有了一个吉光片羽之窥见。但英国议会在改革法律方面有更为自由灵活之手腕所致,并以法律手段带来一种更大程度之社会正义;如此之大,以至于 A. V. 戴雪(A. V. Dicey)在他那刊行于 1905 年的《十九世界英格兰法律与公共观念》(*Law and Public Opinion in England during the Nineteenth Century*)之中,已论及了后半个世纪乃是盛行“集体主义”之时代。

而在同一时期,美国法学界却呈现了一幅完全不同之景象,
138 因在这期间正是个人主义达臻全盛之时。

---

〔255〕 参见 Holdsworth, *History of English Law*, 1st ed. (1927), Vol. I, p. 623。

第十四章
于理性主义与个体主义之反击

上世纪的美国法官，就我所知之范围——无一人会是熟稔托马斯·阿奎那关于思辨理性(speculative reason)与实践理性(practical reason)之区分的。对于圣托马斯来说：自然科学(physical sciences)属于思辨理性之范畴，而法律学则属于实践理性之范域。思辨理性是针对那些必然事物(necessary things)——它们不能成为其他不肖似它们自己之事物，且因此也有相似之必然性在它的普适原则及它的特别的结论(particular conclusions)里面。而在另一方面，实践理性则处理那些偶在事件(contingent matters)——在这方面，人之所作所为、人的行为被思虑着，其结果是，虽则普遍原则中蕴藏必然性，我们越是屈从于事物的细节，我们就更少发觉那种必然性。而人类法并不能——由事物之本性观之——拥有准确无误的科学论证的结论：并非任何一条规则都需要具有最终之无误与确凿——当它的分类是充分的时候才可以实现。例如,作为自然法之箴规(a precept)“吾辈须为义”——而此之“义”(正义)中又蕴涵着给予每个人其之所应得的——不可移易与必要之原则。然诚如圣托马斯之所云:“驯于正义之责任、义务(obligation)是真正恒久的。然由人或神圣立法(divine enactment)所作而何为公正之决定,则须加以区分——亦即根据不同国度之国民。”[256]须被记取的是,法律本质上来说就是导向于公共之善之理性法令(an ordinance of reason)。因其乃一目的论之论断,而非乃一机械之科学;它必然是合理的,但却非
139 理性主义的(rationalistic)。

这些理性主义者,摆脱了经院哲学(scholasticism)的可靠传统,彼此争斗,从他们自己的所谓想当然去构织整一个自然法之体系——从最普适的原则到一些微小细节。他们太凭仗于人之理性了。而其悖论的是,也正是十八世纪的司法理性主义(juridical rationalism),导致了十九世纪之司法实证主义(juridical positivism)。对于前者司法理性之拥趸们相信人的理性之能力能够计算出完全的代码。欧洲国家的立法者,接受了这一暗示且力图将这一理论予以实践。他们确信“制定法规则实体如许完整与完善,使得法官仅只需选择那些为手边案子已经准备好的法律……”[257]《大弗里德里克法典》(The code of Frederick the Great)就是据此理论而被拟定。此之意图是为了给所有偶然的情

---

[256] *S. T.*,I-II,104.3.ad 1.

[257] Pound, *The Spirit of the Common Law*, p.178.

形(all contingencies)提供如此详尽的细节,以便将来不会产生不必要之疑惑。如舒斯特(Schuster)所说的:

> 这种法之塑型(stereotyping)——与一个完美体系可能被想象出来的自然法教义适相一致,对它来说没有什么变化是必然的,且其可被彻底、一劳永逸地予以设立——以使对于任何可能的情势变化与综合都是可行的。[258]

在美国,这种理性化之概念,发挥了深刻之影响。虽则并没有法典,法官们将普通法设想为"普天之下,莫非普通法"(a brooding omnipresence in the sky),[259]——而非是像一棵树木那样不得不从一季到另一季地生长。每一个案例,不论其新奇或复杂——在理论上都为普通法所覆盖,故此每一个判例应只有一个合乎逻辑的决定。因反对这种心智(mentality),霍姆斯大法官反感不悦。他说道:"有一次我听到一位很知名的法官说,他从未让一桩裁判作出,直到他能够绝对确信它是对的。所以,司法持不同意见者(judicial dissent)常受责备——就好比它只是简单意味着一方或另一方并没有达到全体一致意见,且当他们会带来更多的麻烦,一致意见就会不可避免地到来……然而确定性从普遍看来只是一种幻象,且静阒或静默(repose)非然人类之命运。在

---

[258] Pound, *The Spirit of the Common Law*, p. 178.

[259] Justice Holmes in Southern Pacific Co. v. Jensen, 244 U. S. 205, at 222 (1917).

140 这一逻辑形式背后存在一个判断：根据相对价值及彼此竞争之立法理由之重要性……”[260] 在这一点上他是正确的，因其谈到了对具体案件之判决，那是建立在人性对于自然法之决断（human determinations of the natural law）基础上的；而这些，据圣托马斯理论很少能够，如若曾是，去主张绝对的确定性。然当霍姆斯一道否定了自然法，他无疑亦陷入了卡律布狄斯而避开斯库拉 * ——其之未知习圣托马斯无疑是一个遗憾。[261] 如果他早就知道，他可能就不会将婴孩和水一道泼将出去了吧。

然而，我必须指出一种现代美国法理学的嘲讽气氛。设若一个人去研究有关社会立法之类，此人就会发现一个一般规则：那使用自然法之名的法官们作出了错误判决；而怀疑自然法的法官们却得出了与教皇之两个伟大通谕（encyclicals）——《新事》通谕

---

[260] *Collected Legal Papers*, pp. 180 – 1.

* 希腊神祈。斯库拉（Scylla），希腊神话中的女海妖，与另一著名海妖卡律布狄斯（Charybdis）分别驻守在狭窄的墨西拿海峡（Strait of Messina）两侧。海峡间距很短，水手们往往绕过了一个就会不幸落入另一边手中。处于两者之间，意即处于两种危险之间，选择哪一个都会带来害处。——译者注

[261] 在一封写给拉斯基的信中，他写道：莫里斯 · 柯恩（Morris Cohen）曾建议他拒绝从事对于圣托马斯之研究，让他感到如释重负（exonerated）（Letter dated Sept. 15, 1929）。而于霍姆斯的一个最为公允之评论，可在彼得 · J. 斯坦利斯（Peter J. Stanlis）博士新近登于 *University of Detroit Law Journal*（Vol. 18, p. 163）的文章中找到，在那里，他评论了霍姆斯对自然法之否定；斯坦利斯博士还加上这样的话，“然而自然法是拒绝被抛弃的，在（霍姆斯）其生命的终点（虽未获承认），霍姆斯法律实用主义（legal pragmatism）的长廊上，仍然游荡着其之于道德语词保持缄默的语气”。而在我心目中，可以说这是整一个悖论吧。

(*Rerum Novarum*)以及《四十年》通谕*(*Quadragesimo Anno*)相一致之结论。什么是作为这两种不同现象之原因呢？看来是多重的：首先是，自由放任主义(laissez-faire)的经济原则，不干涉主义的经济原则——当它或许曾服务于某个特殊年代之目的与需要，因此在某种程度上颇具历史正当性——而其从不能被认为是一种不可变的自然法诫律。其固然有助于美国去发展其光辉灿烂的工业文明，但于其时，工业文明相较于手工业时代而言，却已带来了一些未知的新问题。新形势需要法律以新的手段去规制之，然大多数的法官只知旧法和陈旧的那些理论——他们将它等同于自然法。其次，正义概念是不充分的：他们仅知正义之一种形式即交换正义(commutative justice)——看来似乎并不知晓分配正义(distributive justice)。而通常来看，又仅交换正义被卷入判例的裁判之中——它对于法官而言并不是偏离他的日常轨道去管理，履行分配正义——因为它们主要是立法者之任务。然而那些保守派的法官们在大转型期之过错，在于他们未经授权专断地干预立法者，而仅仅是因为这种正义形式于其而言还尚属陌生罢了。

让我们看一个例子。在伊夫斯诉南布法罗 R. R(Ives v. South Buffalo R. R.)一案中，[262]法庭宣判1910年的纽约劳工赔偿

---

* 《新事》通谕或劳工通谕为教皇利奥十三世(Leo XIII)于1891年颁布，天主教有史以来第一个有关社会问题的，名叫新事物的通谕，讨论了劳工的生存条件等问题；《四十年》通谕为教皇庇护十一世(Pius XI)于1931年颁布，主要讨论了社会经济秩序的伦理问题。——译者注

[262] (1911) 201 N. Y. 271, 94 N. E. 431.

法(the New York Workmen's Compensation Act)无效。沃纳法官(Judge Werner)说道:"对于每一个公民而言,其不可让渡之权利
141 之一就是:非经正当程序并剥夺或取消——能够占有并享用其财产,直到能借正当程序予以剥夺或取消。当我们宪法在土地法上采纳了这一原则:没有人若并没有过错或过失还需要对另一方所承担的损害负责。"库伦法官(Cullen)加以补充:"这是一个自然律(physical law of nature),它并非来自于政府,课征于一个人当其遇到伤害受损时。人法(Human law)亦不能动摇之。它所能做的就是去要求的给予受损失的一方以金钱赔偿(pecuniary indemnity),且据吾所知,无甚原则在此之上可使得一个人被强制去赔偿另一方的损失,除非其基于合同之义务或过错。"

考量到这些司法判决,西奥多·罗斯福总统(President Theodore Roosevelt)在《瞭望》(*Outlook*)里面引用了一名"著名法官"的话说道:"在许多美国法院里,不止一个案例有关于这个原则,即财产权比生命权还要神圣。"[263]在那些日子里,立法与行政之部门警惕劳工问题,以及因应适时的手段之需,去改善工人们的生存条件,然而许多法院仍沉迷于个体功利主义(individual utilitarianism)之迷人教义——从自然法哲学之思辨类型之"军械库"中调用任何一种武器来进行辩护。自然法之名在更高水平的法学者们那里受咒诅——他们之嘲讽在于其并不懂那为圣托马

[263] 参见 Kelly and Harbison, *The American Constitution*, Norton, 1948, p. 627。

斯与苏亚雷斯(Suárez)* 所阐发的实践的、合道理的、人性的(human)及演进的(progressive)自然法哲学类型。事实上,由新的法社会学家所提出的社会立法方面的问题,一点也不比列奥十三世(Leo XIII)和庇护十一世(Pius XI)面向社会的通谕(the social encyclicals)中所表达的天主教自然法传统,更为极端或激进的了。

在二十世纪二十年代早期,当时我并不知晓托马斯主义(Thomism)或教皇的通谕(the encyclicals)。但在某些方面我已然认识到霍姆斯大法官之于自然法的批评还是片面的。在我给他的一封信中(1922 年 1 月 8 日),我找到了如下有趣之段落:"法学者们(Jurists),一般讲来,他们在运用术语方面倾向于保守,他们不会放下他们自己的'自然法',除非我们让他们知道,他们只是看见了(visualized)自然法的背影(the back of Natural Law)——正如摩西只是看见了上帝的背影(the back of God);且我们之于自然法之视野(vision of Natural Law),好比是天主的面容——是自始闪亮的、生动的、富含内在情感的,敏锐回应于外在 142
迁变的,且是前瞻于人性之福祉(the welfare of Humanity),这是更为真实的自然法视野。"

当我写下这些话时,我认为它就是有关自然法的一种新观念。然而三十年之后,当我开始研习圣托马斯法律哲学之时,我却感到似乎我心中的这棵小橡实,已然长成了一株壮美的大

* 弗朗西斯科·苏亚雷兹(Francisco Suárez,1548—1617 年),西班牙耶稣会士,被一般认为自托马斯·阿奎那以后的最重要的经院哲学家和神学家。——译者注

橡树！

言归正传，本世纪最初的那几十年里面，尽管霍姆斯、布兰代斯（Brandeis）、庞德以及魏格莫（Wigmore）等几位已经是法哲学新流派的先驱，然当时缺乏头脑和视野开阔的法官们，即使在某些新流派之外的劳工问题领域——这牵涉到大多数人的生存生计问题——这属于在两个个体之间的合同关系这个完全不同的范畴。例如，皮纳（Pitney）法官在工人赔偿案中（Workman's Compensation）一案中，将工业视为在雇佣者与受雇者之间的一种合作的事业。他如下说道[264]：

> 雇佣者和被雇者通过合意，参与到一个意欲对双方都有利的共同合作中去；受雇者付出了个人劳动和服务以得到相应的工资，且通常，没有其他的；雇主要提供厂房设备、设施、组织机构、资金、信用资质，掌控和管理这一运营过程，并支付工资及其他开支，设定商品价格以求利润最大化，拿走所有可能之利润，及作为必要之义——承担全部的亏损责任。事实上，这里多少有一种可能性：在雇佣期内，受雇者在一些突发工伤事故中可能会失去性命——而抛下他的媳妇或年幼的孩子而被剥夺了天然之经济支持……这是一种在商业运营以外所产生的损失，而却被记在运营的费用账上，是一项运营的费用（an expense of the operation），正如同维修破损

〔264〕 *New York Central R. R. v. White*, 243 U. S. 188, at 203 (1917).

> 机器器械之开支或任何其他一般由雇佣者所支付的开支……这平常不过了，根据自然正义，对于国家来说并非不合理……去要求企业主拿出一个合理数目，且根据其合理与明确之规模(definite scale)，不考虑疏忽责任问题，而通过对发生在一般企业里之盈利活动所产生的损失进行赔偿之方式——取代将整个的损失责任留给——有可能发生的，即由受伤的被雇佣者或依其生存 143
> 的家人承担上。

最后，皮纳法官指出：无过错即无责任(liability without fault)，在普通法中并非一个新鲜事物：无过错即无责任(no liability without fault)当是一个合理的普遍规则。然其并非适用于事关工人生计(livelihood)之工业领域。正如布兰代斯法官所说，有一些法律试图履行个体正义，而另一些则试图合于社会之正义(social justice)。其有不同之适用领域。[265]

在这一个联系上，值得注意的是，在过去的三十年间，美国的社会经济思潮——在个人主义与集体主义之间，已逐步走上一条“中庸”道路(a middle way)。

这为美国新教教会最近的会议所采纳的社会经济生活的十三条“准则”(norms)为新近美国新教大会(Conference of Protestant Churches of America)所采纳。[266] 于我而言，是当今美

---

[265] New York Central R. R. v. Winfield, 244 U. S. 147 (1917).

[266] 正如在 the *New York Times*, Sept. 16, 1954 所报道的。

国观念的普遍共识中极具有代表性之观念。我会选择三条“准则”来例之。这些准则看上去赞同天主教在相同事项上之立场：

> 1. 所有经济制度之上的伦理要求，必须考虑效率以及生产力的重要性，以期满足人之需求，作为合理经济制度的本质标识，是去谋求最大多数人的最大福利。
>
> 2. 基督徒们应当在某种状态中工作：在这其中，所有人都已接近最低生活标准(a minimum standard of living)。这样一种底线标准，应当是充分地去允诺应许之于全体健康之关心及之于社会弱势群体之妥当保护：设若孩子、疾患者、年长者以及残疾人；它亦会保护健全者(the able-bodied)去抵御那超过他们控制范围的风险危害。
>
> 3. 既然许多财产形式的私人所有权，是对于……一剂兴奋剂(a stimulus)去增加物品与服务之生产以及保护个体之自由，在我们人民中广义的所有权应当被鼓励之。但这里还有在获得财富的途径之间以及在使用财富的途径之间，有根本的道德差异；财产权，社会地位亦然——其给予人们影响他者生活和经济状况之重大能
> 144 量，而被要求以持久之道德审视(moral scrutiny)。

第十五章

朝向人格主义

或许法学最重要与棘手之问题,就在于如何于个人利益与社会利益之间划出一条黄金分割线,如何既超越于个人主义(individualism)与集体主义(collectivism),且又将它们带入至关重要的以及哲学的综合上,而非去满足某种临时的妥协。最为突出的是庞德院长*,他是最早反对合同自治原则滥用的那些人之一,应当在最近表达过一份警告,去反对爵瑟兰(Josserand)所称的“契约式之国家干预主义(contractual dirigism)”。[267] “我们难道不会对(普通法

---

* 庞德(Roscoe Pound,1870—1964 年),美国法社会学学派的重要代表人物,曾担任美国哈佛大学法学院院长。——译者注

[267] 庞德的文章《契约自由》[Pound's article on "Liberty of Contract," *Yale Law Journal*, Vol. 18 (1904), p. 454],其乃之于自由放任主义(the *laissez-faire*)法哲学最好的批判之一。1951 年,他发表了一篇论文关于“美国法的发展及其对英格兰法之背离”(The Development of American Law and Its Deviation from English Law)(*Law Quarterly Review*, Vol. 67),它是对于过多政府主义(too much government)之最好的批评文章之一。庞德院长(Dean Pound)在文中并没有改变自己观点,而是保持了他的平衡与中庸。

之)传统怀有信仰:它将会持续积蓄力量去抵制世界经济一体化之影响及在这样一个总体的大的叙事中看不见个人这个维度;而且服务型国家(the service State)的趋势,是要成为全能的极权主义者,这样来保证英语世界国家所一直主张的,自由作为一种与生俱来的权利。”[268]然而为了保存普通法之传统,我们首先要做的是披沥一场精神上之启蒙运动且而后折返回柯克、圣托马斯·莫尔以及布拉克顿的那个伟大传统中去。最后我们必须清晰地抓住经院哲学关于公益之理念——它在普通法起源时,就作为基础而存在着。

公益、共同善,并不仅意味着国家的集体善——它总括了且首先涵纳了所有个体的善、普适地把人作为人来看待。为了辅助
145 导向这些善,法律必须认可且保护人的基本权利——庇护十二世(Pius XII)如下列举如下:

> ……保持与发展身体的、智力的以及道德生活的权利,特别是宗教培训与教育的权利(the right to a religious training and education);在公共与私人领域里崇拜上帝的权利、包括从事慈善工作的权利;原则上,缔结婚姻以及实现结婚目的的权利,由婚姻家庭产生社会的以及过家庭生活的权利;让工作为必要之手段以维持家庭生存的权利;自由选择生活模式之权利,以及由此僧侣的与宗教的国度(the priestly and religious state);使用

[268] *Law Quarterly Review*, Vol. 67, p. 60.

物质财富的权利、服从于它的内在天职责任与社会条件之制限。[269]

看起来这份人之基本权利清单，足以海纳百川地涵盖到生而为人之三种主要的和不可让渡之权利——生命、自由与对于幸福之追求。

值得一提的是，关于“使用物质财富之权利”，教皇（the Holy Father）他赶忙加上了这样一些话语：“即要服从于它的内在天职、道德责任与社会条件之制。”物质财富，从未被任何教会或真正基督徒当作其本身是具有目的的，它们只不过是达到更高目标的手段罢了。关于物质财富，圣托马斯说过“公益优先于私人善（private good），如果它们属于同一个门类的善；但从普遍意义上来说，私善更优。”[270]从另一个方面看，严格意义上的个人权利，正如崇拜上帝的权利，应从不为国家以公共善的名义予以干涉——简单来说，是因为它们乃隶属于更高的秩序范畴而超乎于国家的那些物质利益考虑的。

对于我们来说极为重要的，是去理解潜在的有关个人财产权制度的基督教哲学基础。基督宗教驰骋于共产主义与资本主义之间的中间道路上（steers a middle course between communism and capitalism）。从一个方面看它认为私人财产权（private property）就其若反对自然法来说，并非是不合法的。而另一方面，它认为，

[269] “The Rights of Man”（1942）的圣诞节广播；Canon Smith 英译。

[270] *S. T.*，II－II 152.4. ad 3.

私人财产所有权——由区分个人所有及对于个人物质财富的分配所构成——其非为自然法所创制、而是应为实体法所规定和设
146 计的。

圣托马斯论证了私有财产权制度，其并非通过自然法之命令，而是借着经验而来的对于后果的思考。其宣称，“有两种因素进入到人的能力中以支配外在事物——管领（administration）与歆享/享有（enjoyment）”。[271]

在管领（administration）的要素上，他提出了如下解释：

> 首先是照管和经营它们的能力，让一个人去占有财富来说是合法的，事实上对人类生存来说是必需的；有三个理由：首先，因为每个人肯定更为悉心照管他自己的而胜过那些许多人或所有人共同的事物；而在后一种情况下每个人都会逃避于工作且留给他人那些涉及共同体（community）的事情，正如我们看到有大量被奴役者（servants）存在之时候。其次，因为人类事务以其更有序之样式——当每一个人有责任去照管他自己的事物，然而这里会有一些困扰：如果任何人并非确定地去照管之。最后，为一个更为和平的国度存衍起见，让每个国民满足于他/她自己所拥有的。因此我们发现，争执更常起于那些共有而非区分对物品所有的人们

---

〔271〕 *S. T.*, II – II, 66. 2. *in corp*. 我在这里使用 Thomas Gilby 在他的 *St. Thomas Aquinas: Philosophical Texts* 一书中的翻译, pp. 345 – 346。

中间。[272]

在享有(enjoyment)的要素上,他说道:

人之能力(human competence)的第二个要素是有关于物质财富之享有。人们应当以公益心而非以自私去拥有财富——在这种程度上:当他者在陷入需要帮助时乐意与其分享。因此圣葆乐(St. Paul)说道:亦欲吾人努力为善,富于美德,慷慨为怀,博施济众而已矣。【又要劝他们行善,在善工上致富,甘心施舍,乐意通财】。[273]

基督祂自己也曾说过:“尔其慎之,摒绝一切贪婪,人之生命,不在其产业之富裕也。【你们要谨慎,躲避一切贪婪,因为一个人纵然富裕,他的生命并不在于他的资产。】”他用如下打了一个比方:

复为之设喻曰:“昔有富人,土地所产甚丰,乃自计
曰:‘吾无处囤此物产,将如之何?’曰:‘有矣,吾将毁诸 147
仓,而另建大者,以储百谷诸货。’吾将宽慰吾魂曰:‘魂乎,尔有丰财,足供馀年,此后可安心饮食,姿*尔宴乐。’

[272] *S. T.* ,Ⅱ－Ⅱ,66.2.

[273] *Ibid.*

* 放任、纵情。——参见吴经熊先生在氏译《新经全集》中对于此条之注释。——译者注

讵天主谓之曰:‘愚人,今夕欲索尔魂,尔之所备,将谁归乎?’凡厚积私财,而贫于天爵者,皆此类也。”(新经全集·福音露稼传 12:15 –21)【耶稣对他们设了一个比喻说:“有一个富人,他的田地出产丰富。他心里想道:我可怎么办呢?因为我已经没有地方收藏我的物产。他遂说:我要这样做:我要拆毁我的仓房,另建更大的,好在那里藏一切縠类及财物。以后,我要对我的灵魂说:灵魂哪!你存有大量的财物,足够多年之用,你休息罢!吃喝宴乐罢!天主却给他说:胡涂人哪!今夜就要索回你的灵魂,你所备置的,将归谁呢?那为自己厚积财产而不在天主前致富的,也是如此。”(思高版路加福音 12:15 –21)】

对这种现代人思维和心灵世界的碎片化之实存,所有这些话语看起来都彻头彻尾与法学无关。然而教父们并不如此这般认为。在有关这则寓言的训谕中,圣贝西尔(St. Basil)评注道:那些以为……那些认为他们所抓取之公共财富是他们自己的财富的富人们——正如那些提前到了剧院的人们,排斥拒绝其他人且占用那些本为了公共用途的地段。[274]

在这里,圣托马斯对于圣贝西尔之观点作了一个很出色的诠解。他说道:“人是不会行事偏颇不公正的,若他事先到了剧院是为了为其他人行方便而疏通过道;而要去阻碍来剧院的其他人之

[274] *S. T.*, II – II, 66. 2. 2.

享有是不公平的。相似地,一个富人并不是不合法:如果他一开始就圈存起那些本该属于共有的但也给予其他人以份额。而他有罪过,如果他任意不加区别地排除他者从其中受益”。因此贝西尔说:“当他人乞讨时,汝何以能腰缠万贯而心安理得,除非这种情况是:汝可以获得好的看管人(stewardship)这种德行,且被冠以耐心坚忍之回报?”[275]

每个人都知道代管者、看管人这一概念或者信托(trust)这个理念,在整个普通法体系之中占据了多重要的地位。国家本身被视作公共财富之受托人;我们没有理由不将所有的私人财产所有权委以公共利益之一种信托来考虑。暗含在基督教生命哲学中的这种观念对于我们来说将会变得清晰起来,如果我们读一读托马斯·加凡纳(Thomas J. Kavanagh)接下来的话,这是我在新近新泽西州的一桩判例中发现的[276]:

> 任何一种平衡仍然持存保留下来,且不会为了任何直接之目的而被置之不理——它被用于帮助那些贫穷与不幸的人,及救济或有助于救济那些身陷贫困或不幸之中的人,并提供给他们尽可能多的生活帮助与安慰, 148
> 但不应当用此来获利或获取什么;正如在我的意愿和想

---

[275] *S. T.*, II-II, 66. 2. ad 2.

[276] Litcher v. Trust Co. of New Jersey, (1935) 93 A. 2d 368, at 373. 读者们会感兴趣想知道信托理念,在普通法中扮演了至关重要的角色;它发源于十三世纪之英格兰,当时方济会修士们(the Franciscan friars)明确拒绝拥有任何财产,故其捐助人(benefactors)常不得不以巧妙之策,将他们财产转交到市镇上以为修道士们之“使用之便”。

> 往里面，我在这个世间所拥有的舒适度与愉悦上之善，那都是万能上主赐予我的——它仅仅作为一种信托以来回馈及帮助那些在生命里还未曾如我这般歆享到恩宠的人们。

这段话较完善地表达了关于私有财产权的基督教哲学，它是达致目的之手段。这一目的是双重的：首先，它满足于私权所有者自身之合理需要，且在这些需要之上的，它须在为了公共善的对于上帝的信仰之下。由此，我不仅是在阐述一种法治的自发性——而是一种普适的立法哲学，它经由立法艺术来推行实施——其之北斗星辰（lodestar）是公平与合理之理想。

在上帝和法律之下的最高思量就是人的良善存有（the well-being of man）——为身体、智力、道德以及精神上的。所有这些事物——有形物质的、肉身的或非肉身的（corporeal or incorporeal）——其为了法之终极目的而寄寓于这种信靠之中——它们隶属于分配正义之领域。

在新近的一个判例中，首席法官格利佛斯·史密斯（Chief Justice Griffith Smith）说得很好："主权者之地位——是一种为了公共善而举事之受托人形象……"［帕克诉摩尔（Parker v. Moore, 262 S. W. 2d 891, at 193）案］。我肯认这接近于基督教关于服务（stewardship）之概念了。

教皇还说道："社会生存的源初以及本质之目的，是为了保存、发展及完善人之位格(the human person)。"[277] 宗教与伦理直接有助于实现此目的。而人法,达于此目的之途则更为折曲。在教皇的话中,即通过提供,假如、倘若"……那些外在的条件对于市民作为一个整体去发展他们自身之质素及在生活、财富、智识及宗教的任何之领域完成他们的职责来说——乃是必要、不可缺少的"。[278] 事实上能够且能有效贡献于"公益(共同善)之恒久实现"。

法律,乃是为了人所创制的,而非人徒以法为目的。所以就终极言之,法之目的,不可或缺于对人之终极或人之目的之关照。但什么是人之目的呢? 如同圣托马斯所由观之,其蕴含三重之目的:德性之实行(the practice of virtues),人与人之间之友善,以及悦乐上帝(the enjoyment of God)。"因为人类生活与人类社会之终极在于上帝。"[279] 而法达于此目的之贡献乃双重的:积极地从 149
正面看,其最有效于获得那些传达臻至目的之外在条件;而消极观之,则须使人自由追寻塑造他的合理正当之幸福这三重目的。

约翰·怀特主教(Bishop John J. Wright)描绘公共善、公益(the common good)恰如"所有那些爱良善、爱真和美的人们相互之间的纽带;他们向往善好的事物,而非丑恶;他们寻求人格的私善与国家的共同善(the private good of *persons* and the collective good of the *State*),然而这两者之善德存在于、低于且通过借助于

---

[277] "The Rights of Man." (See *supra*, note 58.)

[278] *Ibid.*

[279] *S. T.*, I-II, 100.6 *in corp.*

最高的美善(the Supreme Good)——上帝”。[280] 这段话同时意指向伦理与法学之善。罗格·J. 基礼(Roger J. Kiley)法官从人法角度说道,“世俗之愉悦享乐在一个治理良好的共同体里面,非乃人之终极目的。而人法亦不以这个来预设人之终极目的。其瞩目在于次要而附属的目的:人们在一个和平与有序的共同体中良善地共存,会是幸福快乐的,且为彼岸(in a life hereafter)与上帝共在之圆善(perfect happiness with God)而奋斗”。[281] 据其目的论背景,我们可以很容易看出:天主教法哲学,其既非集体主义的、亦非是完全个人主义的。

所有人法都注定要去爱上帝与爱邻人。通过这一条标准,我坦诚地说:不要过多去苛责现代美国普通法之景况或实践条件。甚至“服务型国家”(service State)之出现,看起来并不会粗鲁干预到我们之自由——假使政府与人民都共同地牢牢记得:仆人(国家)绝不可能变成主人。美利坚今日最大问题,并非我们没有充分地拥有自由,而是为自由填充精神上以及文化上之价值的道路必须找着,且将其变为成为上帝子民之自由。人,乃依上主之形象所造,况且我们律师要以某种更为特别之方式去效仿祂。为了肖似天父,吾等务须培育养护正义;为了肖像于人子(to resemble the Son),吾等须遵从自然法,甚至高瞻模仿于圣灵(to resemble the Holy Ghost),吾等须习得衡平之胸臆。

---

[280] Address to St. Thomas More Society, Harvard Law School, November 16, 1952 (in mimeograph).

[281] Human Law,《神学大全》(*Summa Theologica*)的一篇附录(Benziger, 1948), p. 3266。

在一篇名为“法与精神”之文章中，多明我教会修士理查德·柯霍（Richard Kehoe，O. P.）言道：“是什么应当敦促一名天主徒，使得自然法教义不是别的、正是在其基础之上一种生命秩序（an order of life）得以确立：在此中信教者与不信教者能和谐共处（隔开精神上的以及超自然力的事物）；然而所有有关自然之涵义及 150
其所有的法律——作为一种超自然力（the supernatural）必然发挥其作用的领域，正如提供于身体那灵（the Spirit）所传达之福音。”[282]

这段表述提醒了我，就像托马斯·瑞登神父（Father Thomas Reardon）在其之“为律师们的一场红色弥撒（Red Mass）布道”中所言及：“世俗主义，扰乱与败坏了真爱，因世俗论主义者们仅仅观照到人之物质目的之一端，而基督徒们却在他们合理的视野之中保存了其人生目标与命定感（keeps purpose and destiny）。”基督教之哲学，并非比那些实证主义哲学对于人类来说更少关注于欢娱；它其实内蕴了一种更为富足之悦乐，或曰幸福福祉：它是为了达致更多充裕之正义源泉的自然伴生物（the natural concomitant）。 151

[282] See O' Sullivan, *Under God and the Law*.

第二部分

在基督的学园

发我之蒙，宅心知训。（圣咏释义 119:18）【求你开明我的眼睛，透视你法律的奇能。（思高版圣咏集 119:18）】

发愤守诫，自强不息。祈主使我，心冲体逸。（圣咏释义 119:32）【我必奔赴你诫命的路程，因为你舒展了我的心灵。（思高版圣咏集 119:32）】

我生斯世，如客他乡。

他乡寡欢，惟乐典章。（圣咏释义 119:54）

【在我这客居不定的寓所，你的法令成了我的诗歌。（思高版圣咏集 119:54）】

第十六章
基督与法

太初有道，* 与天主偕。道即天主。（新经全集·福音若望传 1:1）

【在起初已有圣言，圣言与天主同在，圣言就是天主。（思高版若望福音 1:1）】

通常，我们认为耶稣基督是人类赎救者，我们灵魂的牧者以及精神完善的典范与导师。就如它所应是的，因为祂是所有。然

* “太初有道、”老子道德经第二十五章云：“有物混成、先天地生。”“太初”意同于“先天地。”太初有道、若望谓道先天地而有、而非如老子所谓有物混成也。——译者注“道”于希腊文为 Logos、拉丁文为 Verbum、中国旧译为物尔朋、盖拉丁文之音译也。后译为圣言。兹译为道。“道”源于老子道德经。然老子虽以道先天地而生、为万物之母、道之神性则未言也。若望之“道”乃天主第二位圣子、为圣父之显身、与圣父圣道同为天主圣三、一体不分。——以上参见吴经熊先生在氏译《新经全集》中对于此条之注释。——译者注

而祂无限人格的一个方面,却常被忽视——即祂与法律之一种亲密关系。

让我们铭记基督是圣言(the divine Word),是神的理性,通过祂万事万物被造,而没有祂,则无一物所由生。这整一宇宙,与它不息的丰富性、令人称奇之秩序与和谐,系由逻各斯(Logos)来规定。甚至在祂道成肉身以前,逻各斯已是造物主与万物之间的本体的中介,如祂始终并永远应是的。逻各斯是神的自我显现(Self-Expression)。弗兰克·席德(Frank Sheed)以一句话,概括了圣父神(God the Father)在过程和创造上的双重神秘,这对我来说是人的话语所最能清晰概括的了。"祂曾经将自己体现于那未被造的——就像无限的自然所能反映的祂的影像——并产生了言(Word);现在祂将自己表达于已造的秩序之中——如"无"
157 (nothingness)所能表达的——产生了宇宙。"[283]这样,逻各斯就是作为三位一体中第二位格的由父而来的子,是神创造天与地并表现自己于这被造中之途径。"而且,"托马斯·阿奎那着重强调,"在逻各斯所体现的其他事物之中,永恒法也得以彰显"。[284]因为永恒法并非来自于圣灵(a Divine Person),而是与圣子有着一种先天之契合,因为理性从于(bears to)逻各斯。

现在,人们可能会问,既然基督自身是如此亲近于律法,为什么祂要说,"哀哉明律士!盖尔曹以难负之任,加人仔肩,而己则不运一指也。"接着又曰:"哀哉明律士!尔曹夺去知识之管籥,己

---

[283] *Theology and Sanity*,(London,1947),p.91.

[284] S.T.,I-II,93.I.ad2.

不愿进，亦不容人之进也。"（新经全集·福音露稼传 11:46,52）【"祸哉，你们这些法学士！因为你们加给人不堪负荷的重担，而你们自己对重担连一个指头也不肯动一下。"，"祸哉，你们法学士！因为你们拿走了智识的钥匙，自己不进去，那愿意进去的，你们也加以阻止。"（思高版路加福音 11:46,52）】一般印象中基督对于律法师没有特别的爱。就如德语箴言所说，"好的律法师，坏的基督徒。"当然事实上，基督并非说要扫除一切律法师。祂谴责的是一类特殊的律法师，或者，他们也被称为文士。[285] 事实上是，并非因为他们是律法师，而是因为他们是基督所谴责的那种硬心肠与思维狭隘之律法师。难道基督会谴责一位如圣伊文斯（St. Ives）*这样的律师吗？他是"穷人的代言人"，一位伟大的和平缔造者，且是一位祈祷者与告解者。这位律师们的守护神（patron）和基督如此相像，没有疑问他应当成为教堂里最受拥护之圣者之一。仅数年前，教会为另一位律师在死后行宣福礼（beatified），公达道·费利尼**，一位米兰的法学教授；他研究罗马刑法之著作就被认为是一部经典，其学术性并不会亚于蒙森***。

---

[285] 参见 *A Commentary on the New Testament*（Catholic Biblical Association，1942），the comments under Matthew 23:13 – 39。

* 特勒圭叶的圣伊文斯（St Ives of Tréguier）（1253—1303），法国中世纪的牧师、法官与辩护律师。——译者注

** 公达道·费利尼（Contardo Ferrini）（1859—1902），出生于米兰，法学博士，曾在帕维亚（Pavia）大学任教，是罗马法研究方面的权威。其殁后被教皇庇护十二于 1947 年封圣。——译者注

*** 特奥多尔·蒙森（Theodor Mommsen）（1817—1903 年），德国历史学家、古典学家、法学家，因《罗马史》（*A History of Rome*）一书获得 1902 年诺贝尔文学奖。他论述罗马法和法律制裁的著作，对于德国民法典具有深远影响。——译者注

事实上,基督在祂生命里最为愉悦之对话之一,是与一位律法师之间的。当法利赛人(Pharisees)与撒都该人(Sadducees)与基督一起论理时,这位律法师听着;他发现祂应答他们得很好,就
158 问祂道,所有的里面最大的诫命是什么。耶稣回答说:“首云,义塞其谛听,尔上主天主为唯一主宰。尔当尽尔之心、尽尔之情、尽尔之知、尽尔之力,以爱尔所天之主。次则爱人如己。诫无重于此者。”(新经全集·福音马尔谷传12:29－31)【“第1条是:‘以色列!你要听!上主我们的天主是唯一的天主。你应当全心、全灵、全意、全力爱上主,你的天主。’第二条是:‘你应当爱近人如你自己。’再没有别的诫命比这两条更大的了。”(思高版马尔谷福音12:29－31)】经生曰:“旨哉夫子之言乎!天主唯一,此外无他。诚能尽心、尽知、尽力、以爱之,又复爱人如己,则胜于一切燔牲祀祭多矣。”(新经全集·福音马尔谷传12:32－33)。【那经师对耶稣说:“不错,师傅说得实在对:他是唯一的,除他以外,再没有别的:应以全心、全意、全力爱他,并爱近人如自己,远超过一切全燔祭和牺牲。”(思高版马尔谷福音12:32－33)】它值得记述,他智慧地迻译(paraphrase)并发展了基督话语的含义,耶稣见其言具智慧,曰:“天主之国,距尔匪遥。”自此更无人敢加质难焉。(新经全集·福音马尔谷传12:34)【耶稣见他回答得明智,便对他说:“你离天主的国不远了。”从此,没有人敢再问他。(思高版马尔谷福音12:34)】

我以为,这段讲道,为法律哲学及为人类界所特别适用之自然法奠定了基石。这一关于法律之著名教理,应传达给一位律法师并非偶然,它被视为基督对于法律职业之一种特别馈赠,其既

为了职业自身的利益亦为了他人之信赖。

通过对祂的门徒讲述有关旧约的律法，基督表明了祂的立场。“勿以我来为废律法，或先知之言；我来非为破坏，实为玉成。吾实语尔，天地未逝，律中无一点一画可以废弃，以迨诸事之成。是故人若违犯一至微之诫命，且以此教人者，天国中必小之。惟笃践诫命，而又能以此教人者，在天国中乃称为大。”（新经全集·福音马窦传5:17－19）【你们不要以为我来是废除法律或先知；我来不是为废除，而是为成全。我实在告诉你们：即使天地过去了，一撇或一划也绝不会从法律上过去，必待一切完成。所以，谁若废除这些诫命中最小的一条，也这样教训人，在天国里，他将称为最小的；但谁若实行，也这样教训人，这人在天国里将称为大的。（思高版玛窦福音5:17－19）】

基督通过与属爱的新律相联系而抬高了属正义的旧律。一次，在天国祂对门徒寓意解经中，祂以另一譬寓，来荣美这层意思。耶稣曰：“是故士子而熟谙天国之理者，譬诸一家之主，库中 159
取物，新旧兼备。”（新经全集·福音马窦传13:52）【他就对他们说：“为此，凡成为天国门徒的经师，就好像一个家主，从他的宝库里，提出新的和旧的东西。”（思高版玛窦福音13:52）。】这里祂将自己与其追随者说成了文士或律法师。

基督祂自己是何等守法的一个基督，能够从祂与伯铎禄（Peter）关于纳殿税（didrachm）的对话中得到证明。行至葛法农，有税胥*至,问伯铎禄曰:“汝师不输税乎?”曰:“输也。”伯铎禄入室,耶稣先问曰:“西门于意云何?世之君王,向谁征课,己子乎?抑外人乎?”对曰:“向外人耳。”耶稣曰:“然则子当免焉。虽然,吾人不欲骇俗也;姑往钓于海,就先获之鱼,启其口,得钱一枚,取而为我与尔纳之。”(新经全集·福音马窦传17:23-26)。【他们来到葛法翁时,收殿税的人来到伯多禄跟前说:“你们的师傅不纳殿税吗?”伯多禄说:“自然纳的。”他一进到屋里,耶稣就先对他说:“西满!你以为怎样?地上的君王向谁征收关税或丁税呢?向自己的儿子,或是向外人?”伯多禄说:“向外人。”耶稣对他说:“所以儿子是免税的了。但是,为避免使他们疑怪,你往海边去垂钓,拿钓上来的第一条鱼,开了它的口,就会找到一块‘斯塔特。’拿去交给他们,当作我和你的殿税。”祂于是叫伯铎禄(Peter)支付了它。(思高版玛窦福音17:23-27)】

同样有教益性的就是圣母与圣约瑟的例子了。任何人都知道,为了服从奥古斯都(Augustus)皇帝关于人口统计的法令,他们走了长路从拿撒勒(Nazareth)到伯利恒(Bethlehem)去登记,严从罗马法律。但更令我新奇的是,在耶路撒冷圣殿对于玛利亚的洗礼(Purification)。现在根据摩西的律法(Mosaic Law),一满了取洁的日期,不拘为儿子或女儿,她应在会幕门口交给司祭一只一岁的羔羊,做全燔祭(肋未纪12:6),但还有发人深省的附加条件在末尾:“……但若她的财力不够备办一只羔羊,可带两只斑鸠

---

* 胥:庶人之在官者。——参见吴经熊先生在氏译《新经全集》中对于此条之注释。——译者注

或两只雏鸽”（思高版肋未纪 12:8）。圣露稼提到这一附加条件，他写道玛丽和约瑟照主的律法所说的提供祭品，“斑鸠一双，或孺鸽二翼”[*]（新经全集·福音露稼传 2:24）。【一对斑鸠或两只雏鸽。（思高版路加福音 2:24）】他没有任何一点提到羊羔。超越地看，我们可以说羊羔就被她抱在臂上；而事实上，从任何一方面看，我们可以推测他们是何等的窘迫；虽然穷困，他们还是要去履行律法。

我认为布拉克顿[**]——这位“普通法之父”，可能会提到相似事例，当他在《论英格兰的法律与习惯》（De Legibus）一文中写下不朽段落，宣称法律对于所有人都至高无上，包括对于国王。这 160
段英文文字，出现在他书的其他地方；读者会记起布拉克顿在那里引用了基督的例子以及圣母玛利亚（the Blessed Virgin）去强化他的教义：即国王在上帝与律法之下。他的逻辑是，如果王中之王与（王）后中之后，服从于法律之治理，那么牧师（上帝的仆从）去遵守法律更有道理。

在这一层关系上，我要指出之于中世纪教义之最为荒谬之歪曲。布拉克顿和其他经院学者坚持说国王不能为非。但有些人却发明了这样的话，“国王不会犯错”（The King can do no

---

* 见古经户籍纪第六章第十节。——参见吴经熊先生在氏译《新经全集》中对于此条之注释。——译者注

** 亨利·德·布拉克顿（Henry de Bracton）（1210—1268 年），英格兰国王亨利三世时的法官、法学家。著有《论英格兰的法律与习惯》（*De Legibus et Consuetudinibus Angliae*），为确保普通法在 13 世纪为法官统一适用而作。他在书中提道，国王和王权来自于法律和上帝并受其制约，即谓“国王在万人之上，但却在上帝和法律之下”。——译者注

wrong)，而且更糟的是，确认它为中世纪思想家所说！

这一有害箴言衍生了侵权责任(tortious liability)之国家豁免学说。我乐意由一些杰出法官在他们之不同意见书里引出一些对此学说之强烈抗议。杰罗姆·弗兰克(Jerome Frank)法官，将这一学说称为“粗糙，不民主的，以及无政府主义的”(202 F. 2d 532, at 535)。宾夕法尼亚州的马斯迈诺(Musmanno)法官同样谴责道：“它与二十世纪美国法官所说的，即财产权会因为豁免权而被他人所破坏之间并不一致，更不要说州了(在有组织的社会里尤其如此)。自然法则，统合了最高立法者之指示及从未被钳制之理智所散发出来之理性光芒，来反对过时的无责任学说——不管是出于谁的还是如何被执行的。”[伯斯诉斯普林菲尔德镇(Boorse v. Springfield Township, 1954. 103 A. 2d 708, at p. 713)案]的确这些或只是反对之声音；而有关普通法之奇妙事儿常会是：今日的咆哮，乃明朝的撕咬(today's bark will be tomorrow's
161 bite)啊。

第十七章
法官中的法官

“吾心之所乐，惟在行圣意。自有天主法，深深镂肺腑。”（圣咏释义 40:9）

【“我的天主，承行你的旨意为我所喜爱，你的法律常存于我的心怀。”（思高版圣咏集 40:9）】

布拉克顿认为基督不仅是国王中的国王，而且还是法官中的法官。在他文章前言，他给法官们一个严正警告并描绘了末日审判的图景。“这审判席，”[286] 他开始说道，“如同上帝宝座。让那些不聪明与不博学者不敢登坐，以免他混淆黑暗和光亮；以免握剑在手，若是疯人会将无辜者杀死而放跑有罪的；以免他从高处跌落，就如同从神之宝座，在获得羽翼之前就要尝试去飞翔。”他

[286] Bracton, *De Legibus et Consuetudinibus Angliae*, fols. 1b and 2.

看起来是认为没有人天生有权去审判另一个人。法院是一种必要的产物。他接着说，“甚至当有一个人被逼决定案件并成为法官，始终要让他对那些接近于他之危险持有警觉，以免在裁判上违悖法律——通过求告或一定的价金，他要为自己支付那永罚的无边悲痛，只为了那片刻欢愉之虚幻所得。让他记住这些以免到
162 了招致主愤怒之日子，激起祂之报复，因祂曾说，仇报是我的。在那一日，地上的国王和君主将看着人子，因恐惧其惩罚而号哭；金银也不能使他们开释。谁人，事实上能不念着那场审判而战栗，在那里上帝自己是检控官、辩护士，以及法官吧？其之审判没有上诉的可能：因父已把所有审判权都交给了子，祂关上的门无人能开启，开启的无人能关上。噢，严厉之审判，在汝之中所有人必须提供解释，不仅为其行为，亦为任何他们所吐出的哪怕任何一个怠慢字眼。谁人，能够将自己躲藏开祂要到来的愤怒呢？”于是，他描述了一场最为敬惧惊怵之末日审判场景，还引用了一句圣奥古斯丁的话：“噢，吾之罪愆啊，其何其之大！那以上帝为正义之法官、以自己良心为检控官之人，只有是为自己的原因而畏惧之。”

这也是布拉克顿的目的，要警告法官们反对腐败、偏见、粗率和无知。因而，他不得不对神圣审判之严厉予以特别的强调——它并非对于法官们和律师们是毫无益处的事情，提醒他们宗教的末世论，这样他们就会思考他们在末日审判中之责任。我已经略去了布拉克顿对于恐怖场景之可怖的描述，并非因我想去触动现代人的敏感之神经。现代人已在他们脑海中取消了地狱观和丢失了原罪感受，而却在这世上建造了一个地狱。我当前的目的是

给出基督这位法官的其他之面相——因为祂关于律法之智慧，在很多方面甚至在祂尘世生活中也显现了出来。通过裁判人与人的关系，解决法律上之棘手问题，回答法利赛人和文士的问题——在各个方面，祂都显示了其为无谬误之法官和最高的法学大师。

在我论及祂之审判艺术之前，需要澄清一些基本问题：首先，祂并非因审判具有乐趣而为之。祂反复强调来是为了要拯救这个世界，并非要给予此世宣判。祂要求其门徒不要去裁判，这样他们才不会被人论断。祂对法利赛人说，“尔之判断，惟依形相， 163
予则不判任何人”（新经全集·福音若望传 8:15）【“你们只凭肉眼判断，我却不判断任何人”（思高版若望福音 8:15）】并接着说：“即有所判，亦靡有不真，盖予不孤，遣予之父，实与予偕”（新经全集·福音若望传 8:16）【即使我判断，我的判断仍是真实的，因为我不是独自一个，而是有我，还有派遣我来的父。（思高版若望福音 8:16）】祂不仅揭示了其权威来源，还有其裁判如何为真的理由。而听起来悖论的是，甚而在审判中，祂其实也并非亲为；因为正如祂所说的“今为予作证者，予自为证，而遣予之父又为予作证也。”（新经全集·福音若望传 8:18）【“今有我为我自己作证，也有派遣我的父，为我作证。”（思高版若望福音 8:18）】在另一个场合，祂宣称，“予不能有所擅行，惟依予之所闻，而为黜陟，予既不徇私意，一遵遣予者之意而行，故予之黜陟，乃公正无偏。”（新经全集·福音若望传 5:30）【“我由我自己什么也不能作；父怎样告诉我，我就怎样审判，所以我的审判是正义的，因为我不寻求我的旨意，而只寻求那派遣我来者的旨意。”（思高版若望福音 5:30）】

若望福音它是精确的，因为子仅仅为祂见父所为的——也即，父不予人以黜陟*，黜陟之权已委之于子（新经全集·福音若望传5:22）【父不审判任何人，但他把审判的全权交给了子（思高版若望福音5:22）】这就在法哲学中确立了很重要之一点：法律并非乃法官做什么或意图做什么之反映；相反，法官无论做什么都须根于律法。

基督在黄金律（the Golden Rule）中总结了法之精神："故凡尔欲人施诸己者，亦宜施之于人。律法先知，尽于斯矣。"（新经全集·福音马窦传7:12）【所以，凡你们愿意别人给你们做的，你们也要照样给人做：法律和先知即在于此。（思高版玛窦福音7:12）】将它放在现代法理学之语境中，黄金律，是所有人法之自然法基础；它是法秩序之寓意与目标。考诸其身，这一原理比所有人之法律具有更高的真实，它是超越时间与不可改变的。但与那些从属于人世秩序及随历史进程逐渐成长之人法相关联，黄金律是一种逐步通过耐心争取和持续努力可以实现的理想与可以接近之目标。那种声称在所有之广度和深度上，人法已体现了黄金律，乃是对于真实之视而不见，也暴露了其历史感的一种缺乏。但若因其无法在一夜间实现，而要简单地将黄金律从法理学中取消，那就要失却整个法之意义与目标；正如航行于公海上而无罗盘引导一样。对于理想之实现属于未来，而对理想之热望乃一个眼前之实在，它会给予汝一种方向感，并推汝前行之；正如一架飞

* 黜陟：贬降、提升。参见吴经熊先生在氏译《新经全集》中对于此条之注释。——译者注

机瞄准了一个很高的海拔，它无法似火箭一般去抵达，而须作许多如鹰隼一般螺旋式之旋转。甚至当飞机在一个最低的位置上，它亦必须持续保持向上之倾斜度；不管此一坡度多么地轻微与不可觉察，它却是一个较低水平的现实与较高水平之理想间之必要 164
纽带；而若忽视了这一坡度，那么就没有一种哲学，可能被称之为现实的。

在这里我想阐明我与霍姆斯大法官在法律演进观念上之分殊。他确信黄金律是衡量进步之一种标准。正如其所云，"一个民族，所能达到之文明程度，毫无疑问会留下他们急切要去做的及他们自己将会被影响到的痕迹。这是人之宿命，即社会本能会长成到完全控制一个人的行为，甚至在反社会情形中亦复如是。"[287]"但是，"他接着评论道，"人们并没有这么做，因为法律规则是且应当基于被广泛接受之道德之上，没有一种建立在绝对无私理论上之规则能被制定而其又不违背法律与工作伦理（working beliefs）。"于此，他看来是已然丢失了事实与理想间之关联。事实是，理想并非一步就能达到，而这并不妨碍可能性与责任将其逐步地最大化，也并非使它强加法律被动接受某种在一定时期和一定范围内流行之大众道德。法律有自己的理想去实现，以及具有积极的为文明杠杆之功能。因其不能被粗暴实施之，而与流行之道德惯习（prevailing mores）相悖离，其亦不能满足于与其保持完全平行的关系，而须时时保持向上。公平地说，霍姆斯法官在其一些判决和不同意见书中显示出了此一维度，而

[287] Holmes, *The Common Law*, Little & Brown, 1881, p. 44.

我现在要讨论其所宣示之哲学，看起来使事实和理想之间留有间隙（hiatus），且因此静态多过于动态。

我想介绍一个有意思的案例，西普诉科尔曼（Sipp v. Coleman）[288]，由美国巡回法院新泽西州辖区在1910年所判决。它是一桩诽谤案。被告指责原告道，“这个人曾被指控殴打他的母亲”。而这个指控是假的；但是问题是它本身是否乃一桩诽谤案，也即，甚至在没有任何特别损害的情况下是否可诉。答案更在于进一步之追问：某人殴打其母亲是否被认为有道德恶。埃斯
165 塔（Rellstab）法官认为这其间有道德恶，其引用宗教之第五诫，言及，“尊重和敬爱双亲被纳入一个一般人的爱中，以免攻击他们，不管是否被激怒”。所有这些听起来都非常合理没有什么特别；而如电光火石般击中我心的是如下之言：“道德标准随年代而变化，而这一变化应是向上的；且须持续往上直到基督的标准被人们普遍接受。”

我承认无论何时基督在判例中被提到，我之心儿会快乐雀跃好比一个行者在广袤的森林听到了友朋召唤。而我偶遇到这样一些话，几要掉入了狂喜之中。我想见伯利恒（Bethlehem）牧人，一定经历过类似之雀悦——当他们看见圣婴平静地躺在马厩里，道成了肉身（the Word Eternal made flesh）——“耶稣聪明睿智，与年俱长；天主圣宠，蕴中发外。”[289]（新经全集·福音露稼传2:52）【耶稣在智慧和身量上，并在天主和人前的恩爱上，渐渐地增长

[288] (1910) 179 Fed. 997.

[289] Luke 2:52.

（思高版路加福音 2:52）】永恒（Eternity）啊，在时间之中生长！但如果永恒祂自身屈尊进入时间王国并随同四季一起生长，我们就有无穷、更多之理由能去前进不歇停。永远向前而从不后顾，乃是时间之对于永恒最好的献礼。一个被良好引领之动力（dynamism），肩负着之于永恒的真正亲近，而一种专注对法律地位或现状（status quo）之保存的"概念法理学"（jurisprudence of conceptions），乃是一个之于它之蹩脚模仿。坦率言之，当我读到法官这第一句话："道德标准随年代而变化，"我瞬时之反应是：噢，这里不止是一位时尚的法官，打算与我们时代同步！但当我读到结论部分，我就对自己说，这里有一位伟大的法官——虽然从名利场（market of fame）脱身——他恰巧将自然法之不易性与美国法理学之变动不居两方予以奇妙之糅合。我于是开始意识到，正是在自然法不变的原则上人法的所有进步得以维系。

也许亨利·梅因爵士（Sir Henry Maine）在脑海朦胧地存有相同理念。他曾说，"不回头看过去而是着眼于未来这一趋势作为完善的类型，乃由基督教所带来的"。[290] 而我担心其之视野乃是局限于经验而非上升到超验之层面。基督教其所确立之完美之唯一型就是基督，祂从来是既古旧而又弥新的。因此，说面向 166
未来的完善类型，看起来并没有太多意义，除非有人同意某种突然出现的演化论的极端形式。梅因他急切地想要发现，究竟基督教如何使人类文明得以进步及使法律制度成为可能，而作为一名实际上的功利主义者，其无法洞见其缘由。它并非是一种着眼于

〔290〕 Maine, *Ancient Law*, introduction by Pollock, 1920, p. 80.

未来的完善类型，而是我们必须逐渐成长“驯*至我众翕然归于一信，共识天主圣子。俾跻完人之境，而止于基督之至善。”[291]（新经全集·圣葆乐致伊法所人书 4:13）【直到我们众人都达到对于天主子，有一致的信仰和认识，成为成年人，达到基督圆满年龄的程度（思高版厄弗所书 4:13）】而同样，自然法超越于旧与新，虽然对于这一点人类的认知，须在历史长河中，才能越来越充盈丰实。

谓梅因是一名功利主义者，我并没有无视他在表面上反对边沁与奥斯丁；但这一反对仅仅停留在方法上而非精神实质层面。有关于这一点，茹奈博士（Dr. Rooney）以其惯有之锐敏批评，有一些深入的观察和批评我乐意去援引。“不像边沁，”她写道，“梅因为他的法学写作运用史料，然其所阅读到的那些、其所选择之法律原始材料，乃是由边沁及其追随者约翰·奥斯丁所预设了观念了的。梅因在边沁—奥斯丁理论中所发现的漏洞，当遇到印度之实际经验，也就激起其之批评能力，但他过多地为其彼时时代之哲学上的错误占据大脑而不能提供有效之纠正……其对于法理学之影响，对于普通法之原则就如边沁所做的那样，是有危害的。”[292]“随其极大批判边沁—奥斯丁对于制裁之概念，”她进一步评说道，“梅因他并未拒绝援用而是有条件地接受之并于此基础上去构建自己的观念，他自己的概念，只不过某种自然力量，即

---

* 驯：逐渐、渐进。——参见吴经熊先生在氏译《新经全集》中对于此条之注释。——译者注

[291] Ephes. 4:13.

[292] Rooney, *Lawlessness, Law, and Sanction*, p. 104.

以潜在之本能或习惯,来替代由权威机构外在施加的惩罚力量。”[293]而使我印象最为深刻的是茹奈博士进一步所言:“逻辑上,其之推理是循环的,如若不是彻底之混淆,亦缺少有效之前提以至于结论中有蒙昧。其主要的宇宙观之错误在于其无法发现在法律之中以及在宇宙之中,与强力有关之秩序的位置,其结果是潜在对于任何有关存在之目的之否定。而梅因不仅犯了边沁 167
所犯之错,亦犯了其自己所应承担之错误。主要是其误解了权力、权威——他拒绝承认它是法之一种本质,且未去纠正边沁的观念——即(权力来源于)人的智慧和理性之创造性之力量。”[294]而这证实了我于前述章节中所写到的。且坦诚地说——直到我循着基督之光,看到这图景,以及开始欣赏茹奈博士之这些洞见,我才恍然大悟。 168

[293] Rooney, *Lawlessness, Law, and Sanction*, p. 110.

[294] Ibid., p. 111.

第十八章
法律智慧之本源

“为此，求祢赐给祢的仆人一颗慧心，可统治祢的百姓，判断善恶。”（思高版列王纪3:9）

毋庸赘言，没有一种人法体系能够尽善或接近于完善。但不夸张地说，英美法学（十九世纪之前的英格兰普通法和十八世纪以来的美国普通法），其所渗透的基督教精神超过了除教会法之外的任何一个法律系统。你发现这里或那里的盲点；但是普通法在哪儿发挥到了极致，君就会感到基督在那儿微笑赞许这一审判，而这就是为什么，在许多判例里，法官们毫不犹豫地从基督与使徒特别是从保罗的话里，寻找他们自己的灵感与光照。尤其在美国法学中，君会发现基督教影响之痕迹无处不在。试撷取一些案例予以说明之。

1948 年,有一桩著名案件在加州最高法院被提起。[295] 法院支持一个违宪但历时悠久的禁止异族通婚之法律。在判决书中特雷纳(Traynor)法官指出,婚姻"超越了一个仅仅服从于州管制之民事契约;它是一个自由人的基本权利。"[296] 同样的意见,卡特(Carter)法官引用圣保罗的话"天主本于一脉缔造万族……"(新经全集·宗徒大事录 17:26)[297]【他由一个人造了全人类……(思高版宗徒大事录 17:26)】埃德蒙兹(Edmonds)法官表述了相同的观念,强调婚姻"是建立于基督教的基本原则之上的。"[298] 169

1914 年,内布拉斯加最高法院就一个土地所有者在自己土地上无任何其他目的而仅会干扰到邻居的情况下树起篱笆这一问题作出判决。[299] 在他的意见书中,法官塞奇威克(Justice Sedgwick)写到:

> 普通法强韧地信守这样的教条:不动产(real estate)的所有者,能够按照其自己的意愿去使用所有物而不考虑其邻所的便捷甚至利益。一些例外是"古老的光线"和诸如此类的考虑。普通法规则并没有与体现在这句格言中的民法理论协调,即"使用汝之所有,但勿侵越他

---

[295] Perez v. Lippold (1948) 198 P. 2d 17.

[296] Ibid. ,at 18 – 19.

[297] Ibid. ,at 30. See Acts 17:26.

[298] Ibid. ,at 34.

[299] Bush v. Mockett (1914),95 Neb. 552,145 N. W. 1001.

者。”(Sic utere tuo ut alienum non laedas)[300] 在这个国家中早先的判例是英国人的看法,而在晚近几年那些法庭实施这一严格规则时有一些甚为明显的出离。[301]

在另一相似的判例里[302],北卡罗来纳州最高法院的布朗法官根据普通法,诉诸同一格言作了一个很好的解释:

这一普通法的古老格言,“使用汝之所有,但勿侵越他者”,并没有在任何制定法中被发现,而是在衪耶稣基督所表达的情感之中:教育人们要善待他人,并说,爱邻人若己。自由地来解释,其让每个人在使用其财产时应最大可能地避免对邻人造成侵害。没有人拥有法律权利,恶意地使用财产仅仅是伤害了别人而对自己毫无益处。另外,使法律成为破坏邻人和平与舒适的压制的发动机,正如去毁坏他的财产并非为有用的目的,而单单

170 为了满足坏的与低层次的激情。[303]

这一格言是属于普通法还是民法没有区别。普通法能够从其他体系中吸收到好的事物就如同其能适应于社会不断变迁之

[300] “使用汝之所有,但勿侵越他者”(“So to use your own as not to injure another”)。

[301] 145 N. W. 1001 - 1002.

[302] Barger v. Barringer, 151 N. C. 433, 66 S. E. 439.

[303] 66. S. E. 442.

条件;它不必与某一特定时期的特殊规范相一致。正如约翰逊(Johnsen)法官所指出的:起初对于普通法规则的继受中"蕴有平等地去接受关于延展和成长的原则,它们始终被视为内在于普通法体系并事实上构成这一体系之天才部分。"[304]这样在某些案例中,美国法官明智地由特定普通法规则中游离出来,然而这一事实恰正显示了他们处于普通法之伟大传统中。[305]我的印象是普通法最伟大的法官最乐意从其他法系汲取营养,对他者最为冷漠的往往是那些最为偏狭与地方性的。[306]普通法如此深沉地浸润着基督教精神以至于它不可抗拒地拥有这种精神之普适性与包容力(catholicity)。在这一方面如同其他许多方面,普通法精神如此亲近于圣托马斯·阿奎那之风范。这一精神乃如此之原初,以至于能被借用到,甚至藏匿其原初性(originality)于重重摘引之下;它看起来已然很好地领悟到了耶稣基督收剑入鞘之劝告。耶稣谓伯铎禄曰:"收刃入鞘,父所赐我之爵,可不饮乎?"(新经全集·福音若望传18:11)【耶稣就对伯多禄说:"把剑收入鞘内!父赐给我的杯我岂能不喝吗?"(思高版若望福音18:11)】[307]

而在涉及信托关系(fiduciary relations)的判例中,基督教之

---

[304] 174 F.2d 838,at 840.

[305] 经常会发生的是当游离于某一特定的规则,美国法官们会引用那些严厉批评这一规则的英国法学家(的话)。

[306] 例如,斯托利法官在Bright v. Boyd(1 Story 478)一案中之观点,哪里缺乏普通法先例,大陆法的权威理论会被自如地援用。这是自霍特法官(Lord Holt)与曼斯菲尔德法官(Lord Mansfield)以来之传统。

[307] 若望福音18:11(John 18:11)。

影响尤为明显。这里我只需去介绍一个例子：

> 在这一原则上，公务官员（public officers）被否认有权在其职权范围内与自己订立合同或有利益关系的那种合同——就像显而易见的真理，像老调（trite）而不可改变的引力律，没有人能够在某一时刻同时忠实服务于两方而代表相反或不一致的利益。这一原则一直是任一理性实证法体系之本质特征之一，甚至它也适于私人的合同交易，适于个体信托或信任。神性的声音，由所
> 171 有历史所知晓的最庄严之道成肉身（incarnation）那里发出，声言并强调了此一条在约两百年前某种神圣场合所宣之格言。[308]

在当今的英国一起据此最著名的判决是“蜗牛判例”。[309] 原告，一位贫穷妇人，与她的一位朋友造访一家位于帕斯蕾（Paisley）的咖啡馆，她朋友为她点了一瓶生姜啤酒。当她喝的时候，一只腐烂的蜗牛随酒水流了出来。因为已喝了部分被污染的瓶内物，她由此染上了重疾患。她起诉制造商要求损害赔偿。而下级法院则取消了其之诉讼，理由是，在生产商和最终的消费者

---

〔308〕 哈特（Hart）法官于 Stocktom Plumbing & Supply Co. v. Wheeler, 68 Cal. App. 592, 229 P. 1020, at 1024.

〔309〕 *Donoghue v. Stevenson* (1932) L. R., A. C. 562.

之间没有相互连续关系*(privity)。而在上议院,她的上诉得到了支持。使我们感兴趣的是由阿特金法官(Lord Atkin)所作的对于基督教义之非常实用性之适用。“在这一规则,”他说道,“即你要去爱你的邻人,生成在律法里,你不应当伤害你的邻人。律师的问题是:谁是我的邻人?而这里则要加以限定。汝必须合理地关照以避免那些汝可以合理预见但可能伤害到汝邻人的行动或疏忽。那么谁在法律上乃我的邻人?答案应是:那些如此紧密和直接为吾之行为所影响的人群;因有此种影响,我应当将他们置于合理的考虑之中——若我要运用意志于那些有瑕疵的行为或疏忽时。”[310]

这是自然法与人法关系上最为优秀的阐述之一。自然法,是伦理与法理的最一般的基础;这后两者作用殊异,每一种有其优势与局限。法律与道德之间的差异与相互关系,呈现出迷人的研究主题,但我们现在不应开始。我当下所想说的是:如果法律未尝要求每个人都如好撒马利亚人(Good Samaritan)那样,并非因为基督徒不能欣赏此种道德的美好,而是因为意识到了其局限,故不得不考虑人性之弱点和文明的实际样态。法理学若试图跨过这一不实际的局限,则将会是不审慎的;另一方面,如若它没有 172
在局限之内将功效发挥到最大,也是不公正的。法律终极乃是爱,未尝有什么标准可衡量这个目的,而唯有一定的手段或途径。

---

* 参见《元照英美法词典》之辞条“privity”,载薛波主编,潘汉典总审订:《元照英美法词典》,法律出版社 2003 年版,第 1096 页。——译者注

[310] 哈特法官于 Stocktom Plumbing & Supply Co. v. Wheeler, 68 Cal. App. 592, 229 P. 1020, at 580.

在许多事项上,法律不得不去选择较小之恶。

经常性地,立法者或法官,发现已身处于寓言中的房主之微妙位置上,而去节制己身,“诚恐薅稗而麦亦见拔”(新经全集·福音马窦传 13:29)【“免得你们收集莠子,连麦子也拔了出来”(思高版玛窦福音 13:29)】一些野草有毒性,如若汝不迅速根除它们,麦子就会被感染。在这样的判例之中,一个好法官则会毫不犹豫并小心拔除它们以免伤及麦子。

又如在“弹簧枪案”中(Spring-gun Case)——伯德诉霍尔布鲁克[Bird v. Holbrook (Court of Common Pleas,1828. 4 Bingham 628)]。被告在自己花园中放置一把弹簧枪以去捕获偷花贼。而原告进入花园并非为了行窃,乃是帮一位朋友抓回飞进园子的一只孔雀。他偶然触到了弹簧枪上的电线,并因此引发了子弹而致使膝部受创。首席法官拜斯特(Chief Justice Best)认为这一诉讼是可支持的,他说,“法律如人性(humanity)或宗教所要求的不强制任何行为,这里也没有基督教所禁止而法律所不及的行为;而若是其他的情形,基督教不会正如一直被认为的乃英格兰法之一部分。据此吾有清晰之观点:那位设置弹簧枪而没有给予提示的人,因其反人性(inhuman)之行为而有罪;且如果有伤害后果发生,他有责任补偿受害者。但这个判例之基石与先前的不同。通常来看,设置弹簧枪是为了阻却的目的;被告设置其枪是为伤害的目的;因为当要求被告去给予提示(notice)时,他言道,‘如若我提供告示,我就会抓不住他’。所以,他想到因为不能通过其他途径抓住对方,而这枪应开火、子弹应当射中受害者”。

173 汝会注意到在如许判例中,基督教被引为一种并非超自然的宗教——而是通达于自然法与正义箴规之舆乘。

同样在有趣的“辫子案”中，何阿口（音译）诉努南［Ho Ah Kow v. Nunan (Circuit Court, D. Calif., 1879, 5 Sawy. 552, 12 Fed. Cas. 253)］，[311]警察由于遵守一项法律（后来被法庭宣布为不合宪），剪掉了一个中国人的辫子，被要求支付总共一万美元的损害赔偿。作为巡回法官（Circuit Judge），菲尔德（Field）法官在他精彩的判决书中写下：“这一条例*（ordinance）在社群中大家知道是‘辫子法’，其目的是管辖中国人的辫子，而不针对其他。这一法令被采纳并延续下来的理由是：仅仅出于失去辫子的恐惧就会诱使一个中国人交罚款（fine）。为了实施对这位中国人罚款，必要时再得加上监禁。法律允许，可以用对他的监禁来取代罚款，而这个中国人却不接受这一替代选择。或许跖刑（bastinado），或笞刑（Knout），或拶指（thumbscrew），或施肢刑（rack），会达到相同的目的；而没有疑问这名中国人宁可选择其一酷刑之折磨，也不愿在他的本乡人那里担负耻辱并常有恐惧于不幸和殁后受折磨。若说这样的法令可行——这对我们人民的人性与文明程度来说不可置信，更不要去提他们的什么基督性（Christianity）的了。”

不可能去引用判例中哪怕一个小的片断来看基督教之影响，如迅捷而令人眩目的光芒般呈现自身。然而，我给予的这些例子确乎是有代表性的。

耶稣基督没有如进入法庭的立法者——即他的言论能合法

---

［311］ Circuit Court, D. Calif., 1879, 5 Sawy. 552, 12 Fed. Cas. 253.

* 参见《元照英美法词典》之辞条“ordinance”，载薛波主编，潘汉典总审订：《元照英美法词典》，法律出版社2003年版，第1009页。——译者注

地约束法官。否也，祂的王国不属于这个世界。普通法法官引用其言，如同古代中国法官们引孔老夫子的话。然正如没有儒学(Confucianism)就无法理解中国古代法学；故而，若不考虑耶教之
174 广布弥散(permeating)，也就无法把握普通法之精脉。

在一些判例中基督教之影响乃如此之妙，君不能确切指出在特定先例中，法庭究竟如何适用的，然汝会感到一种基督教的氛围，通过某种观念弥漫开来。举一例足以说明之。在麦克丹尼尔诉荃特厂[McDaniel v. Trent Mills(1929)197 N. C. 342，148 S. E. 440]一案中，诉因是一妻子能否从第三方，即从因疏忽大意伤害其丈夫的人那里索回自己支付这一损害结果而从个人财产中所支的费用。虽则现代学说认为丈夫和妻子在法律的目光中不再是一个人，然而，法庭认为，妻子在这样的判例里不应被认为是一个完全的陌生人而自愿去帮助受害的一方，因她是按照自然与通常的对于家庭生活之考虑而举事的。首席法官史泰西(Stacy)的观点中某个段落如此明显地具有基督徒语气和美国腔的特点，读者们不会责怪我将其引述于此的：

> 当普通法原则——关于丈夫和妻子是一个联合体和现代学说认为是完全二元的人格，在一定程度上会彼此冲突并产生这样的结果；我们仍然认为结论由生活之逻辑所支持，如若不是三段论逻辑；须谨记之：法律大于逻辑，生活大过法律——司法裁决的作用是尽可能接近地去陈述，根据法律以及实践中生活的真谛。在这其间，正如它被指称的，可能是刚才所提及之新旧学说的

> 杂糅(hybrid)或二者混合;这样,那么它来自于旧事物中好的部分以及新事物中有用的部分。这一实践,迄今为止由有权威者(an authority)推荐适用于家庭关系上:他是一名伟大的律师,也是使徒中的一个。

读者能否猜到首席法官所指的是哪一位使徒?难道他是那位有趣的人:有如此之热忱,在锁链中仍为自己的事由在亚基帕王(King Agrippa)面前抗辩之,以使囚禁犯人之牢狱成为教士们布道之讲坛(pulpit)乎?[312] (新经全集·宗徒大事录25) 175

〔312〕 Acts25.

第十九章
辞与意

"盖文字乃肃杀之具，而圣神则生命之源也。"*（新经全集·圣葆乐致格林多人书二　3:6）【因为文字叫人死，神却叫人活。（思高版格林多后书 3:6）】

美国法学史上的最为著名的判决之一，当为纽约州上诉法院（the New York Court of Appeals）于 1889 年所作出的里格斯诉帕尔默之判例（Riggs v. Palmer，115 N. Y. 506，22 N. E. 188）。其案件本身虽丑，但却是桩漂亮的判决。帕尔默（Palmer）立下一桩遗

* "新旧约之分、不在诫律、而在圣宠。两约俱有诫律；然旧约仅有诫律之律文而无助人守诫之圣宠、则其律文适足陷人于死。故曰文字乃肃杀之具。新律有诫律之律文而亦赋与圣神之圣宠、助人守诫、人乃因守诫而得生矣。故曰圣神则生命之源也。"——参见吴经熊对于此条所作的解释，载《新经全集·圣保乐致格林多人书二 3:6》。——译者注

嘱,将已之财产遗赠于其孙;而过了一些时日之后,立遗嘱人表示其一些意愿要撤销。而为防止遗赠人取消这份遗赠且为了更快得享并立即占有其财产,他的这个孙子,当时还是一名十六岁的少年人,竟毒杀了祖父。他被发现并被投入监狱。但目前这个案子的疑问是:他能获得这笔遗赠于其之财产吗?而里格斯的辩解声称,既然立遗嘱人已死亡,且其意愿为适当之方式所表达且已经遗嘱检验,因此它(这份遗嘱)根据法律之字面含义,应具有效力应被执行之。

厄尔法官宣判,认可案件在法律字面意义上落败,且“虽然在立法者意图中,受赠人应当得到遗嘱所给予的财产”。“然,”他继续说道,“它并非意味着立法者的意图是:一个受赠人谋杀了立遗嘱人而使遗嘱生效且能在这之下获得任何好处”。法官援用了一些相似例子,来支持自己的立场。“曾在波仑亚(Bologna)有一桩
法律,谁若在大街上引发流血冲突事件应当严惩,而这并不适用 176
于在一个街边理发店的理发师因不小心错划开顾客的一条血管。在‘十诫’中安息日(the Sabbath)是不许工作的,而之于这个诫命合乎情理之诠释是:在于正义的上主(the Infallible Judge)对于其之筹划(design)是其并不禁止在那一日的为紧急必要、仁慈(charity)或善愿(benevolence)而工作。”

这是圣葆乐明智言词的一个明朗的例子,词亡意存(that the letter kills while the spirit gives life)。然即便在这样一个明白案子里,法官格雷却也有不同意见,他对字面含义有着一种偶像崇拜:“然事实是,”他写道,“其并不在良知领域。我们为法律严格的规则所约束,它们乃立法之所确立的——也在这之中这一问题的决

定也被予以限定了。”然而,其不仅是一个良知问题,亦是一个素朴简单的常识。法官诉诸立法及立遗赠人意志是对的,但若如此这般地解释他们的意志就会是一种荒谬。法利赛人潜移默化作用从未消解;而让人欢欣鼓舞的恰是圣灵(the Spirit)之影响,总体上看,在美国法学里甚至更为繁盛。

我高兴地发现大法官卡多佐先生,许多人认为他是 20 世纪最伟大的法官,他给予里格斯诉帕尔默(Riggs v. Palmer)一案以极高之评价,他为之评注道:“冲突的原则彼此争竞;其中之一胜了而征服了所有其他者。一项遗嘱人处置财产之遗嘱的约束力原则乃同法律相一致。而此一项原则受限于其逻辑,看上去似支持这个杀人犯的权利。而另外还有一原则是民事法庭不能为犯罪施加刑罚(penalties of crimes);将其推至逻辑边界,看起来又支持了谋害者之权利。然对抗这些的应是更大的普适原则——其根基牢固植于正义之普遍情感:即不准有人从其不公正或不法行为中受益;这一逻辑胜于其他。……司法的过程,乃就在这一缩影之中显现。”[313]

177 以惯常之醇熟敦厚,卡多佐将所有这些不同之思索轨迹,名之为以逻辑之名。而吾还不及其一半之娴熟敦厚,却倾向于认为单纯死扣字面含义会导致这般效果:“甚至与那些最为初等(rudimentary)之正义感格格不入”[314]——借用首席大法官范德比尔得在一近似判例中之言:除了逻辑(至少从法律科学立场去

[313] Cardozo, *The Nature of the Judicial Process*, Yale, 1921, pp. 41 – 43.

[314] Neiman v. Hurff, 93 A. 2d 345, at 347.

看)，其目的是为了服务于正义。例如，根据庞德院长所思，在某个州并不很早的制定法里规定："任何人或人群在本州沿着或在任何公共道路或高速公路上开火，是不合法的——除非是为了消灭某种有毒患的或有危险进攻性之动物，或者一名公务人员为履行其职务之故。"[315] 而君是否能认同一个法官是乃合乎逻辑的，即若其遵循此法律之文本同语法之意思而得出结论——杀死一名警察亦是合法的、如同去击杀一匹有害动物？当其然，君会说那是一段好的三段论(syllogism)演绎之完美例子，它可以如下之公式推演之：

> 为了射杀一个有害的动物或一名公职人员为了履行其职责而开火，是合法的。
>
> 现在这名警察为了追捕而被一名囚犯(the prisoner at the bar)所射杀，是一个官员为了履行他的职责过程之中的。
>
> 因此，这名被告所做的是合法的。

假设它是一个上佳的三段论推理，但三段论法对于司法逻辑来说又是最不重要的。司法逻辑之重要部分，在于对于大前提之决定，而此大前提取决于诸种相关价值之博弈、权衡，因法律并非乃沉思科学而是一门价值论(axiological)科学。在大多数情形

[315] Pound, A Hundred Years of American Law, in Law: *A Century of Progress*, Vol. 1, p. 8.

下，法官须适用归纳法之逻辑（inductive logic），一种概率与平衡的逻辑（a logic of probabilities and balance）给艺术与伦理王国投下迷雾（shading off）。而法律，正如伟大的德国法学家耶林尝言之，乃是一种及于目的之手段与途径。若是，那么法官其并非应是目的论思维的，他不是服务于逻辑的。

法律，是多么地与伦理之间不可出离，甚至自然神学（natural theology）亦被带到人跟前。而1935年俄亥俄州最高法院（the Supreme Court of Ohio）所判决的奥力夫诉霍代普（Oleff v. Hodapp）[316]案，却与之（截然）对立判别。在那桩案件中，一名叫作泰戈·密欧瓦涅斯（Tego Miovanis）的男子，同他叔父阿坡斯托·密欧瓦涅斯（Apostol Miovanis）共有一个银行账号；而两者中
178 其一的任何一个存款人（depositor）均有无限制提（取）款权，且就其中一人死亡的事件发生，另一存款人可成为唯一所有权人。惟恐此一无限制之（取）提款权或会为其叔父所滥用，亦为了成为唯一独立所有权人，泰戈让人谋杀了其叔父并以此成功地使其在生者的视野中被抹掉。俄亥俄州法院不得不来判定，这笔联署的存款是否——作为谋杀的结果上，能排他地专属于这个谋杀者，抑或是属于被害人之后人或法定继承人接替这笔存款之权利。法院以多数票判决：银行存款全都且排他专属于这个行了谋杀后的杀人者。法官斯蒂芬孙（Judge Stephenson）在他的一段陈述之中说道：

> 我们并不同意泰戈法律地位之正当性；但这是法院

---

[316] 129 Ohio St. 432, 195 N. E. 838.

而非什么神学机构……财产并不能从那具有合法权利却因触犯公共政策的个人处褫夺，[个人——那些具有合法所有权（名义）却因违犯公共政策的人，不能被剥夺财产。]财产权如此神圣不可侵犯，即便有这种威胁（危险）亦不能屈就。吾等虽非内衷愉悦作出判决泰戈获得他合法的财产——但那就是法，我们且须如此认定它。

这一观点受到众多知名法学者和法官之严肃批评，然菲利克斯·柯恩（Felix Cohen）触到这一事件之根，当他写道：[317]

这其中有两样事情饶有趣味：一是法庭陈述“这是一个法庭而非什么神职机构”。二是法庭说“财产权太过于神圣”而不能屈从于某些特定的风险——即这接下来会是：是否法院允许将“正当”（righteousness）或“公共政策”之慎思考量，来影响关于财产权之判决。我们被告知，财产权已然是太具神圣了；显然，若非财产权利此等之神圣，或若生命权较之更为神圣，那么法院可能会对泰戈作出相反的判决——从而支持被害人之叔父之法定代理人一方。

关于在不同事物之间神圣性或崇高性的比较上的问题，我以为，其乃是神学院思考经年的最重要问题之

[317] *Ohio State Law Journal*, Vol. 12 (1951), 4.

179 一。于吾等而言，一项财产权或市民权（civil right）或人权，哪个比另一个更为神圣之问题的讨论，乃是神学之极为重要的组成部分。为什么俄亥俄州最高法院应坚持认为自己非乃一个神学机构——当要去宣告不同权利之间哪一个是相对神圣的呢？

在我的观念里，这桩案例就是这一法律格言（legal maxim）之一个典范：法越严苛，无辜者受到的伤害亦越大（Summa lex summa crux）。

当我们记得菲利克斯·柯恩是一位最为残忍的现代之"现实主义者们"中人，我们应想到，只要有一个人足够唯实的话，那么他就不会离天国太远。法官杰罗姆·弗兰克（Jerome Frank）亦证实了这句话——"最为机智的美国人，当用经院自然法（scholastic natural law）之'基本原则'去描摹他们时，你会发现他们竟是全然接受的。"[318] 而这"基本原则"之一，即为首席大法官比斯利（Beasley）——他从任何一个意义上都不会是一个学院派（a schoolman），其用最为简洁的话语表述之，"法以极大之关怀，竖篱卫护人的生命与人格的心意，是远超越于它援之去护卫财产
180 的"。[319] 而法官们能否一直去发现这样的法律呢？

---

〔318〕 Frank, *Fate and Freedom*, Simon and Schuster, 1945, p. 295.

〔319〕 Van Winkle v. American Steam-Boiler Ins. Co. （1890）, 52 N. J. L. 240, 19 A. 472.

第二十章
价值之序阶

和那些说:“愿他赶快,迅速完成他的工作,好使我们看看;愿以色列圣者的决策尽速执行,好使我们知道”的人!(思高版依撒意亚 5:19)

现在我们可以去学习耶稣基督的目的论与价值论了。在我看来,耶稣基督审判艺术之最突出特质,是其之于价值判断确凿无误之感受力。作为世界的光,祂有一个清楚和不歪曲之识见:何事是更为紧要的,何事又是次等重要的,且其从将手段混淆为目的。首先祂指责道,“尔瞽而作导者! 蚋*则滤之,驼则吞焉。”(新经全集·福音马窦传 23:24)【瞎眼的响导! 你们滤出蚊蚋,却

* 蚋:蚊子。——参见吴经熊先生在氏译《新经全集》中对于此条之注释。——译者注

吞下了骆驼。(思高版玛窦福音23:24)】其谴责文士(the scribes)与法利赛人:哀哉!尔经生与法利塞人,虚伪之徒也!盖尔斤斤于薄荷、蘹香*、莳萝、什一之输,而于律中纲要,如正义、仁慈、信德,则漠然置之。彼固当行,此亦焉可废哉?(新经全集·福音马窦传23:23)【祸哉,你们经师和法利塞假善人!因为你们捐献十分之一的薄荷、蘹香和莳萝,却放过了法律上最重要的公义、仁爱与信义;这些固然该作,那些也不可放过。(思高版玛窦福音23:23)】

与他们(文士同法利赛人)之于价值之错谬观念紧密相关联的,是他们对于法律之扭曲的概念。对基督来说,法乃为人所制,并非然人为了法律之目的而制。[320] 概全法之终极目的,乃是为了扶助人类去实现其人性之完善。然而这些唯法律论者竟将法条本身作为目的;他们是形式拘泥主义者、且带有语词之拜物教;
181 他们错将狭隘之理念置为那不可变易的自然法则。如若我们将所有他们与耶稣基督之争议设为一种互为对峙的情境——我们就会在一个更好的立场上去理解:这一切意味着什么。这根本上可归结为目的论法理学(a teleological jurisprudence)与机械论法理学(a mechanical jurisprudence)之间之捍格冲突。

在安息日,耶稣基督走进犹太教会堂(synagogue),他看见一个枯败了一只手的人。知道将会发生些什么,他们(法利赛人)就

---

* 蘹:蘹香即茴香。——参见吴经熊先生在氏译《新经全集》中对于此条之注释。——译者注

[320] 相近含义,可参见《中庸》章句:“道不远人,人之为道而远人,不可以为道。”——译者注

问耶稣道："礼日可治病乎？"将欲假端以攻之。耶稣曰："尔曹孰有一羊，礼日堕坑，而不即援之以出乎？人之贵于羊也，不亦多乎？是故礼日行善，宜也。"（新经全集·福音马窦传12:10－12）【他们问耶稣说："安息日许不许治病？"为的是要控告祂。耶稣对他们说："你们中谁有一只羊，假如安息日掉在坑里，而不把牠抓住，拉上来呢？人比羊贵重得多了！所以，安息日是许可行善的。"（思高版之玛窦福音12:10－12）】当他医好了那只枯干的手，法利赛人蜂拥而出并偕律师一起来反对祂，其是为了破坏那伟大的"违法者"（law-breaker）之声誉。而作为一个事实，他医好那只干枯病手却绝非悖谬了法律，而是一个恢复律法至其原初力及其本质功效之信号。

基督之于法之目的论哲学显然多过于其关于安息日之教诲，其曰："礼日之立为人，而非人为礼日。"*（新经全集·福音马尔谷传2:27）【耶稣又对他们说："安息日是为了人立的，并不是人为了安息日"（思高版马尔谷福音2:27）】它被理解为安息日意味着给予人类休息并赞颂上帝；而救死扶伤之责也当在这律法目的之中。它将救赎给予人，将荣耀归到父（It brings relief to man, and glory to God）。如同圣葆乐所称：夫律法岂不善哉，亦在用之合法耳。（新经全集·圣葆乐致蒂茂德书一1:8）【我们知道法律原是好的，只要人用的合法（思高版弟茂德前书1:8）】基督的目的很明了了，其之所作所为乃一个例子，以表示如何正当运用律法，而

---

* 礼日之立、欲人休息、借以敬礼天主。然人不宜因礼日之休息而重受其累。礼日饥而无食、人固可不休息而觅食也。——参见吴经熊先生在氏译《新经全集》中对于此条之注释。——译者注

非如法利赛人那般无视(律法)目的之妄谈。

耶稣基督之立场,非常清楚地表现于路加福音之中:

礼日,耶稣施训会堂中,适有一妇为魔所困,伛偻不能伸者,已一十有八年矣。耶稣见而呼之曰:“妇人,尔病脱矣。”遂抚以手;妇立即伸舒自如,而颂天主之德。
182 顾会董以耶稣礼日治病,憾之,乃告众曰:“六日之中,尽可工作,尔来就医可也。毋在安息之日为之。”主应之曰:“虚伪之人,尔中谁有礼日不解牛驴出厩,而引之饮水乎?今此妇乃亚伯汉之女,为魔所困者,已十八年于兹矣。孰云安息之日,不宜释其所缚乎?”(新经全集·福音露稼传13:10-16)【安息日,耶稣在一会堂里施教。有一女人,病魔缠身已十八年了,伛偻着,完全不能直立。耶稣见了她,便叫她过来,给她说:“女人,你的病已消除了。”遂给她按手,她即刻就挺直起来,光荣天主。会堂长因气恼耶稣在安息日治病,便给众人说道:“有六天应该工作,你们在这些日子里可来治病,但不可以在安息日这一天。”主回答他说:“假善人哪!你们每一个人在安息日,有不解下槽上的牛驴,牵去饮水的吗?这个女人原是亚巴郎的女儿,她被撒旦缠住已经有十八年了,安息日这一天,就不该解开她的束缚吗?”(思高版路加福音13:10-16)】

圣露稼(St. Luke)继续说道:"耶稣言时,诸仇惭恧*,而众人则因其所行非凡之事,而为之欢欣鼓舞。"(新经全集·福音露稼传 13:17)【当耶稣讲这话时,所有敌对他的人,个个惭愧;一切民众因他所行的种种辉煌事迹,莫不欢喜(思高版路加福音 13:17)】而有一个悖论引出来了:法利赛人乃是熟习律法之人,而大众本乃草根之众。而耶稣基督之理性之教诲与言行,于大众眼中乃再明白率真不过了,而其在法利赛人那儿却如丑事被张扬了一般。这就恰好说明了:其实世界上再无比所谓"饱学的迂儒(蒙蔽的读书人)"更为迂腐的了(there are no fools like learned fools)。正如孔夫子所言,"文胜质则史"(Where art overrides nature, you get the pedantry of a scribe)。而以法利赛人设例,他们的良知与自然理性之能力,在可获得认知以前已为人类错误之传习与传统所蒙蔽并扭曲了。错误之教益,其较之于一张白纸那未受教育之状态,却实要糟糕得多。

圣若望(St. John)为我们记下了另一桩伟大奇妙之事。在住棚节(the Feast of the Tabernacles)里,耶稣基督在圣殿讲学,犹太人诧异于其博学。犹太人异曰:"斯人未学,何由知书?"耶稣曰:"吾道非出于己,乃出于遣予者也。凡诚心行其圣意者,必能明辨斯道之是否出于天主,抑由予自言也。凡凭己而言者,乃求己之荣;惟求授命者之荣而言,故其人乃为诚实无妄也。"(新经全集·福音若望传 7:15 - 18)【犹太人都惊讶说:"这人没有进过学,怎

* 惭恧:心中羞愧。——参见吴经熊先生在氏译《新经全集》中对于此条之注释。——译者注

么通晓经书呢？”耶稣回答他们说：“我的教训不是我的，而是派遣我来者的。谁若愿意承行他的旨意，就会认出这教训，是出于天主或由我自己而讲的。由自己而讲的，是寻求自己的光荣；但谁若寻求派遣他来者的光荣，他便是诚实的，在他内没有不义。”（思高版若望福音 7:15 – 18）】

基督继续论证其在安息日之疗治，而这会对于法科学子们来说特别的有趣。耶稣曰：“予曩在礼日*行一灵跡，尔曹咸以为怪。
183 昔摩西承祖宗馀绪，授尔以割礼，尔乃以礼日予人以损割，夫礼日予人以损割，且不违摩西律法，则予在礼日令人全复，尔乃悻悻嗔予耶？尔为判断，勿拘外表，宜据正义。”（新经全集·福音若望传 7:21 – 24）【耶稣回答说：“我作了一件事，你们就都奇怪。梅瑟曾给你们颁定了割损礼——其实并不是由梅瑟，而是由祖先开始的，因此，你们也在安息日给人行割损礼。若是在安息日为满全梅瑟的法律，人可受割损礼；那么，为了我在安息日，使一个人完全恢复健康，你们就对我发怒么？你们不要按照外表判断，但要按照公义判断。”（思高版若望福音 7:21 – 24）】

而之于审判艺术来说特别重要的是：基督所娴熟巧妙运用类比的方法，而非在这特别的场合，而是在其言谈中处处都是。若其推理是逻辑的，那么其想象能力则是诗性的。我发现那些切近研习过其教诲的哲学家和法学者，从未失却于从其至高才华（His supreme aptitude）那里汲取一些——以期发现那表面看上去差池

* “在礼日”一词，原文缺之。其义固寓于文中也。——参见吴经熊先生在氏译《新经全集》中对于此条之注释。——译者注

甚远而它们潜在具有亲缘的事物。当论及圣托马斯·阿奎那之著作,托马斯·吉尔比(Thomas Gilby)已观察到:“祂的言谈有节律性地回应于那些孜孜矻矻于目的之事物,而非固守原点……类比之感,弥漫充盈满篇,而其所用之术语、语词,其根据情境之变化而内蕴变奏、流转生辉。”其作品有一种生命力冲动及理智况味,甚至在其处理那些最为抽象与烦琐之观念时。我再次引用吉尔比神父之言,“感同身受(feel for physical closeness),很少能消弭;逻辑根植于逻辑之先(rooted in the prelogical);推理(ratiocination)乃从一种本能直觉而来导向另一种;科学省思(scientific introspection)根植于一种直截了当、如果还是模糊之意识。”而这就是我现在对圣托马斯所观察到的,而据吾之所知,现当代社会,几无人能如同这个英国的多米尼克教徒*(Dominican)一般重新捕获这种气氛的了。

而我如此长之时间驻留于圣托马斯的学说,乃是因我明确地发现,在普通法中也存在这样类似的情氛。这里,也有一种类比之感充斥于全体。从布拉克顿时代到今日之美国,最好的法官与法学者们,对于生命之节律都表达了同样之回应、同样之价值论哲学(philosophy of values)、同样之“感同身受”,而同样对于类比及比例之柔意默契(the same supple sense),在逻辑与直觉之间同样无意识之相互作用,同样精致之天真烂漫、同样的技艺之悦——我几乎要说,在这欢快辞藻下之同样深沉之神秘主义,已成了普通法跨越时代之特点,使其长成如许一使人着迷之课题。 184

* 即吉尔比神父。——译者注

普通法其从未停止过散发其那"法学之悦乐之光"(the gladsome light),它继续使其"自己纯然从正义泉源所生发之规则来作工。"

有关类比推理在普通法司法发展过程中之作用,无人能比布拉克顿所书得更妙的了。他尝言道,"法律","其一旦为其之使用者所同意且由国王之宣誓而变久长,若没有所有那些经其共同首肯、商议才得以传布者之全体同意,就不能再变更或废除之;然而,它们可以变得更好,甚至若无此等之合意;因其并没有被破坏而是变得更好。如是,则应当出现任何新的与奇异的判例,且这些判例以前从未在这个王国中被对待过;如果有任何相似性质之判例,应由类推来确定(per simile)——因其就是从一个形肖似到另一个形肖似(from like to like)而来的绝好例子。"[321]

这体现了原初思想之一的是布拉克顿贡献于法学的,它也是普通法之最典型的天才所在,它看来专长于从旧土地生出新庄稼来。而如同圣托马斯一般,布拉克顿是天国中由天父自己(the Divine Master Himself)亲自指导的文士吧,毫无疑问他成了普通法的第一个家长,其有能力搬出新的与旧的各般法宝(his treasure things new and old),并日日更新繁盛。

俄勒冈州的拉斯克法官(Justice Lusk of Oregon)乃是在布拉克顿伟大传统中的——当其宣布"普通法有能力发现和对已知之错误,适用补救而并不等待立法出现,这乃其核心的美德之一。"[希尼虚诉弗兰克·梅耶公司(Hinish v. Meyer Frank Co.,166 Or. 482,113 P.2d 438 at 447.)]同样地,新泽西州首席法官范德

〔321〕 *De Legibus*, fol. 1b.

比尔得说道,“司法裁判之法律之任何变化必然在诉讼中于一方创设新权利而于另一方课以相应义务。这就是法律生长及调适自己以应对时日所需变化的一个历程。而这一过程之援用乃如此之必要:其不仅为了新权利与义务创生,且可在必要时废止过时之情势。[Cessante ratione legis,cessat et ipsa lex(法之理由消停,法自停止)]——它是我们法律最古老的法谚之一,且为吾等 185
法院历来遵奉之。”[322] 它亦如纽约州德斯蒙法官(Judge Desmond)所写撰,“我们在最精致繁密的普通法传统里作为,当我们调适和变革司法判决中所适用的法律(decisional law)以生出常识意义上之正义。”[323] 但思微教授则用一个烛火洞明式的篇章去总结普通法之动态方面(dynamic aspect);而不论他是否意识到这一点——它是二十世纪布拉克顿意义上之“迁变理论”(Bractonian doctrine of transmutation)的阐发:“司法上的进步倡导,其并未立意去改变英格兰法之原则,它们仅仅寻求与正义之基本概念更为切近一致,而这些概念构成了具体规则之基础。将古老的个体化规则保留在现代社会之中,而不能因应于理念与需求之变迁,必然会罄空法律元气;而若了无变化以赋生机,法律亦必会遵循所有活物之生存法则致消亡。普通法其荣耀之一,就在于变化革新之能力以使其存有人性与生命。从历史上看去,普通法应当作为法官们之于时代文明状况之回应。没有什么普通法原则——能够阻止对历史上之错误(historical anachronisms)加以

---

[322] Fox v. Snow (1950),76 A. 2d 877,at 882.

[323] Woods v. Lancet (1951),303 N. Y. 349,102 N. E. 2d 691 at 694.

清除或对于司法上之错讹予以纠正；且这些并不会被诉诸议会的。”〔324〕

针对这些历史的时代错误之一，阿特金法官（Lord Atkin）打了一个有趣的注脚：“过去时代的那些精英们，站在通往正义的通衢上，他们身上的中世纪镣铐还在叮当作响，而对于法官而言合适的进程，就是让他们顺利走过而不被阻挠。”〔325〕虽则他是布拉克顿值得称道之传人，他最好地代表了中世纪主义（medievalism）。世间存在各种各样的神明（ghosts and ghosts），而其中有一些归属于圣灵大家族（the family of the Holy Ghost）。事实上，伟大的原则，为普通法划打下基础，不似那些具体的规范，它是超乎于新与旧的。而使普通法永葆青春并一直向前看的，乃实体法之逊位，或者说在某处权威得以平衡，最好的法官，没有一刻犹疑去矫正倾斜之正义尺度之横梁而诉诸“那原初而不变之衡平……即那些天然的、那些未开化人亦懂得的、那些有文化的理性（cultivated reason）亦赞同的——基督教不仅仅许可更
186 是赋予了千万种型式的”［尼斯本法官（Justice Nisbet）在考尔布莱斯诉考尔布莱斯（Culbreath v. Culbreath, Supreme Court of Georgia, 1849. 7 Ga. 64, 67）案中所言］。

普通法正如生命本身，源源不断从本浊至清源。它从混沌得以升华。它是一条跌跌撞撞奔进大智慧中的道路。但重要的是要牢记这一可能性：其并不然是普通法自身所占有的一个神秘本

---

〔324〕 Seavey, Candler v. Crane, Christmas & Co.: Negligent Misrepresentation by Accountants, *Law Quarterly Review*, Vol. 67 (1951), p. 468.

〔325〕 (1941) A. C. 1, 29.

质，而是源自基督教之审慎与正义、爱与理智之源头活水。一旦其被隔绝于澄澈的源头而独从表面汲取水源——它便会如趟浑水般越搅越混。跟从人的传习，若其非建立于自然法或上主律法之上，并没有什么德性——这就提醒了我另一个基督与法利赛人的短兵相接的故事，在这里耶稣基督高举自然法与理性来反对属人传统。

盖法利塞人与犹太之民，拘泥古人遗规，非盥其指不食。* 自市归，非浴不食；其他繁礼缛节，如杯爵、铜器、牀榻之洗濯，亦一一墨守成规。故法利塞人及经生质耶稣曰："尔徒不遵古人遗规，而以俗手取食何也？"耶稣对曰："善夫意洒雅指尔辈虚伪者之预言也！其书云：'斯民敬我以唇舌，其心与我隔天渊，**既奉世教为宝训，向我朝拜亦徒然。'盖天主之命，尔则弃之；人之习俗，尔则执之。"又曰："尔曹之所以废弃天主诫命，而维护尔之习俗者，亦已巧矣！盖摩西曰：'敬尔父母，咒诅其父母者，死无贷。'***而尔曹则曰：'人若谓父母云：我所供尔

* "非盥其指不食"英文 Westminster Version 作"盥指"其他译本作"盥手"。——参见吴经熊先生在氏译《新经全集》中对于此条之注释。——译者注

** 见先知意洒雅书第廿九章第十三节。——参见吴经熊先生在氏译《新经全集》中对于此条之注释。——译者注

*** 见古经出谷纪第二十章第十二节、申命纪第五章第十六节。——参见吴经熊先生在氏译《新经全集》中对于此条之注释。——译者注

之养，已‘割尔盘’，* 谓已作献主之仪。’于是尔曹遂不
187 复许其供奉父母。是以尔之习俗，废天主之圣道也。尔之所为，类若斯。”（新经全集·福音马尔谷传 7:1－13）【法利塞人和一些从耶路撒冷来的经师，聚集到耶稣跟前。他们曾看见他的几个门徒用不洁的手，就是用没有洗过的手吃饭——原来，法利塞人和所有的犹太人，都拘守先人的传授：若不仔细洗手，就不吃饭；从街市上回来，若不先沐浴，也不吃饭；还有其他许多按传授应拘守的事：如洗杯，洗壶，洗铜器等——法利塞人和经师们就问耶稣说：“你的门徒为什么不遵守先人的传授，而用不洁的手吃饭？”耶稣对他们说：“依撒意亚论你们这些假善人预言得真好，正如所记载的：‘这民族用嘴唇尊敬我，他们的心却远离我。他们恭敬我，也是虚假的，因为他们所讲授的教义，是人的规律。’你们离弃天主的诫命，而只拘守人的传授。”又向他们说：“真好啊！你们为拘守你们的传授，竟废除了天主的诫命。梅瑟原说过：‘你该孝敬你的父亲及你的母亲；’又说：‘咒骂了父亲或母亲的，应处以死刑。’你们却说：人若对父亲或母亲说：我所能供养你的，已成了‘科尔班’，即‘献仪’，那么就允许那人不必再为父母做什么了：这样你们便为了你们所传授的遗教，废弃了天主的话；并你们且还行了许多

* “割尔盘”（Gorban）犹太古殿献礼之成语也。译言献仪。——参见吴经熊先生在氏译《新经全集》中对于此条之注释。——译者注

其他诸如此类的事。”(思高版马尔谷福音 7:1 – 13)】

并非所有人法都是糟糕的。但在这个特殊例子里,我们有一个狡黠的机制(an ingenious device)以逃避赡养父母的天然责任,即通过使用“科尔班(Corban)对上帝之奉献”这种人为公式,即通过引入上帝作为借口以欺骗父母应获得的正当的份额(rightful portion)。给上帝一个奉献当然意味着奉献于圣殿之财库(the treasury of the temple)。它本身并不是一件坏事。但若用一个人父母的钱,来完成这个事却乃一种严重的不正义。一个人在能够慷慨大方以前,须是正直合乎正义的。而我不能不疑虑于在多数情况下,这不是大方而是贪婪,激发一个儿子诉诸这样一种机制。确乎哉,子曾声称:不论其父母从他那里拿了什么,其是与交给圣殿的相区分的;而若引用伟大圣经学者拉格朗神父(Father Lagrange)之言——“这并不意味着,一个人没有义务将属于父母的份额献给圣殿。”[326] 这个事情看起来相当拙劣(shoddy),因父母亲那里被劫掠了,而这战利品却是在圣殿司库以及这个儿子之间被瓜分的。

显然到基督的时代,它已是一个依然被遵循着的老旧的风俗,而那些遵守这个习俗的人们可能并未尝意识到其之朽坏。于他们而言真是习以为常的了罢。而唯有基督祂能独自透悉那些个机俏理论(ingenious theories)之滥觞并予以理性化,能够发现这个约定俗成原则其原本面目罢。 188

[326] M. – J Lagrange, *Evangile selon Saint Marc*, Paris, 1929, note 11 on pp. 185 – 186.

第二十一章 自然法与实证法

我要将我的法律放在他们的肺腑里，写在他们的心头上；我要作他们的天主，他们要作我的人民。（思高版耶肋米亚 31:33）

我以为，这个"科尔班"奉献的例子对于现代的法学生们来说，是至为重要的。而在这里，耶稣基督界定了自然法与实证法之根本区分。自然法，其如爱德华·柯克爵士所言，是从基督与圣保罗的训诲而来。在加尔文这个判例(Calvin's Case)里予以宣扬，[327]"如同上主拨划在人之心扉"，先在于任何司法的或国内法(judicial or municipal law)。"存在(being)由上帝所造，它乃普世与不可更易的，它来自于更高的权威超乎于人定或实证之法

〔327〕 7 Co. Rep. 1, 77 Eng. Rep. 377 (K. B. 1610).

律。如果实证法之必要功能，是在管领人类事务上发挥必要作用，那么其之作用就是去补充及实施自然法，通过细节来实现（自然法的）之基本目的。

例如自然法要求孝之责（the duty of filial piety）：因此在可实行的限度内，由实体法或习惯法，去规定实现孝道之一些途径与方法，且至少要禁止对其严重的破坏。这些规矩与禁令（prescriptions and prohibitions）必随着人类社会变化而变化，必由人类文明成长而茁壮。 189

然如何使其之变动且其何等之成长须不得出离于起初自然法设定之目标。只要实体法变得乖离于自然法目标且不能作为达目的之甬道，就是朽坏堕落了；或中允地说，其不能再被称之为“法”，因就其终极本质而言，其已是误入歧途了。一伺此等情形发生，它们就无疑堵塞、阻挠了人道与人性之实现。以替代在其之下去确立一种社会秩序，使人们得以自由地发展上苍所赋予之道德与精神的天性，而这所谓之法律却成为了暴虐的主人：通过恐吓与给人们灌输错误理由与动机来束缚人之手脚，甚至囚禁人之思想。法利赛人，就是这个无底深渊迷雾（abysmal delusion）之牺牲品，反过来却将人们之习惯弄成神圣的律法，来蛊惑、欺骗别人。因被上帝之真实绝对律法所废黜（dethroned），他们就拥戴与绝对（absolute）的偶像相关之事物。

这的确就是近现代法学中所发生之事情：一些国家多一些，另一些国家少一些而已。实证主义，始源于对自然法之否弃，而终结于塑造各类奇怪的偶像——诸如极权国家（totalitarian state）、阶级专政（class-dictatorship）、独裁者（the Fuehrer）以及这中间最为隐蔽幽微的科学主义的(scientism)或崇拜事实者。甚至在美利坚,并不缺乏法学法利赛人,他们倾向于认为,只有以自然权利定义的自然法,才是独一无二的而全然忽视自然责任之存在;他们将自然权利仅仅视为“被授予的利益”,全然忽视更为重要之人性价值;他们在意志与权力中发现法之制裁,而非借由理性与正义去发现,不管其是国家的还是个人的。若他们谈到理性——它仅仅是用来证实意志的,所以他们的观念仅是一个唯意志论(voluntarism)为核心而将理性主义为其保护外壳的一种法哲学,一种纯假面伪装的命令(a sheer fiat),而看似具有某种天使光芒罢了。他们最为糟糕的是:竟妄称上帝、自然法之名,去教义化(canonize)他们的物质着迷(materialistic preoccupations)与种族偏见。吾之意思,非指他们在坏信仰之中;并不是这样,他们只是被蒙蔽哄骗了——如同
190 法利赛人所曾是的——误以人之教条来替代上主的法,他们或许以为他们正是在称颂主的荣耀的呢。

二十世纪之交或大约这一时期上下,有一股洪流抵制这一法学法利赛人之独断专行(the absolutism)。法学家的新学派们传布一种“启示的怀疑主义”(enlightened skepticism)[328]和相对主义。他们强调法的灵活性之重要以作为抵御法律概念主义(legal conceptualism)之过分严格僵硬。他们教诲道:法律须与时代比肩而行,当生命之流奔涌不停而法律亦趋之;没有一种法律是绝对不朽、不可更易的。“没有绝对之存在”,且“所有

---

[328] Holmes, *Collected Legal Papers*, p. 186.

概念都是相对的”。[329] ——由首席大法官文森(Chief Justice Vinson)的这一席言概括总结了这一场整体回应的精神。

现在,问题的症结在于:老学派们较赞赏呼吁将人性的及内在于人性之相关学说,抬高至神性与绝对之宝座;而新学派们则部分扮演了反对偶像崇拜之角色及拥有从现代心理学与科学之军库所得来的可惧之智识武器:将任何事物都拉下神坛——使其像一个新剃度之和尚脑袋一般空无与干净(leaving it as empty and clean as the newly shaven head of a bonze)。但当混水头脑的心魔看到宝座已空,就即刻召来七种其他精神力量,较他自身更智慧也更邪魔——将它推至王座(throne),它们统御和毁坏了数以百万计之人。

目前美国法理学,正在经受着其演化发展之关键时期。一个可见之潮流,就是自然法哲学之复兴以人之位格尊严(the dignity of the human person)为其之核心。历史处境让这场运动不仅成为可能,且不可避免为首席大法官范德比尔得巧妙描绘成——“有一种明显的倾向认为,人乃是经济生产大机器上的一个齿轮罢了。然使人高兴的是:这样一种趋势,看来已经受到了检验:一部分是因为战后之于宗教之热情复燃之——而正养护、培育着一种之于个体价值及追求善之能力的一种激进的信仰(a militant faith);而另一部分是由我们在预防极权政府及其之于个体之影

[329] Dennis v. U. S. ,341 U. S. 494 ,508.

响之一种普遍的警惕。”[330]当我通观当代美国法院之司法判决
191 时，我亦希冀此种精神化之理想主义(spiritual idealism)之复兴，能多过于一种暂时之时兴而成为理据。亦即，其是作为法学史之真正光辉岁月之开启。而在这个时代，吾等不得不学会去把舵：即在斯库拉之极端独断论(extreme dogmatism)与卡律布狄斯之极端怀疑主义论(extreme scepticism)之间，以充沛之道德勇气并审思明辨而前行之。

与在物理学中一样，道德科学也不可避免需要一些独断论或教条主义(dogmatism)；然这种教条主义，须为那些真正之基本原则所保留之、它们乃人所无法推翻的。如同这样一个假设：不得对他人作伪证，称其犯下某种罪比如谋杀罪，而事实上是被冤枉、清白无辜的。不论你是白种人、黑人、黄种人或棕色人种，除非道德上有问题，汝应当承认确是这样。我承认于我而言这个例子或其他相似之例子，正如“一加一等于二”那样是绝对确定的。而若汝使我去证明其之真理性，我不得不承认我不能达到——因不言自明之真理，从不能亦无必要证明之。吾可以举出更具体、生动而丰富的一些例子——好比我说“一加一等于二”时添附上一个苹果加到另一个苹果上这样，希望若君不钟意于玄思而能轻松领会之的。若君还要推翻此一命题，吾只得言汝之大脑肯定出了问题——好比我会认为汝之人生哲学也跟着有问题——即若汝认为其乃一件荣耀之事：为了达到可能与某人之妻结婚

---

[330] Vanderbilt, *The Doctrine of the Separation of Powers and Its Present-Day Significance*, University of Nebraska, 1953, p. 49.

之目的而对这个清白的丈夫作伪证，指证其谋杀而最终将其送上死刑之电椅。吾所想得之结论是：非所有之事情咸与人性有关，因有一些事情，从头到脚就是个错误——而这就是我之教条(dogmatism)罢。

而在另一方面必要之怀疑精神，乃一名法官必要与值得嘉奖之精神武器。法律，不得不去面对人生处境中无休止之变动与改变，常会有一些无法预料之情势需法官去作进一步之判断。诚如布拉克顿所云，一些判例中之情境“无相似之势较之前所发生的，且其之裁判亦为晦暗与困境所掣限攻劫”。[331] 于这样的判例中布拉克顿强烈建议法官审思和纳言。“然，”他哀道，“有一些人， 192
轻信于自个儿之学识，恰似在法律上，其乃全知全能，也不乐意从他者那里得到见解。而事实上，在那样的判例中，于他们而言，更为真诚与审慎之态度，乃是去广纳贤言，而非自己胡乱草率判定。因为于一些偶在(contingent things)之存疑并不是一件无益之事”。[332] 而若君在智识上乃真诚而谦逊，就不会对任何之事情轻率妄断之，而只是会对己身之观点再三审查、宁愿质疑之。而如若法利赛人，也能够于人之传统、绪脉(the traditions of men)更多存疑的话——他们可能就会对上主之律法报以更多和更大之虔敬之诚心了。 193

[331] *De Legibus*, fol. 1b.

[332] *Ibid*.

第二十二章 法与衡平

我要教给你智慧的道路，引你走上正直的途径。（思高版箴言篇4:11）

让我们再看耶稣基督与法利赛人之另一次交锋，而那也在安息日上所发生。

> 安息日，耶稣行经麦田，门徒摘穗，搓而食之。* 法利塞人曰："胡为擅犯礼日禁例？"耶稣应曰："尔曹未读大维及其从者饥时之所为乎？彼其如何入天主之殿，取食供饼，且以食其从者；顾依常例，此饼惟司祭可食也。"

---

* 通俗拉丁译本云"首次之第二安息日。"注疏家俱不明此语之意；且古抄本亦多缺"首次之第二。"故各种译本、俱仅译为"安息日。"——参见吴经熊先生在氏译《新经全集》中对于此条之注释。——译者注

(新经全集·福音露稼传6:2－4)【有一个安息日,耶稣经过麦田时,祂的门徒掐了麦穗,用手搓着吃。有几个法利塞人说:"为什么你们做安息日不准做的呢?"耶稣回答说:"你们没有读过:达味和同他在一起的人,在饥饿时所做的吗?他怎样进了天主的殿,拿起供饼来吃了,又给了同他在一起的人吃。这供饼原不准他人吃,而只准司祭吃。"(思高版路加福音6:2－4)】

基督引用大卫王的例子,并非循着遵循先例(*stare decisis*)之精神或是遵循什么先例——而是因其恰巧成了一个蕴藉着重要法律原则与精神之先例。它是神法的一个规则即只有司祭才可以吃圣餐饼(loaves of proposition);而这一个如同所有其他实体法规则一样,应在一般生活情境下去理解,而并不适用于由大卫王及其同侪们所设的那些例外情形。这一规则是为维护司祭之利益(the 194
interests of priests)所设,而在一般情况下都应遵守之。虽则其并非属自然法,但它与自然法其实是相互照应、融为一体的;另一方面,保全生命也是自然法之应有之义。当君面临困境要求君在违犯一项实体法和违反自然法原则之间作出选择,君会被认为正当地或至少是自我免责地去选择前者。对任何一条实体法规则来说总会有例外情形存在:它们或是直接根源于自然法之箴规或是有那些更高之衡平存在。

这就将我们带至"法"与"衡平"之密切联系及它们各自在法律体系发展中所从扮演之角色中来。无论为两个独立法院所运作抑或是由一个法院为之,并不有何大之不同。而重要者其实是在中间状态:法官应当知道"法"与"衡平"是一个整体不可分割之两个部分——每一部分都为填补正义之实践起到非常必要之作用,而法之至臻完善与发展主要在于彼此相偕合作。

在法律体系之沿革中,以严格规则形式所表达的"法律"首先出现;而后是"衡平法"在司法程序中诞生——缓慢且不辞劳苦地。一些规则,不得不确立下来以为人之社会团结引进并确立某种秩序。起初法官们并不认为需允许任何法规则之例外,然而何等之艰辛他们会对特定的个人起作用,因为放松了规则,可能会使新确立之秩序轻易被打破。然而当社会秩序多少趋于稳定恒常之后,法官们就稍稍放松了对于维持和平与秩序之专注而将更多时光用于思索诉讼两方之间的公平与衡平上的问题。同时,大部分法官浸润于某个法律传统中且路径依赖于那些仅适用于过往情境的大脑心智之惯习且很多人颇不悦然于那些仅适于过去情境的思维习惯,从而发现若要自由从容地回应新需求,确乃殊为不易之事。而在这一关节处,很大程度上要倚仗于法律天才们的出现,就是那更为明察、敏悟于正义之要求的,而非那些资质平庸的法官(the rank and file of judges)所能胜任之,且法律天才们明白何以在那些如难啃硬骨头一般的法律规则(the hard-and-fast rules)中去引入一些合宜与例
195 外——以去说服其他那些个至少不那么固执的同仁们。而主基督引用大卫王之先例,正是据此而被理解之的。

这里没有多余的地方可进入有关法律演进(legal evolution)的有趣阶段之细节当中去,我举一两个例子以自谶。在查士丁尼之《法学阶梯》中,我们发现这样一些话:

> 例外情形之制定,是为了保护通常在这种地位上的

> 被告——即虽然原告的诉讼本身是有合法根据的，但对被告来说却是不公平的一些情形，比如因为胁迫、诈欺，或者错误的承诺所导致的。根据提多(Titus)法，通过口约(stipulation)虽然你并没有欠他的，但很显然你为民法所约束，且依君诺言之诉讼被牢牢确立了；而对汝作出不利判决却是不公平的。因此为了赢得诉讼，你被许可请求胁迫或诈欺的例外情形(the exception of duress, or of fraud)，或基于事实的抗辩。如果某人借钱给你，从你那里得到一个偿还的要式口约，且最后不借钱给你。很明显他能因要式口约起诉你，且你为了这个诺言须予履行；但这是不公平的，如果你被强制履行这一个承诺。且因此，你被允许以例外情形为自己辩护，即那笔钱在事实上从未借给过你的。[333]

从逻辑上看，规则与例外是同时产生的，它们一直是在同一水平面上的。然而历史地看去，规则先行而例外作为新产生的制度而居后，非如预期的，当规则被制定了，就由法庭来裁判。值得说明的是，在罗马法中正如在普通法里，例外被引入并非作为实体法之直接修正，而是借由程序之渠道——不论其是作为抗辩或是作为对某项特定救济的申请(petitions)。

衡平，其对于法律来说，好比诗歌之于散文体。"法"之美，在

---

[333] *The Institutes of Justinian*, trans. by J. B. Moyle, 3d ed., Oxford, 1896, p. 197.

于其清晰与规整。而衡平之美,则在于其灵活可塑性(plasticity),在于其之于价值自在之回应及对于比例之精准感受力。约瑟
196 夫·斯托里,作为美国杰出法学家中的一位,他写道:"衡平法学(equity jurisprudence)之美妙品性——普适通诠(pervading excellence),如果一个人作如是之概括的话,正在于其能调适自己之调整方式与比例尺度以使能满足每一个于复杂惯习系统(habitudes)中之特殊案例所由带来的型式与压力。"[334]

毋庸赘言,法律规则与衡平之于法之艺而言,都是同时必要的。虽然一个外行或一名法官,若非深切了悟法之真谛,倾向于以为法律就其规则而言,是排他的。而亚里士多德的视角仍值得一提:衡平之效用,在于纠正一项法律规则的缺漏,那正是从一种必要的普遍性中所不可避免地发生的。而这一真实确可以由孟子[335]这位与亚里士多德同时期之中国先哲及一位门生之间有趣的对话来附会之。那个时代,一个男人与一个女人之间收受礼物被纳入一种社会规范——除丈夫与妻子或父母与子女间以外,须没有任何身体接触。而当一位男客人前来造访一户人家,这家主妇以茶相待,且须将茶碟放在桌上或杯垫上以使这位客人方便取饮,而她一般不直接将茶水送达到客人手中。现在孟子门生问他的老师是否有这样一个规矩——(淳于髡)曰:"男女授受不亲,礼与?"孟子就尝答道:"礼也。"门生问:"嫂溺则援之以手乎?"孟子答:"嫂溺不援,是豺狼也。男女授受不亲,礼也;嫂溺援之以手

[334] 由 Chief Justice Shepherd of the Supreme Court of North Carolina 在 Edwards v. Culbertson (1892) 中予以引用。

[335] *The Works of Mencius*, bk. iv, pt. i, ch. xvii.

者,权也。”(离娄上·第十七章)[336]

现如今衡平不再是其他什么而是一种平衡感。因推行了衡
平术,就不会有什么坚硬难啃和不假思索之法律。正如同品
味——它只能经由经验、阅读、观照和反思来培育并予以醇化。
而其嫩芽(rudiments),一部分乃基于人的先天禀赋,但其生长是
要依赖一种合理的教育,大部分是出于自我之教育。这就是为什
么一些最著名和伟大的法学家,会建议其年轻的后继者们:为更
充分知晓法律到底是什么,所须知的要远多过于法律本身。亨
利·芬奇爵士在其《法艺》(Nomotechnia)(1613 年)一书中诲道:
法学知识包含了两个元素,一个合乎于法律本身——也就是指制 197
定法与裁判法(decisional law)的知识;而另一个则来自于其他的
源头。抓取其那使人难以忘怀的语句:“……其出自于神性、语
法、逻辑的内部,也来自哲学类的、自然的、政治的、经济的、道德
的哲学;虽然在我们的报告同《年鉴》中,它们看似并非在相同之
术语下被概括,但君会发现总总其实都不过是一个事物罢了。因
为所有学科的灵感火花,都不过是在法律燃烬中被翻刨出来的罢
了。”[337]

当其然,重要之事是心怀这正义火苗让其在胸襟内深燃,否则,过多之燃料及潮湿之圆木就会使其熄灭而不见光亮,惟余青

---

[336] 平衡的想法(idea of balance)在儒家道德哲学之中占据了一个相当重要之位置。孔子尝云,“可与共学,未可与适道;可与适道,未可与立;可与立,未可与权。”(《论语·子罕篇第九》)

[337] 由 O' Sullivan 在他的 *The King' s Good Servant*, pp. 18 – 19 中予以引用。

烟袅袅。另外，当火星被燎拨起，君则须煨更多燃料，否则它们不久就尽了的。

布拉克顿将法称为道德科学，并将其置于伦理学之下。吾同意法律是一种道德科学之学问，但我更愿意将法律与伦理并举——它们如同是在自然法这位共同祖先衍续下之孪生姐妹一般。但无论如何，它们乃同族血脉。它们之间的关系乃何等之亲密，由这段话可以引出——当我偶遇迈森的这本优秀的而又不太为人所知之书《我们法律的建设者》(*The Builders of Our Law*)中时：

> 曼斯菲尔德法官建议英国法的学子去留意从事律师职业时从《论义务》(Tully's *Offices* *)开始——而这个名字出现于西塞罗三论中的《论义务》(拉丁文“De Officiis”)篇。这个建议于一些人而言，听起来会有点怪，而事实上它是一个非常合理的建议：因为所有的法，都有其道德基础。对于人们在社会上的责任之清楚认识，恰是法律科学之真实基础。戴曼是蒂德的学生、这一伟大实践的作者，且这是从他那里所学到的一个道理。“我清楚记得，”戴曼说道，“他所给予刚开始执业的学子之忠告是：‘当君被要求提出自己观点之时……你要使你自己成为事实完美的主人，并考虑何者为正确正

* 古罗马伟大的演说家与政治家西塞罗(Marcus Tullius Cicero, 106 - 43 BCE)在18世纪的英国有时被称为“Tully”，而英文本“Offices”就是指西塞罗的拉丁文本《论义务》(*De officiis*)。——译者注

当。你会握有信心那就是法律——而并非过多浸润于判例群'"。这项建议和忠告,尤其是于判例而言须谨慎接纳,而就它本身而言乃非常诚恳合理的。[338]

每个人都知道托马斯·莫尔在人文领域是多么广泛地被阅读到。我一直赞赏他的之于平衡感的感知,直达其之殉道的那一刻。“吾死为王之忠仆,而上主则更为先。”[339] 在这一事件上,我想到的是正义之熊火及智慧水源正以伟大的平衡在一起作工,这使托马斯·莫尔成了一名伟大的(衡平法院)大法官。 198

而让吾印象最深的,是他与王座法庭的法官之一次相遇。作为一名谙熟普通法的成功的学子,莫尔曾建议法官以他们自身之主动创造性,去改善法律之僵化与严苛。而其建议未被采信,因为在当时这是比较超前的。然而在英格兰和美利坚那里却成了现实:法律与衡平融合了。[340] 莫尔之观点,具有法学上之重要性:因其试图证明法律与衡平,是内在关联的;当衡平法预设了法律(equity presupposes law),那么法的实行就要通过衡平之帮助

---

[338] Manson, *Builders of Our Law During the Reign of Queen Victoria*, 2d ed., Horace Cox, 1904, p. 101. 法官 Dillon 在其 *Laws and Jurisprudence of England and America*, Boston, 1894, pp. 17 – 18 中已经证实了这同样的道理。

[339] 这一说法体现了平衡与比例(balance and proportion)之一个上佳典范。

[340] 法与衡平之间的融合或合并,一方面并没有废除法律权利与法律救济间之差别;另一方面也没有废除衡平法权利与衡平法救济(equitable rights and equitable remedies)之间之差别。它仅意味着对于同一个法院授予法定救济与衡平法救济(legal and equitable remedies)的权力。在这一措施下,法院拥有两套救济体系,且根据特殊案件的情形以及实质正义之需要,在适用何种救济途径上行使一种宽广的自由裁量权。

以实现效果。“法院之判决，”正如普拉克内特（Plucknett）所言，“好似人类行为之任何其他问题一样，它需要建立在法律与衡平，规则与例外，历史与创新间的良好平衡感之上”。[341]

在莫尔之时代，衡平法院（chancery）与普通法法院（law courts）之间起了不少摩擦，主要原因在于莫尔的前任沃尔西，起草了多桩禁制令*（injunctions）来悬置普通法法院判决之执行。普通法院法官大多数是趋于保守且以专业技术思维断案，唯法律条文马首是瞻，甚至要去牺牲实质正义。例如，如果我已经向你偿清了债务但忘记从你那里得到一份我签过字的偿还字据，你就仍然可以就曾写明的欠款文件而对我提起诉讼——而法官也会因此对我作出不利判决。在这样的案件中，我可以向衡平法院大法官申请救济，且在听取了两边陈辞后，其会令汝不得遵行普通法院之判决——因对汝而言支付给汝两次显然是不合理的。而汝若无视这项（来自衡平法院之）禁制令而径自履行法官判决，那么大法官可将汝投入监牢。虽然这项禁制令之发布并非针对法庭而是针对当事人的，而其效果却是一样的。如梅特兰所说，“你因违反了信托而得到一份判决——而（衡平法院）大法官并不以这项判决是错判，他并不废止取消它，而他会告诉你，因为某些个人原因若
199 汝去履行这项判决会是不公平的，因此汝也不会遵循判决。就因为此，很自然地普通法院之法官们，会对这般对待他们的判决，而

[341] *A Concise History of the Common Law*, p. 609.

* 参见《元照英美法词典》之辞条“injunction”，载薛波主编，潘汉典总审订：《元照英美法词典》，法律出版社 2003 年版，第 696 页。——译者注

心生怨怼”。[342]

莫尔并没有像沃尔西那样发布如此多之禁制令,然仍有一些抱怨是针对法官这边的。当其之女婿罗普告诉他,法官们并不喜欢他的禁制令,莫尔就让他的书记官去做了一份既有过去的也有未来待定的所有禁制令之一览表,并邀约法官们在他的威斯敏斯特会议室共进晚餐。我且让这名女婿来讲述完这个故事吧:

> 晚餐之后,当他听到有关他的禁制令的抱怨,他就打断他们的话,并一一展示给他们看每一个的数目和因由——他们通过于其之充分讨论与商谈,很自然地都不得不承认:在相同情况下,他们自己并没有其他明智办法,因而他只能对它们作出此种判断;而如果任何法院的法官们(对他们来说于苛法之改革,因为其之审判职权大部分是尤其相关的,将会基于理性之考量,通过他们审慎裁判(如其所曾是,其以良知为心地)来缓和且改善法自身之僵化与保守。而从那以后,再无什么禁制令了。当他们在任何地方拒绝屈尊,他就会对他们说:“鉴于你们自身——我的法官,使得我有必要去发禁制令以减轻伤害,你们今后不得有一丝一毫来责怪我。”之后他于吾私述道,“儿啊,我发现为何他们并不喜欢如此行事,因为其知道可以通过陪审团裁断(the verdict of the

[342] Maitland, *Equity*, *Cambridge*, 1936, p. 17.

jury)来甩脱他们自己内部的争吵;而他们将其视作其之主要防御。这也就是因而吾不得不冒所有这样的判例汇编*(reports)所可能带来之危险了”。[343]

莫尔作为(衡平法院)御前大臣的判决,并未被判例汇编所记载下来,是一个遗憾。然曾有一段他在他家进行的所罗门式审判(a Solomonic judgment)之史话。这个故事可在《“这个人的生平”》(*Ro. Ba.*)(在伊丽莎白王朝统治末叶写就)中找到,在《教士传记》(*Ecclesiastical Biography*)中被印刷出版。其审判乃如此
200 这般具有特点和风范,以使吾认为,读者们不能忽略之。此之英文表述乃古旧晦涩的,而却散发着水灵灵之清新:

托马斯爵士最后一位太太喜欢逗小狗儿,而她碰巧有那么一只,它却是从一个孤苦乞妇那里偷来的。当这名贫乞丐指认这只狗——发现它正蹲在服侍着贵太太的仆人臂弯里。而狗被否认是她的,所以就双方僵持在那里。托马斯爵士发现了这桩事,他让妻子和丐妇一同来到他的面前。他说道,“吾妻,站到这儿来,站在上边,因汝乃一名贵夫人;而这位妇人,您站在下边,您应是无过错的。”他将自己置于二者之间,且将小狗儿放于手掌

---

* 参见《元照英美法词典》之辞条“report”,载薛波主编,潘汉典总审订:《元照英美法词典》,法律出版社 2003 年版,第 1183 页。——译者注

[343] William Roper, *The Life of Sir Thomas More*, ed. by E. V. Hitchcock, pp. 44 – 5.

> 心上——对她们说道,“你们乐愿吗? 即由我来断汝等之间对这条小犬之争?”“好的啊,”她们说道。“那么,”他说,“汝等每人都叫一声狗儿的名——看小狗奔向谁,就归于谁。”结果,小狗跑向了那位穷妇人。所以他就将小狗儿判给了那位穷妇人,且给予了她除了法国的皇冠之外的任何东西,请求她将这匹小犬送予他的太太;这名穷苦妇人很享受他这番公平之话以及其所给予的救济金,就把小狗儿给了他的太太。[344]

吾应当认为耶稣基督祂会对这样一个审判投之以笑脸。大部分衡平法院大法官们,就人们所能想到的,都如天使般的,而这一个却如圣弗朗西斯*(St. Francis)一般之天使,或是莫尔在切斯特顿的某个亲眷——是一名与生俱来的小天使,而在精神上却是撒拉弗**(a seraph)。然我困惑于清教徒们是否亦曾激赏如是这般一个欢快的让人捧腹之神明。 201

---

[344] See Chambers, *Thomas More*, p. 271.

* 阿西西的方济各(Francesco d' Assisi, 1182 年 7 月 5 日 - 1226 年 10 月 3 日),中世纪修士,出身富裕家庭,却放弃财产,甘守神贫。——译者注

** 撒拉弗(Seraph/Seraphim),是神的使者中最高位者,在天使群中甚持威严和名誉,被称为“爱和想像力的精灵”。犹太教和基督教都形容其有六翼,手持刻有 Sanctus(希伯来语曰 Trisagion)赞美词的圣扇。——译者注

第二十三章
源头与终了

“我乃众妙之妙*,众徼之徼**,无始之始,无终之终也。人有渴者,我当赐其从心所欲,饮于活水之泉。”***(新经全集·启示录21:6)【“我是‘阿耳法’和‘敖默加’,元始和终末。我要把生命的水白白地赐给口渴的人喝。”(思高版若望默示录21:6)】

此乃一个不容置疑之事实:即美利坚人总体上是一个宗教化的民族。所有那些置喙于美国的外国作家,若深潜于其发达的物

---

* 妙:精微深奥的事理。《老子》第一章:“故常无欲,以观其妙。”——参见吴经熊先生在氏译《新经全集》中对于此条之注释。——译者注

** 徼:边界、边塞。——参见吴经熊先生在氏译《新经全集》中对于此条之注释。——译者注

*** “参见本书第一章第八节、第二十二章第十三节。”——参见吴经熊先生在氏译《新经全集》中对于此条之注释。——译者注

质文明之根柢，就会对其深邃而弥漫的对上帝和所有人的善之信仰与自信之潜台词而深有感触了。[345] 从最早年那些岁月直到艾森豪威尔总统时期——政治家们全都一致强调宗教作为国民福利之基础。

乔治·华盛顿（George Washington）就尝作如是之解。吾只从其告别演讲中引一些语句去佐证头脑清醒及实事求是（matter-of-factness）作为美国思维方式的特点是如何看待道德和宗教的。"让吾等简单设问，"他说道，"哪儿需要财产、名誉、生命权之保障——如果这种宗教感的义务放弃了它的誓言，那么什么能作为法庭调查之手段呢？让我们对纵容此等假设保持谨慎——即道德毋需宗教而存在。无论我们对于良好教育（refined education）对人类大脑之特殊影响作多少让步，而理性与经验双方，却阻止吾等去期待一个民族之道德胜出能够排除宗教原则而存在。" 202

而这并非只是政治措辞之机敏，其源起于一种深邃信仰及暗含对于上帝之确信——其为一段论及国际关系的话语所无误揭示之。"请循诚信与正义"（good faith and justice），他告诫道，"对于所有的国家，呵护和平与和谐是宗教与道德所要求；难道好的政策并无如此平等要求吗？其值得为一个自由经启蒙的及在不久之将来，一个伟大国度将给予人类一个宽宏而十分新颖之范例，一个总由高尚正义与仁慈所指引的民族范式。"

---

〔345〕 除了那些欧洲作家比如托克维尔（De Tocqueville）、庞蒂（Boutmy）以及詹姆士·布莱斯（James Bryce）……之外，我被Thomas Boland大主教告知：他已阅读了一本由十九世纪在美国的一位中国外交官所写就的回忆录——在书中作者将美国的这种力量追溯及了基督教。

这段话乍听起来,会觉得过分理想化;而在总体上,它是美国外交措辞的一贯风格,甚至在我们这个原子式(个人主义)时代亦复如是。愤世嫉俗者或要挑其刺,如功利主义法学家 T. E. 霍兰德(T. E. Holland)尝写道,“现代外交措辞中之于‘自然法’之诉诸——可能大多数情况下是为了美国利益,其亦不过辞藻罢了。”[346] 而华盛顿与他的跟随者,其既非伪君子亦非傻瓜。一位功利主义实证主义学者如霍伦那样,当然不能简单地懂得这其中之真心情,更不用说其智慧了。而于一种理想主义言之,其更乃建立于一个更高实在基础上的。而若一名实证主义者一如彼拉多(Pilate)之方式设问:“什么乃自然法则?”还不等其他人之一个回答,华盛顿就会追问另一个问题,以挑战一个体面人士之明确答复——他说道,“难道恩典(Providence),并未将一个国家之永恒福祉联系到它的道德上去么? 至少这个伟大实验,是由任何一种使人性高贵之情感所引导的。哎! 难道它不能为恶之花所呈现?”

最后这些话,反映出美国的先驱者们一种深邃之基督信仰。先驱者们,来到这块大陆,主要乃是为了宗教自由之向往;他们中的大部分人乃本在英格兰的有良心的反对意见者,他们同时也是诚实的教徒。他们从圣经中汲取灵感——独立与自持——这是他们日用之食粮。无论其之个人解释会将他们引到哪一种错误教理上去,其之人生哲学之核心教义,本质上却是合乎情理的;即先要去寻找到上帝的国,然后其他东西才会慢慢被添附到你的生活上去。

---

[346] Holland, *Jurisprudence*, 11th ed., Oxford, 1910, p. 40.

庞德院长用这样一些话来归纳清教徒们之于美国法学之影响。“合同和自觉自愿的归责行为,被认为乃一种对于所有法律 203
问题的解决观念。当后来一个城市化的工业社会出现,要求我们通常所说的社会立法的时候,一度这种新的立法类型,因与上述的理想相冲突而遭遇困境。”〔347〕当评价最早的那些先驱者的岁月(in the pioneer days)在法律上的贡献,他认为清教徒主义(Puritanism)要为极端个人主义之偏颇负责。“因为清教徒,是宗教改革化身。个人解释言论之自由(freedom of interpretation)、集会结社自由及个人种种权利是他之宗教、政治与法律观念之基础。然抽象的个人自决之自由与个体利益,却绝不是任何法律体系不得不关注的——且在十九世纪我们的法律中,在各个方面它们都暴露了将其作为唯一之基础的不良影响。”〔348〕他从莫利那儿引用了对于它的一个相当之苛评:“没有哪里比清教主义,给我们带来更多的危害的了——较之于引导我们从人的判断中出离所有之广阔性、色彩、多样之复杂性及适切等差之审慎察断(discrimination)而将其缩减到一个有关于他们之道德语词或观念与被接受真理标准之间精确一致的细小、狭窄而肤浅之声明。”〔349〕

故庞德以其敏锐道德直觉和某种独创(普罗米修斯式)精神以及莫利以其文明绅士般的精致审美品位——他们并不满意于这个

---

〔347〕 Pound, *Law and Religion*, Rice Institute Pamphlet No. 28 (April, 1940), 109 at 144. 同时也请参见 *The Spirit of the Common Law*, p. 43。

〔348〕 *Ibid.*, p. 45.

〔349〕 *Ibid.*, p. 44.

“普洛克路斯忒斯的清教徒之床”*（Puritan bed of Procrustes）[350]。然而对于我而言是多得多的、超乎于城市与乡村、个人自决与妥协、个人主义法叙事与法社会学之间，或现代唯意志论（voluntarism）与其相关的中世纪范型组织化社会（organized society）之间的选择——于我而言，这个问题蕴藉无限之深远。我们面对着在一个狭隘的基督教还是一个充分的圆融的基督教之间去作抉择。而如果我被逼着要在清教徒式的田园心情与莫利式的城市文明之间（Puritan rusticity and Morleyan urbanity）作抉择的话，我自然会更多倾向于前者而非后者；因一盎司的真信仰（genuine faith）远比一吨之浅尝辄止之热情（dilettantism）更有价值。[351]

更甚言，所有建国国父们并非全是清教徒出身。宗教信仰间亦有许多细微差别——这从自然神教一直到大公教（from Deism to Catholicism）。在《独立宣言》（Declaration of Independence）与《权利
204 法案》方面，并没有什么特别的清教色彩；宣称所有人天赋平等且拥有不可让渡之权利，例如生命、自由和追求幸福——仅仅是为了声称对所有理性的人来说是可予以接受的公分母罢了。

十九世纪美国法理学的过错，并非在于它之于人自然权利之主

---

* 普洛克路斯忒斯（Procrustes）是希腊神话中的一名强盗。他是海神波塞冬（Poseidon）的儿子，在从雅典到埃莱夫西纳（Eleusis）的路上开设黑店，拦截行人。店内设有一张铁床，旅客投宿时，将身高者截断，身矮者则强行拉长，使之与床的长短相等。后来英雄忒修斯前往雅典时，路过此地，将其杀死。现在普洛克路斯忒斯之床（Procrustean bed）按其形象意义，与汉语成语“削足适履”、“截趾穿鞋”颇相同；也类似俗语“使穿小鞋”、“强求一律”等的说法。——译者注

〔350〕 *Ibid.*，p. 58.

〔351〕 这些话适用于 Morley，而不是 Pound。

张,而在于其不能够去更多思索到人之自然责任;并未将人格与人性之整全(the fullness of his personality and humanity)作为其之理想,只是将抽象个体作为其规范对象;而这种最为单薄的人之"一副皮囊"(the merest skeleton),最易为"经济人"这种模式所塑造。这种"经济人"模式,一方面使工业成为龙头(captains of industry),另一方面则仅仅是社会机器之轮齿罢了。这个世界已被划分为以个体至上之功利主义及以社会公益为尚的功利主义者(individualistic utilitarians and socialistic utilitarians)了——而这两者的核心都是以物质主义为人生哲学,这种法理学在实证主义那里找到了其自身之表达。

无人可以如庇护十二世(His Holiness Pius XII)那样清晰而准确地捕获现代法理学之真实景界;极少数人知晓这位人士,他是一位完美的法学者(a consummate jurist)。他说道,"十九世纪","是一个为司法实证主义负主要责任之世纪。其之后果在其严肃审慎之立法过程中被缓慢感受到了;而这归因于一个事实,即当时的文化,仍为过往基督教所浸润影响,基督教思想代表人物,几乎在任何地方仍发出声响,能让立法集团听到——它给极权政体留下了反基督的印戳——这种政体曾经是煞费苦心地,或至少是作为一个事实,割断了与至高神法之间的任何联系,从而揭示给世界一副司法实证主义(juridical positivism)之真相。"[352]

---

[352] "Law and Conscience"(November 13,1949). 参见 Pius XII, *Discorsiagli Intellettuali*:1939 - 1954, pp. 211 - 212。

那所有极权政体之外的国家法学，却被逼着要走上在二者中择一的道路：其既可能向下走向现实的方向上去，或是往上走全心全意返归向主。而如若原地不动，就会如一栋房子被分裂得七零八落最终垮掉了。

没有走向个人主义之回头路了，而对于个人主义之疗救，并不当然是社会主义。因从弗兰克·席德那儿借用一个手编织物或一个厨房炊具——人们不会是那般："鸡蛋们并没有什么更高的命运，除了将它们个体融入到一些更受欢迎的煎蛋饼当中去（eggs with no higher fate than to merge their own personalities in some social omelette）。"[353] 个人主义之困境，并非
205 在于其选错了实体（entity）。而在人类世界中没有什么实质的实体（substantial entities）能超越作为个体的了。而认为社会乃一个实质整体之观念，实异在于［其亦不同于基尔克*］基督教之

[353] *Communism and Man*, London, 1938, p. 201.

* 奥托·弗里德利希·基尔克（Otto Friedrich von Gierke）（1841—1921），德国法史学家和法哲学家，曾任柏林大学法学教席。著有《德国公社法》（*Das deutsche Genossenschaftsrecht*），提出重要的法人有机体学说。基尔克也是德国民法典的重要批评者，他认为这部法典的定位与德国历史上重视社群、社会和社团的传统不相适从。而从一些学术观点上，基尔克受到托马斯·阿奎那（Thomas Aquinas）及但丁（Dante Alighieri）的影响。英国著名法史学家梅特兰（F. W. Maitland）也受到过其之学术影响，且将其之著作《中世纪政治理论》（*Political Theories of the Middle Ages*）介绍入英文世界。吴经熊先生在此处提到基尔克，乃是认为基尔克之法人有机体之整体观绝不等同于文中自己所批判的完全无视个人的实质主义集体的整体观。——译者注

思。[354] 社会并非有机体(organism),亦非指"一个民族或一个国家拥有自己的灵魂"——即同萨维尼所着迷的那样。[355] 天主教之立场是,社会乃一个组织而非一个有机体,且这个组织是为了活生生的人而存在,而非人为这个集体而生。

另外,社会并不仅仅是个人数量之总和也不是一个纯的虚构,其仅是一种虚幻想像。并不是人造的,而是自然而然的;在这层含义上,其也根植于人的根本天性当中:它有它自己的功效与法律,虽然这些功效与法律都注定要为了人之位格——即是以上帝的样子所造——之充分发展的。

而个人主义之主要困境是:其关注于个体更甚于人的人格。

---

[354] 弗里德曼博士(Dr. Friedman)在他的《法学理论》(*Legal Theory*,2d ed.,Stevens,1949)一书中认为,"天主教社会理论(the Catholic theory of society)使得共同体高于个体"(p.430)。在这一点上,我认为其是为基尔克(Gierke)所误导,即将对于社会的集体主义的与有机论的阐释(collectivisticand organismic interpretation)投射到中世纪思想上。埃沃特·列文斯(Ewart Lewis)教授提出了更为客观之图景,在其论文"中世纪思想史中的有机理论"(Organic Theories in Medieval Thought,in *American Political Science Review*,October 1938)中,他写道:"总之,就群体目的与个人目的这个问题上,我没有发现任何证据,能够清晰地支持基尔克之解释,恰相反,有非常可观的证据支持德·沃尔夫(De Wulf)之辩驳,即中世纪思想家们已经认识到了,除了个体命运(destiny of individuals)并没有一个总体的命运,没有给国家或者其他的社会团体指派任何目的除了要服务于个体目的,以及将'共同善'理解为个体总和善(good of a totality of individuals)的等同物。"也请参见 Andrew Beck,A. A. 所写的一个很棒的论文,关于"法律与立法中之公益"(The Common Good in Law and Legislation),载于 O' Sullivan' s *The King' s Good Servant*,pp. 71ff。

[355] 对于萨维尼(Savigny,1779 - 1861)来说,民族精神(Volksgeist),是一个民族所有法律与习惯的独一法源。一个民族有自己的灵魂,而超过个体人格相加之灵魂(the souls of the individual persons)——这是一个纯神话,其堪比之黑格尔(Hegel)高呼普鲁士(Prussian State)是至高绝对(the Absolute)之体现一样。

个人主义的原则在于物质而非精神——而后者是人和谐统一之原则(the principle of harmony)。对于个体的自我主张之欲望,若被张扬至极致;且人性中更为高贵之因素例如理性、爱与情感、为他人之考虑、家庭整全与人类团结感受都会被忽视。个体主义并不比集体主义更多具有基督性,且让我们忆起那圣葆乐之言语吧。

> 今兄弟等已蒙召而获自由矣,惟勿以自由为名,而行其放纵恣肆之实;务望以仁爱之精神,而彼此互相服务也。
>
> 盖全部律法,一言以蔽之,曰:"爱邻如己。"* 若不此之务,而彼此相噬相吞,其不同归于尽也几希。(新经全集·圣葆乐致加拉太人书 5:13-15)
>
> 【弟兄们,你们蒙召选,是为得到自由;但不要以这自由作为放纵肉欲的借口,惟要以爱德彼此服侍。
>
> 因为全部法律总括在这句话内:"爱你的近人如你自己"。但如果你们彼此相咬相吞,你们要小心,免得同归于尽。(思高版迦拉达书 5:13-15)】

庞德院长对于个人主义之不良影响之义愤毋庸过多的置喙了。然而,我想恭敬地献上我的话:若将个人主义完全地归于清

---

* "见肋未纪第十九章第十八节,及马尔谷福音第二十二章第四十节。"——吴经熊新约译本《新经全集》本条之注释。——译者注

教主义这并非公平。我以为,边沁之功利主义、达尔文关于自然选择之理论及斯宾塞之自由放任主义(laissez-faire),而之于十九世纪之个人主义法理学之形成,具有直接与明显之影响力——而彼时清教主义,正处于持续衰落之中。而事实是:早期的法官,如威尔逊、马歇尔、肯特、斯托里、列文斯通及肖远比后来那些法官 206
们,更有文化感和注重平衡。

且不论一个人如何谈及清教徒——有一个事实不容否认,即清教徒们对于上帝之信仰及在传布基督信仰上之虔诚,他们非乃物质主义的——而是精神化的头脑。庞德院长曾引用阿克顿勋爵(Lord Acton)之语——在清教徒们看来,“政府和机构也会像泥捏造一般,是要消逝的,而灵魂却是不朽的,这里不再有自由与权力之间的均衡相称,亦不能超越永恒与时间之间之关系;因此,履行命令之领域,其应被局限在固定的范围内,其由权威及外在原则和有组织之暴力为之——其当为分权(division of power)所尝试且致力于自由人之智识与良知。”[356]

如果这些都是真实的,正如我所思量的那样——它们应当被称颂而非被责备,因其真正是构筑美国之民主于基督宗教磐石之上。故而清教主义,不应被予以破坏而应被弘扬之。

过去的二十年间,庞德院长之警喻都颇有意义——在任何时候,都要警惕政府过多干预及担心个人主义为某些“大事物”(the bigness of things)所吞噬。这方面同样重要的还有另一位法社会学家(sociological jurist)——即弗兰克福特大法官(Justice

---

[356] *The Spirit of the Common Law*, p. 46.

Frankfurter）在 Steel-Seizure 一案中所表达之意：[357]

> 一个宪政主义的民主（constitutional democracy），像我们这般的——可能是在人的社会安排中最难去达至成功的。我们的社会框架制度设计，比其他的政府组织形式更赖于知识与智慧及达臻目标所必要之自律精神。因为我们的民主，暗含了最广大范围内使用理性去治理之意涵。建国国父们，并非被现代式愤世嫉俗者所熏染——即以为历史的教益几近于无益——而他们奉行这样的理念，即人之经验，能赋予其本性之极大的光照；他们拥有这样的确信：人的经验，已然洞见了人的许多本性。而这种光照与洞明——并非仅限于权力有效运作之需要，当一个社会能很快被凝聚起来或具有教化——更在于予有权者统治权力以限制之需要。
>
> 207 为了达到这个目的——其就仰赖于三权分立与制衡，作为我们中央政府权力系统之结构；因为对于他们来说——分权学说并非理论云云，它亦是一种亟须。不久以前，我们的三权分立原则被认为乃对于有效率政府行为之阻碍——也尝成为一种时髦观点；嘲笑这种原则过时太容易了：我们每天所经历之生活世界之经验，使得我们拥有鲜活之认识——吾等之宪法的构想者们其

〔357〕 Youngstown Sheet & Tube Co. v. Sawyer（1952），72 S. Ct. 863，at 888 – 9.

> 非无经验之空谈家，这些精明的政治家们（long-headed statesmen）认为我们人民乐于让自身免于生理或心理或社会意义上遭受极权之奴役这一点上是毫不糊涂的。

而上述这些法社会学两方对手行家之自然而然、原生性之表达——其体现了某种风潮走向——这端赖于年轻一辈的法学家们在诉诸普通法基础及基督精神与基督教益方面去构筑真正坚实之根本的法之哲学。而若吾等拥有充满目的论之头脑，就让吾等并不满足于任何缺乏“终极”讨论之事物：因，终，复亦始耳（the Omega who is also the Alpha）。 208

第二十四章
逻各斯逻辑

> 盖吾与西拉、蒂茂德所传于尔等之天主圣子,耶稣基督,固非"亦是亦非"者,乃唯一是而已矣。(新经全集·圣葆乐致格林多人书二 1:19)【因为借我们,即借我和息耳瓦诺同弟茂德,在你们中间所宣讲的天主子耶稣基督,并不是"是"而又"非"的,在祂只有一个"是"(思高版格林多后书 1:19)】

我确信没有人会仅仅称基督为一个"逻辑学家",或者一名"法学教授"。"逻各斯"在其思维中应是一种逻辑性的——因为真理对自身之反对或自相矛盾是不可能的。

有一次,法利赛人见证一个又瞎又哑的人被耶稣基督治好了之后,就评论说耶稣基督用鬼王贝耳则步(Beelzebub)之力量驱走魔邪,而那就全然是对于圣灵的一种抵触以及亵渎了。所以耶稣洞察其意，谓之曰："一国自析，必成墟；家邑自析，无以立；以魔祛[*]魔，是自析也，其国将奚立？"（新经全集·福音马窦传12:25-6）【耶稣知道了他们的意念，就对他们说："凡一国自相纷争，必成废墟；凡一城或一家自相纷争，必不得存立。如果撒殚驱逐撒殚，是自相纷争，那么他的国如何能存立呢？"（玛窦福音12:25-6）】他又进一步说道："若云菓美，则树亦美；若云树恶，则菓亦恶。树之美恶，因菓而知也。"（新经全集·福音马窦传12:33）【"你们或者说树好，它的果子也好；或者说树坏，它的果子也坏，因为由果子可认出树来。"（思高版玛窦福音12:33）】他又对他的门徒说道，"有现于尔前者，外披羊皮，内实贪狼，冒作先知，不可不防也。惟视其实，可以辨之。夫荊棘岂能产葡萄，蒺藜岂能产凤果乎？是故嘉木皆生嘉实，恶木必结恶果；嘉木无恶果， 209
恶木无嘉实。"（新经全集·福音马窦传7:15-18）【"你们要提防假先知！他们来到你们跟前，外披羊毛，内里却是凶残的豺狼。你们可凭他们的果实辨别他们：荆棘上岂能收到葡萄？或是蒺藜上岂能收到无花果？这样，凡是好树都结好果子，而坏树都结坏果子；好树不能结坏果子，坏树也不能结好果子。"（思高版玛窦福音7:15-18）】

有关这一段落，我尝有一段忏悔——它并不在《超越东西方》[**]当中。当我年方20出头的时候，吾之头脑充斥时髦的实用

---

* 祛：除去。文选·蔡邕·郭有道碑文："童蒙赖焉，用祛其蔽。"——参见吴经熊先生在氏译《新经全集》中对于此条之注释。——译者注

** 吴经熊先生的英文自传（*Beyond East and West*），是吴先生于1951年教书于夏威夷期间完成的。——译者注

主义(pragmatism)——我在给一个朋友的信笺中写道:吾已发现实用主义之真正创立者是被基督充盈的人了,而最伟大之实用主义者,并不是威廉·詹姆士(William James)而是圣詹姆士(St. James)!难道耶稣基督没有根据结果或后果(fruits or consequences)来审讯这一切吗?而经过多年之反思后,我开始意识到,在基督之观念与实用主义观念之间,存有天渊之别啊。于基督而言:这树本是起点;而于威廉·詹姆士来说,果实就是树本身(the fruit is the tree),他说过,“假设的真(the truth of a proposition)在于其功利性与满足程度(its utility and satisfactoriness)。”[358] 而这的确乃一种主观主义(subjectivism)之一种表现,其最终并不能导向什么意义。幸运的是,詹姆士本人是一个深邃的人甚于其哲学本身,像任何爱尔兰人一样,他潜在地是一个诗人而充满了经验与常识慧见。无论何时当其试图驾驭其那凯尔特人之想象力——未尝将实在限缚在定义之樊篱里,就有能力突破自我陶醉之主观主义与自我中心(subjectivism and solipsism)之怪圈。事实上,实用主义,正如霍姆斯大法官之“愤世嫉俗酸葡萄”(cynical acid)的况味,是一种对于贫瘠概念主义(conceptualism)之反应,正如对于概念主义之溶剂它的确发挥了效果。因拉格朗神父尝云,“实践真理,可与玄想之谬误(speculative error)共存;而实用主义却可昭示这一部分的真理”。[359] 而如若我们将太多注意力投注到这些所结的果实中,吾等就很可能会忘却原本那棵树,其结果就是不会有更多果实产生了。重要的是要关注这棵

---

[358] 在 Garrigou-Lagrange, *Reality*, Herder, 1950, 第 378 ~ 379 页中予以引用。

[359] *Ibid.*, p. 385.

树,惟如此果子方甘甜。将树植于奔流之水源之滨,它就会按季节结出果来。[360] 譬如溪畔树,及时结嘉实。岁寒叶不枯,条鬯永无极。(圣咏释义 1:1)【他像植在溪畔的树,准时结果,枝叶不枯,所作所为,随心所欲。(思高版圣咏集 1:1)】

吾是何等深挚浸润于实用主义精神啊,而从这一事实中得到是——有一次我尝将“哪里有权利,哪里就有救济”(Ubi ius, ibi remedium)这个法律格言转化为“哪里有救济,哪里就有权利”(Ubi remedium, ibi ius)! 亦就是说——汝是否有权,在于法庭是否予汝以一种救济、赔偿、恢复来对抗对其之侵犯。如若他们不愿意,则汝之权利就不会实现——一项不再被履行之权利,就不再具获法权之魂——此乃我当时之法哲学。 210

这于汝而言,听起来是否并非乃唯实精神的? 而当吾成为了一名法官后,竟发现这种哲学根本行不通的! 当我决定支持原告时,我不能够对他说:“因我给了你救济,所以你就拥有了一项权利”;我只能对他说,“因为君有权利,故而吾可给予救济。”类似的当我决定驳回原告,吾并不能言,“汝并没有权利,因为吾没有给予汝任何之救济”;吾只能言,“我不能给予汝救济,因为汝之权利并未受到侵犯”。显然没有办法消除一项权利是先于一个救济的。一项权利之外在样貌——其乃为其之救济形式所塑造之,而非由其内在之核心所能决定的。或许不会太牵强若谓权利好比一棵树一般,而救济则如果实。如吾等去援引基督之逻辑,吾等则应被带到清明理智中去的。因吾等应当发现——权利与救济

---

[360] Ps. 1.

两者，都存在着且都很重要；一种救济预设了一项权利，则权利就可为救济所检；而当为确保对权利更佳之保护时，救济则应为相应之改善。进而言之，公平之心正如树一般，其扎根于大地中，而一项真的权利其是乃深植于自然法与正义之中的。

我意识到法上的真实依赖于一个比自身更高之秩序时，吾等就能获得在所有法律体系和所有哲学流派以及所有科学与艺术之中孕育的真、善与美之种和谷粒，并与现实相连。耶稣基督言道，“圣父的广厦，有许多间房屋（My Father's house has many mansions）。”更甚之，每一间房屋都有多个楼层，而较之于帝国大厦（the Empire State Building）要无限广大得多。因在最高之实在（the Supreme Reality）之下，有无数不同层面之实在，而一名基督徒哲学家，对任何一个层面，都不能忽视之。于上帝而言，那些足以从美善而创造生发出的、就足以值得我们学习了。神圣庇护十二世（His Holiness Pius XII）曾云，“信仰不得不为那些由人之心灵所揭示、思索、综合的予以系统化之真实，盖下其神圣之封印啊（Faith cannot but stamp with its seal the truth which the human mind discovers, considers and systematizes）。”

然对于所有的学习而言，逻辑乃一切之基。我告诉你们另一个神圣逻各斯（Divine Logos）在运用逻辑之故事吧。耶稣入殿，方施训，司祭长与民间耆老前来问曰：“汝凭何权而行此诸事，且孰授汝以此权耶？”[361]【祂进了圣殿，正教训人时，司祭长和民间的长老来到祂跟前说：“你凭什么权柄作这些事？谁给了你这种

〔361〕 参见 Matt. 21:23－7。

权柄?”】如是,司祭长和长老就挑战了其权威,而我并不因此谴责
他们,因祂洁净了殿堂,那应是祷告者之堂屋,而他们却将其弄成 211
了贼窝。但他又是如何面对这个挑战的呢?正如同一名伟大的律师,在运用交叉询问技术,亦用了反问(a counter-question)来回答这个问题。耶稣答曰:“予亦问尔一言,请尔先答,予当告以何权行此。夫如望之洗,何自而来,自天乎?自人乎?”【耶稣回答说:“我也问你们一句话:你们若答复我,我就告诉你们:我凭什么权柄作这些事。若翰的洗礼,是从哪里来的?是从天上来的?还是从人来的?”】这个问题,会将大家牵进一个智力的警怵之中,这样,他们就可以运用逻辑推理将问题思考得更清楚一些。但他们心智长久被闭锁着、心肠也变强硬了;其智力上之慵懒惰怠和对于后果的惧怕甚巨,致使他们不能直面此一问题。若辈私议曰:“吾侪若曰自天,彼将问我何以不信;若曰自人,民又可畏,盖众皆以如望为先知也。”因对曰:“不知。”耶稣乃谓之曰:“然则吾亦不愿告尔凭何权以行此矣!”(新经全集·福音马窦传 21:23 -7)【他们心中思量说:“如果我们说,是从天上来的,祂必对我们说:你们为什么不信他?如果我们说:是从人来的,我们害怕民众,因为众人都以若翰为一位先知。他们便回答耶稣说:“我们不知道。”耶稣也对他们说:“我也不告诉你们:我凭什么权柄做这些事。”(思高版玛窦福音 21:23 -7)】为避免逻辑思维这档子事,他们用“我们并不清楚”来搪塞之;而人们会感到疑惑,同样这种心理,而并不在现代不可知论之背景之中。

而上帝与撒旦之间并没有中间地带,即或此或彼。一种截然不同之情境自我了然。当我们虑及上帝与凯撒间之关系,耶稣基

督对于此之解决之道是去研习西方政治思想之学子们所要知道的至关重要的一点。这故事虽熟稔,却反复被提及之。大司祭及文士们,正为逮捕耶稣基督,在寻找一个借口。于是他们窥察耶稣,派遣奸细,假装义人,想要抓住他的语病,正好把他交付于总督司法权之下。谍者问于耶稣曰:“夫子,吾知尔所言所教,一秉正义,不徇*人情。惟天主之道是传,敢问吾人纳税于恺撒,宜乎?否乎?”耶稣烛其诡谋,谓之曰:“胡为见试?** 且以银币示我!夫此为谁氏之像号?”曰:“恺撒也。”耶稣曰:“然则应以恺撒之物归恺撒,天主之物归天主耳。”(新经全集·福音露稼传 20:21 - 5)【他们就诘问他说:“师傅,我们知道你说话施教,都正直无私;又不看情面,但按真理教授天主的道路。敢问:我们给西泽纳丁税,可以不可以?”耶稣觉察出他们的诡计,便对他们说:“你们拿一个‘德纳’来给我看!这‘德纳’上有谁的肖像,有谁的字号?”他们说:‘西泽的。’耶稣对他们说:“那么,西泽的就应归还西泽;天主的,就应归还天主。”(思高版路加福音 20:21 - 5)】

这就乃主之道路,且因其是主之道路,它已迸发出宗教自由与有序政府之累累硕果。围绕耶稣基督之简明箴言,广大的文义

212 (an immense literature)已经超越了时代。据吾所知,无人在成就与效果方面能超越伟大史学家阿克顿勋爵的了:

* 徇:营求、谋求。——参见吴经熊先生在氏译《新经全集》中对于此条之注释。——译者注

** 通俗拉丁译本有此语。现代译本如 Westminster Version, Revised Version, Spencer, Botte 等俱缺之。——参见吴经熊先生在氏译《新经全集》中对于此条之注释。——译者注

四世纪以后,要求废奴的呼声变得热烈而持续。在一个神学的却仍是一个酝酿着的意蕴上,二世纪之神性(divines)在于自由,而四世纪之神性则在于平等。而这在政治上有一个根本而不可避免之转变——民主政体(Popular governments)已然确立,同样还有混和的和联邦之政府形式(mixed and federal governments),但并没有限权政府,没有一个国家其权力之范围,是由外在于自身之力量去定义的。这确是哲学所提出之一个大问题,且没有政治家有能力解决之。那些宣扬更高权威存在的人们,确给世俗政权带来了形而上之框束,而他们并不知道如何使之现实化。而所有那些苏格拉底派们只有通过抗议的方式,来反对改良民主(the reformed democracy)所带来之暴政和专制来施予影响力,却终为理想而牺牲。斯多亚学派,仅能够建议明智之人远离政治,只是让那不成文之法(the unwritten law)留存在心间。然耶稣基督说道:"当以恺撒之物归恺撒,而以天主之物归天主。"(新经全集·福音马窦传22:21)【那么,西泽的,就应归还西泽;天主的,就应归还天主。(思高版玛窦福音22:21】这些话,乃是在祂最后一次参拜圣殿时说的,在耶稣基督死前之三天给予世俗权力以良心之庇护。有一种神圣,从没有被享有过且其之界限从未被认同之;它们是对于绝对主义之扬弃及对于自由之冠冕。而对于我们的上主来说——不仅仅是要传达这个箴规,而要以某种世俗力量去实现之。在一个崇高的领域保持某种必要之绝缘，在明确的范围和限度里，去削弱政治权威，停下来对耐心的推理家们（patient reasoners）去抱有热望及对于这个最具有活力之制度及其与俗世最为普适之联系的永久投注与关怀。这个新的法、新的精神、新的权威——赋予自由以一种意义及价值——这是在希腊哲学中或在罗马宪制之中，我们从未尝获得的，即在有关于真理之知识使我们得到自由之前的时期。[362]

而没有一个国家比美利坚更愉悦地去贯彻耶稣基督之箴规。初创者们不得不指出在美国法学中有这样一种明显存在之悖论：
213 一方面，人口中大多数人是基督徒；而另一方面，《权利法案》第1条宣告了：国会不得制定任何法律确立国教或是禁止信教自由。相似条款，也出现在州宪法中。

人们会疑惑为什么这些基督徒相信他们之所行，即他们的信仰，就是这世上唯一出路或救赎——而不尝试让基督宗教成为美国之国教。

这个解答是有历史与神学之双重维度的。历史地来讲，这些开国先行者们，牢记自亨利八世以来在英格兰所发生的一切。甚至十八世纪对于持异见者之杀戮也没有停止过，虽然以某种更巧妙隐微之方式，例如，根据忠诚宣誓法*（the Test Act），所有人被

---

〔362〕 Acton, *Essay on Freedom and Power*, Beacon Press, Boston, 1949, pp. 56 – 57.

* 参见《元照英美法词典》之辞条“Test Act”，载薛波主编，潘汉典总审订：《元照英美法词典》，法律出版社2003年版，第1338页。——译者注

选举当上市政官员(municipal office)都须发一种明确之誓言,附带地承认国王是整个英格兰之教主,且如有任何人被选拔出来而拒绝接受这一职位的应当受罚。这项实践产生于选拔富有之持异见者(Dissenters)来充任此职位且当他们拒绝去宣必要之誓言时,其就会被严厉地处罚——而这恰成了税收之重要来源。在一著名的演讲中曼斯菲尔德勋爵讨伐了这种邪恶做法。他说道,"良知","并未被人法所掌控,亦未服从于人类法庭。迫害或以强力推行良心从不会产生什么真信念而只是会去造成伪君子或者殉道者。……英格兰普通法,其仅仅是一般理性或惯习,不仅仅因观念而迫害人……肯定没有什么东西比迫害,在人类天性权利里更不可思议,更不连贯圆融,更有违于基督宗教之精神与箴规,更为不合法与不公正,比迫害更为不明智和失策的——它违背了自然宗教(Natural Religion)、启示宗教(Revealed Religion)和合理的政策。"[363]

这就将我们引向了神学解释。信仰乃一种专注于理性与人的善意之事,其生命建立于一种内在确信;而以国家暴力强制人去接受基督教——这会是一种以非基督内涵的方式去传播基督教的了。

基督在去耶路撒冷时发生的一个事件极为重要,但经常为大家所忽略。耶稣升天之期既近,遂毅然决然向往耶路撒冷,命使 214
者前行。使者至色马里村,为之预备,邑人以其显欲赴耶路撒冷也,不愿予以接纳;厥徒雅谷伯、若望睹此,乃曰:"主!欲吾侪召

[363] Holliday, *Life of Lord Mansfield*, London, 1797, pp. 260 – 261.

天火下降，以焚其人乎？”耶稣顾而斥之曰：“尔等不自知所具者是何精神！盖人子之来，非以毁人，正欲济人耳。”* 乃折往他村。[364]（新经全集·福音露稼传 9:51－6）【耶稣被接升天的日期，就快要来到，祂遂决意面朝耶路撒冷走去，便打发使者在祂在前面走；他们去了，进了撒马黎雅的一个村庄，好为祂准备住宿。人们却不收留祂，因为祂是面朝耶路撒冷去的。雅各布伯及若望两个门徒见了，便说：“主，你愿意我们叫火自天降下，焚毁他们吗？”耶稣转过身来斥责了他们。他们遂又到别的村庄去了。（思高版路加福音 9:51－6）】雅谷伯和若望（James and John）后来成为了圣人，但那个时候，他们之精神样式绝不是基督徒式的，亦非是民主式的。

然而在美国，宗教迫害于十七世纪时也是普遍现象。宗教自由之诞生，从不是被怀带着疼痛苦艾。而新教（Protestantism）之所有不同派别之间，常处于争执中：马里兰，是第一个通过法律确立所有基督徒平等自由权之殖民地。引用詹姆斯·肯特之一段有趣之言，“马里兰的天主教殖民者们（Catholic planters）为他们所融入的联邦，获得了卓著之美誉——成为最早宗教宽容为法律所予以确立的州。当清教徒们在新英格兰区要迫害他们的新教弟兄们，当圣公会长老们（the Episcopalians）斥责弗吉尼亚州发生

---

* “尔等不自知所具者是何精神！盖人子之来、非以毁人、正欲济人耳。”法文 Botte 译本、英文 Clarandon Bible，Westminster Version，Revised Version，俱缺此数语，英文 Spencer 译本、德文 Parsh 译本、则存疑。Merk 希腊本亦缺之。通俗拉丁译本与义文 Martini，法文 Crampon 译本、则存之。——以上来自于吴经熊先生在氏译《新经全集》中关于此条之注释。——译者注

[364] 参见 Luke 9:51－6。

的同样严重对待清教徒之事件之时，被其他教派所联合起来反对的天主徒们则在马里兰州建立了一个‘避风港’，在那儿所有人都可去敬拜且没有任何人会受到压迫，甚至在那儿新教徒们，可以寻得到来自新教之不宽容的庇护。”[365]

常有一个问题被提及，即基督教是否普通法之一份子——而这乃取决于君如何定义宗教。若君意其乃为一个启示宗教（a revealed religion）、传道者之信条（the Apostles' Creed）所定义之信仰——那么其就并非乃普通法之一部分——只要汝乃是以法律义务之名义去遵循和信奉这重意义上的。基督教，其作为一种信仰进入法庭审判，乃不作为法律而作为一种裁判应予关注之事实——即它与其他普通常识所等同之事实。而另一方面，君所言及的基督宗教若其之基本道德箴规，体现在其教义中，那么其作为普通法之一部分是在这种意蕴上——即所有写在每个人心中之正义普适原则，也是其之一部分——它们并非是法的特殊规则 215
而是作为指导性之原则予以贯彻的——依此，法律得以制定与判例得以确立之。

在道格拉斯法官于佐拉克诉克劳森［Zorach v. Clauson (1952), 72 S. Ct. 679］——这一起著名的“被腾出的时间”（released time）的判例之大多数意见中——可以找到政教分离原则（the doctrine of separation of Church and State）的最明白解释之一。由此吾等应明白教会与政治之分离，乃一回事；而拆散法律

[365] Kent, *Commentaries on American Law*, 12th ed. by O. W. Holmes, Jr., Vol. i, pp. 35 – 37.

与宗教间的联袂,又是另一回事。不仅寻常所识且逻辑考辨——咸要求吾等将此一重要区别,映在脑海之中——这就让吾从这一杰出观点之中,援引出如下这段话来:

> 第一修正案(the First Amendment)所反映之哲学思想,是教会和政治须分离之,而这不会为一丝一毫地予以怀疑。这种分离须是完全而彻底的,只要关涉到有关于"信教自由"("free exercise" of religion)与"国教之确立"(an "establishment" of religion)的。第一修正案,在其所覆范围之内,不容例外存在,故而,这种禁止应是绝对的。而第一修正案并非意味着,在任一且所有领域内都须严格地政教分离;且,其特别定义了这一方式和特别之适用途径:在这其中,须没有一致或联合或一方依赖于另一方。这是普遍常识。另外,国家与宗教事务,应当彼此外在于对方,也即彼此对立的、怀疑的,甚且并不友好的。教会甚至不应当被要求支付财产税(property taxes);而市政方面亦不得允许对宗教团体予以警力或者消防等。而警员们若帮助教区居民(parishioners)进入他们的礼拜之所,将会是一种违宪行为,而在我们的议会大楼中祷告,对于我们万能上主之吁求,让感恩节成为一个节假日之主张,"上帝助佑吾"(so help me God)作为我们在法庭上之宣誓——这一些及所有其他提及我们全能上主而贯穿于我们法律、公共仪范,庆典典礼中的——都将会成为对于第一修正案条

款之挑战。而那些难以满足的无神者或所谓诺斯替主义者,甚至会反对于法庭开庭前之祷告词:"上帝保佑美国和它尊贵的法庭(God save the United States and this Honorable Court)……"

吾等是一个宗教化之民族,制度典范预设了一个最高之存在。吾等赋予每个人以选择其宗教信仰之自由。吾等为在人类精神需要上视之必要之多样之宗教信仰与信条缔造空间。吾等倡导政府与行政之心胸对于任 216
何团体都能不偏不倚,让每一个团体根据其信徒之热忱与教义之吸引来完善其自身。而当国家根据各宗教派别安排之需要——通过调整公共事务的日程来鼓励宗教化之指导或与某些宗教权威机构合作,那这些就是对于传统之最佳遵循了——其能尊重吾等人民之宗教化天性且能适时调整公共服务以满足其之精神上之溯求。吾等要牢记,在宪法中是不应发现那种要求,即政府对于宗教团体之无情冷漠;那些不信教的人们之于有宗教信仰的人更为优先。政府既不会在财政上支持某些宗教团体亦不会承担某种宗教教化之责,抑或将世俗与教派中之教育相混同,抑或使世俗机构对一些人施加某些宗教上之压力。然则吾等亦不能发现宪法条款,其会使政府施予宗教以敌意并加自己威权于那些努力促进宗教去扩大其影响范围这一点上成为可能。政府当乃中立的——当涉及教派间争竞之时;它不能强制任何人加入任何教派,亦不能使宗教之仪式强行化,不能强使任何人去教堂、参加宗教节日或假期，抑或去接受某种宗教传道。当那些人想要维护修缮用于敬拜或传道之宗教圣所（sanctuary）时，亦可拒绝或悬置之。于此就不再
217 予以赘述了。

第二十五章
自然与恩典

盖摩西所授者律法耳，至妙宠真谛，则由耶稣基督而溥施*。（新经全集·福音若望传 1:17）【因为法律是借梅瑟传授的，恩宠和真理却是由耶稣基督而来的。（思高版若望福音 1:17）】

到目前为止，我们大体根据自然理性已阅知了耶稣基督在法律上之一些教诲。但读者内心可能会浮现一个疑问：若仅作为自然法箴规之体而使基督宗教成为人法之一个组成部分，且这些箴规仅仅就写在每一个人心中某处之有关正义不证自明之原理——此难道就是一种对于法学之特别贡献乎？因为，甚至没有

* 溥施：广大的施与。——参见吴经熊先生在氏译《新经全集》中对于此条之注释。——译者注

基督教作支撑,法之哲学纯然建立在自然理性之基础上也同样是行得通的。例如,在那个聊有趣味之“辫子案”(Queue Case)[366]中,菲尔德法官废止了一项条例,因其“之于我们民族之人性人道与文明来说是不可以被置信的,更不用提及之于基督教的意义了”。他显然想到了美国式的对于公正之理念并溯及了福音书中之黄金律,但他亦应能引用孔夫子之黄金律:“己所不欲,勿施于人。”[367]事实上,这种反面说法之黄金律,看起来对于人法之诸种问题即有更为直接之适用性,而其由于内在局限、限定以及审慎
218 之察考,更直接关乎恶之避免而非于善之追逐。因此,若将基督教精神介绍到司法观念中去,看起来会显得言辞修饰多于逻辑思辨,而乐音韵律多过于理性。

如今这个问题走得比较深入了。的确,从理论上说,人可循着自然理性(即由上主所赋予人的)之光而得到自然法概念的。而柏拉图、亚里士多德和西塞罗都达到不同程度之圆满地诠释了自然法之理论。儒家思想中之自然法图景似更接近于基督徒所意指的。这里已无法过多去阐述儒家理论,且让吾等看看儒家经典《中庸》告诉我们的:“天命之谓性,率性之谓道,修道之谓教。”[368]

更使人惊奇的是,此一论述乃如何接近于圣托马斯之法哲学理论——而在那之中,永恒法、自然法和人法构成一连续之序列。

---

[366] Ho Ah Kow v. Nunan (1879),5 Sawy. 552,12 Fed. Cas. 253.

[367] *The Analects of Confucius*.

[368] “天命之谓性,率性之谓道,修道之谓教”(What is ordained by Heaven is called essential nature. Conformity to the essential nature is called the natural law. The refinement of the natural law is called culture)。参见《中庸》(*The Chung Yung* 或者 *The Doctrine of the Golden Mean*),1.1。

“天命之谓性”实指天意天恩(Divine Providence)之绸缪——也就是永恒法之代称;“率性之谓道”,合乎于圣托马斯所谓之“理性造物对于永恒法之参与”,而这一“率”之道或参与之本身(conformity or participation),实乃自然法之体现;而于自然律法之精纯提炼,实乃是文化之功力,它包括了人为法及其之礼仪。

托马斯主义者之理念与儒家思想之巧合说明了:圣托马斯在对待法律的问题上,并没有超越于自然理性之外与之上——因孔子及其子弟也在实践中得出了自然法乃永恒法与人法之桥梁相通的理论,其非借助于什么启示之功用等。

旧约之道德戒律之属自然法,并非因启示之功,而是因其能通过自然理性之光所得着;而启示,不过让其更清楚确定罢了。它证实之,通过一个有趣的门径,即著名来华耶稣会士利玛窦(Matthew Ricci)的中国之旅。利玛窦曾写道:“十诫(Commandments)在中国已拷贝复印多次,且可传达给所有要求来看它们的人。而那些内心里接受它的人们以为,他们未来会根据这些诫命来生活;因为正如 219
其所宣称的:这些诫命它们离良心(Conscience)的声音与自然法乃多么地一致。他们之于基督教的法律(Christian law)之尊重,增加了他们的这种美赞。”[369]

没有什么比这一事实——即所有种族与文明的阶段在一些基本原则上实乃实质性地趋同这一点,更能揭示人类实质性之团结了。

---

[369] *China in the Sixteen Century*: *The Journals of Matthew Ricci*: 1583 – 1610, trans. by Louis J. Gallagher, S. J. (Random House, 1953), p. 155.

而如果此乃一个现象,那么基督教之于法学之相关性就显得更具挑战性。而对此一问题之答案乃是双重的:首先,是关于智慧,其次乃关乎意志之问题。然应即刻承认——此一问题,将我们带到了理性与信仰之边界地带上来了。

就信仰而言,因人之堕落这个结果——人性受到了败坏且理智智慧为激情所蒙蔽,而其之于自然秩序与法律之视野——不仅受到了局限且被混淆了,在一些观点上受到了扭曲。更有甚者——当这些人群之约定俗成,成长到一个可观之传统力量之时,人们会容易认同此乃神圣之教义。何者对于普通人而言不是熟悉的和惯常的——却常常对于他们而言显得如同永恒不变之自然秩序所不可分割之组成那样。以吾之个人体验为例——在吾孩提之时代,女人们还裹着小脚,而在我的目光中,又是多么习惯于看这美好如百合般的小脚的风情,而当我不经意看到一个从乡间来的女人有着一双"天足",吾都会禁不住大笑起来,并到处传说这个"新闻"——因这自然之双脚看上去倒是不自然的,正如不自然的小脚却反是看上去自然而然的了。由于惯习之扭曲造成人之判断力之失怙——乃是多么常见的事啊。

道德戒律的确不如时尚安琪尔那般嬗变。正义之基本准则乃是——正如滥杀无辜、出卖正义良心、不任事实乱下判断、毫无缘由蓄意伤害他人以及等等及之——这是普适公认不义之行;而另一些准则如人格平等与一夫一妻制——对所有人来说都是最清楚不过的了,它们同样也乃自然法之组成部分。旧法(the Old Law)所包含的道德律之效用,乃是去重新调整人之有缺陷之视界以和合于自然秩序之图景。而如若未尝有启示之光照,甚至连

孔子和亚里士多德这样的圣人也看不清楚整全的面貌；尽管一些 220
些光照，可能是从上帝那儿来的，然而其视觉却有点儿像一个被治疗了眼盲之后的人：抬起眼皮看事物时影影绰绰如树木于眼前晃动。[370] 在这里，我想再借用弗兰克·席德的一个观察，“若我等是超一流之思想家”，其在其著作《共产主义与人类》(*Communismand Man*)中言道，“其结果就会为真，而就其所行之远(但却并非总是一致如斯)——因为……上主之为了人之目的，总是高于我们人之天性所能把握的了。”[371]

鉴于需以神法(the divine law)来重新确定属于自然法之道德箴规，圣托马斯将此一关系表明得格外透彻明了。“它确乎乃特别之契合”，他说道，“神法应成为人之庇佑——不仅在一些人类理性所不及之事物上，而且应当在人之理性受到掣限的一些事情上。只要自然法普适原则所及，人之理性就不该于抽象层面误入歧途；但经由惯于罪性，所以当理性去思虑在具体情况下该做什么特定的事情上，总会受到些蒙蔽。此外，之于其他的道德准范，那些所谓由自然法普适原则所引得的那些结论——许多人的理性都偏离了正道、误入歧途到了这种程度——判断一些事物是合法而其内在却是恶的。所以凭借神法之权威，将人从这些缺陷中拯救出来就尤为重要。如是则在信仰条目中，不仅要阐明那些超乎于理性的，例如上帝是三位一体的；同时也在于那些可为正确理性所掌握的，例如上帝是一(that God is One)。这些都乃为

---

[370] Mark 8:24.

[371] p. 150.

了避免理性所负责的各种错误。”[372]

设若人之理性是羸弱的，那么人之意志将更为羸弱。而就吾等所应知的自然法之全部，在实践中却如此匮乏。甚至是对它的反抗如天使长路西法*所做的最后也变为了撒旦——若我们不建立于内心的神圣化(sanctifying)以及上帝在我们的实践中所赋予的恩宠。如圣托马斯所说：“在败坏的天性中，人不能履行所有神圣之戒律，如若缺乏那可供疗救的主之恩典。”[373]——这就是为什么，紧连着他的“论法”(on law)篇之后就是“论恩典”(on grace)篇。这两篇亦各不相同但却并非割裂隔绝，它们须以一幅
221 画面整体之局部放在一起去研究之。因让一名基督徒仅仅满足于自然法哲学及让其在专业领域之上去考虑信仰问题，毋宁是故步自封，好比是“旧的更好”(The old is better)的说法。谨记圣葆乐(St. Paul)之教诲：“尔其小心谨慎，毋令他人以其凿空蹈虚**之诡辩，支离妄本之曲学，劫夺尔之心魂。此种诡辩曲学，囿于习俗，扭于形迹，而不能上达于基督也。***”(新经全集·圣葆乐致歌

---

[372] *S. T.*, I – II, 99. 2. ad 2.

* 路西法(Lucifer)出现于《以赛亚书》第十四章第十二节。通常指被逐出天堂前的魔鬼或者撒旦，但这并不是路西法这个词的原意。路西法这个词，衍生自拉丁语，由 lux(光)和 ferre(带来)所组成，意思是“光之使者”，指黎明时出现的金星，预示着白昼的来临。通常使用“晨星”(Morning Star)或“启明星”(Day Star)来表述，而不使用“Lucifer”这个词。——译者注

[373] *Ibid.*, 109. 4. *in corp.*

** 凿空蹈虚：凭空穿凿、步入虚妄。——来自于吴经熊先生在氏译《新经全集》中对于此条之注释。——译者注

*** 见致加拉太人书第四章第三节。“支离忘本之曲学”吕译新约作“世界底星辰的迷信。”——来自于吴经熊先生在氏译《新经全集》中对于此条之注释。——译者注

罗森人书 2:8)【"你们要小心,免得有人以哲学,以虚伪的妄言,按照人的传授,依据世俗的原理,而不是依据基督,把你们勾引了去。"(思高版哥罗森书 2:8)】让其牢记信仰包含理性——而理性却并不含纳信仰之本身。专门化,是现代社会的祸患——且将其带到精神领域来就简直是致命的。

一个好基督徒,不应以其自身尺度来评价其他人,而应当用这杆标尺来衡量自身,而且其不必羞赧于福音书。当一名基督徒法律家(a Christian lawyer)对其他一名非基督教徒阐述自己之法哲学时,应当努力限制自身于自然理性及经验事实,而非要求别人来揣测自己的信仰。且同时,其亦可以通过坦率承认自己信仰之言论自由权以有助益于己,且如果听者愿意衷听——其亦可以从自身信仰立场出发来阐述自己的法哲学。其应小心谨慎地驾驶航船于斯库拉(即将信仰加诸在其他事物之上仿佛其乃逻辑理性推理一般而对之反驳倒显得荒谬)以及卡律布狄斯(即绝口不提及信仰好似它之于法律科学来说,乃彻头彻尾不相干似的)极端两者之间。

基督信仰,其之于法律的适切相关性,当可由法学史加以经验性地予以阐明之。而吾将非基督教国家之法学与基督教国家之法学作对比时,吾不得不觉察到:后者在品性上超乎并优越许多。首先,一则有大得多的于人作为人之尊严的钦佩与尊敬。有一例足证之:英国法律史学家西奥多·普拉克内特告诉我们道:"教会带来了道德观念——而它们将革新英格兰法。"他接着说道,"基督教","乃传承自犹太教,瞩目于道德问题,它是严格个人主义的;对于每一个单独灵魂的拯救,是乃基于个体行为;这与英格兰习惯法(the custom of the English tribes)会形成强烈之对照。222 后者并不着眼于个人而是个人作为其中一部分的家之族群——而后者这样之体系,必然很少有那种为个体意义上之道德感的空间,因为群体很难有个体所能拥有的那种道德意愿。而伴随基督宗教之普及——这一切慢慢起了一些变化:首先,对行为之责渐渐由群体转由作为行动者之个体;而教会(后来是法律)将会审判那样一种行为——从那行为者一方之观点来看待之,如果可能的话”。[374] 普拉克内特他将“个人主义”用于一个比较好之语境下,而作为另一方面的并不那么好的含义,我愿将之定义为个人化的(*personalistic*)。

他之观察在普遍准确性上没有问题。正如布拉克顿所言之,“是意图确定了一项行为之特征”。[375] 而爱德华·柯克爵士也如是言称,若无罪意存在,一个行为并不能构成犯罪(Actus non facit reum nisi mens sit rea)。[376] 这一罪责之人格化(Personalization)及内在化(inwardization)能够溯及——至少非直截了当地是从耶稣基督训诲那边来的:“汝亦若斯无识耶?岂不知自外入者,不能浼*人,盖恶念皆自人之内心而发,如奸淫苟合、杀人、穿窬、贪婪、乖戾、欺诈、邪色、嫉妒、讪主、骄傲、狂妄。凡此一切邪恶,莫非发自内心,而浼人者也。”(新经全集·福音马尔谷传 7:18,21-23)【“怎么,连你们也不明白吗?你们不晓得:凡从外面进入人内的,不能使

---

〔374〕 Plucknett, *A Concise History of the Common Law*, pp. 8-9.

〔375〕 *De Legibus*, fol. 2b.

〔376〕 *Institutes*, Vol. iii, p. 107.

* 浼:玷汙。——吴经熊先生在氏译《新经全集》中的注释——译者注

人污秽,因为从里面,从人心里出来的是些恶念、邪淫、盗窃、凶杀、奸淫、贪吝、毒辣、诡诈、放荡、嫉妒、毁谤、骄傲、愚妄:这一切恶事,都是从内里出来的,并且使人污秽。”(思高版马尔谷福音 7:18,21-23)】

此乃真是一个奇迹去发现集体之责任(collective responsibility)——虽其并非理性,但在比较法学史上却乃一个普遍现象;只要耶稣基督临在之地,此一坚固壁垒要么瞬间倒塌,要么多少会臣服于人道(humanizing)之影响。

根据犯罪意图这一学说——虽则其多少为开化文明国度法系所知,然而在基督教国家里面,它被更为有效付诸实践之。我想顺带提及一下在美国新近兴起的一个危险势头——即将刑事责任,建构在公共福利或利益平衡考虑之上。[377] 然其已然为好似弗朗西斯·塞尔(Francis B. Sayre)及杰罗姆·霍(Jerome Hall)那样杰出之法学学者所检视,而其著作亦已为后来之美国最高法院大法官杰克逊在莫里塞特诉美利坚合众国(Morissette v. U. 223
S.)一案的出色观点之中予以援用。[378] 这一判例,标志着当代法学的重要潮流之一,即双倍地着重于犯罪意图这个因素的了。

---

[377] 参见 F. B. Sayre,“违反公共福利”(Public Welfare Offences),*Columbia Law Review*,Vol. 33,p. 55. Jerome Hall,“刑事法科学”(Science of Criminal Law)序言,*University of Pennsylvania Law Review*,Vol. 89,p. 549。作者们认为当民事责任(civil liabilities)可根据一些判例而考虑公共福利(public welfare)因素,离开个人过错说;而刑事责任(criminal responsibility),若非那些最小的案子,则须一直建立于过错(fault)原则基础上。也请参见 Stallybrass,The Eclipse of Mens Rea,*Law Quarterly Review*,Vol. 52 (1936),pp. 60-61。

[378] 342 U. S. 246 (1951).

基督教的最显著影响在于影响法官对于政治权力之看法；即将法置于国家与政府之上。他们并不尊重某些人，因为在他们那里所有人都是配得平等尊重之的。其既非以上级喜好为转移，亦非受面前当事人之摆布。大法官霍姆斯曾以清教徒的口吻云及，“不管明知抑或不知之，他们将民主精神植入了人之心扉。而于他们而言我们亏欠了我们不得不爱着我们这个国家的最深理由——即那本能的直觉，那火花闪烁，使美国人对待自己的同胞除非像简单对待一个人——眼对眼、手拉手、足砥足，在沙滩上赤膊着摔跤嬉戏那般。”[379]

而如果我们自己走得更远，可发现那些清教徒们，从其最本源之处，早已陶醉于这种真正的民主精神，他们又是何等常常地必然沉思于上主的召唤——耶稣召而谕之曰：“尔知外邦之君，奴视其民；其大臣擅作威福。尔等切莫如是，尔中孰愿为尊，当为尔役；孰愿为首，当为尔仆。正如人子之来，非以役人，乃为人役，且舍其生以为众人之赎焉。”（新经全集·福音马窦传 20:25－8）【耶稣叫过他们来说：“你们知道：外邦人有首长主宰他们，有大臣管辖他们。在你们中间却不可这样，谁若愿意在你们中成为大的，就当作你们的仆役；谁若愿意在你们中为首，就当作你们的奴仆。就如人子来不是受服侍，而是服侍人，并交出自己的生命，为大众作赎价。”（思高版玛窦福音 20:25－8）】

从上主的父亲身份及人类的兄弟关系（the Fatherhood of God

---

[379] “The Puritan”——1886 年 2 月 12 日，在坎布里奇建立第一所教堂之第 250 个周年纪念（the 250th Anniversary of the First Church in Cambridge）会上的一次演讲。参见 *Speeches by Oliver Wendell Holmes*, Boston, 1900, p. 20。

and the brotherhood of men)出发——各年龄阶段的基督徒法官，全都同气相求地谴责专制暴政，且成功地驭制政治主权(the political sovereign)。确乎哉，孟子也尝论证革命之权利(the right of revolution)——当其提及暴君并非则明君(a tyrant is no king)，而不过一独夫耳(but a mere fellow)之时。[380] 而布拉克顿则走得更远，对他而言——王权是要行义的，而非做不义之事。若其行义，其就乃上帝忠仆；而若其偏离到非法的路子上，那么其就会变为"魔鬼撒旦之仆役。"[381] 而从无一个异教徒之作者，在我所知之范围内，曾以这种方式如此这般描述过一个帝王。基督教王国(Christendom)最好的法官与法学者们，是直接在传道者(the Apostles)的传统里面——其以实事求是之方式言及，"吾等须服从上帝而非凡人。"[382] 而如若匮有这个基础，法的统治(the reign of law)，将会是不可能的。 224

理查德·胡克(Richard Hooker)之言，对于法律的眷爱者们来说，听起来日久弥新(perennially fresh)——"在法律上不能少于如此这般之认同——其之座在神之胸襟，其之音蕴天籁之和谐；天上地上所有事物都效忠于她，就连最少感受到其关爱之情的，亦都不能在最大程度上免除其伟力。"[383] 而如若这段话，被认为仅仅乃一个奢华辞令，而非一个有关于实在的某方面之冷静陈述，那么所有有关法治之叙事，都将不过乃一个虚假之广告——

---

[380] 参见 James Legge. *The Life and Works of Mencius*, London, 1875, p. 151。

[381] *De Legibus*, fol. 107b.

[382] Acts 5:29;4:9 – 20.

[383] *Ecclesiastical Polity*, bk. i, s. 16.

如若不算是一个空头支票的话。然而不容否认的是在普通法国家法治已达到了这样一个显著之程度。

一个知更鸟并不能叫响一整个春天。而在美国有无数种声音诉说着他们于法治之认信。例如,若无纽约城市治安法院的治安法官夏皮罗[384](magistrate Shapiro, of the City Magistrate's Court of New York)认为:从美国法学的一些最重要原则来看,在地铁上打盹,并非乃一个扰乱秩序之行为。"如若这些被告是一些流浪汉们,他们应被审判……而让他们因扰乱秩序之行为而获罪——而当并没有这样一些过犯在,仅仅因其没有钱并不被辩护以及因其可能被一些人认作是无足重轻的人,那将会使其成为一种伪装的正义。"在美国法里,没有人应是无足轻重的,也没有任何人比其他人更为之重要。"这些被告们从外表看全都是被社会遗弃者,但其在人类之灵魂上其权益不应被踏践之。"

我高兴看到,这名治安法官(the magistrate)使用了"灵魂"这样的语词,因人之尊严,乃是建立在其所秉有的不朽灵魂上的。希特勒他应不相信灵魂之不朽——在其专制统治下,对待人比对待动物还不如(human beings were treated worse than animals are treated in this country)。但若回到治安法官夏皮罗那里,在他伟大观念里,某一点上有相当之幽默感及坦率。"这是常识,"他说,"许多人会在火车上睡着——难道这意味着——他们是'因事实'(*ipso facto*)而获罪于某种干扰秩序之名?如斯,则我们许多的市
225 民——那些使用了城市高速交通工具者,则必然至少有一次曾经

[384] People v. Sustek (1953),724 N. Y. S. 2d 641.

获罪于这种失当之行为;且法院须承认:如若以躺在火车上睡觉这个事情作一个测试,那么他自己也会成为一名针对失范行为之法条的违犯者了"。

中国谚语说得好,"衙门虽小,国法却大"[the yamen (Magistrate's Court) is small, the law is great]。而在美国,这种说法也是确凿的。司法之力量特别地存在于基层法院法官们的素质上,甚至当有些法官不按照传统审判时,上级法院亟能纠正之。

美国人这种单纯素朴的率真,实自一种开阔眼界及无私心底而来。而作为一个规范,基督徒要比异教徒受到更少之禁锢,因为真理使其得自由,除却其自身所携带之原罪,并无其他让其敬惧的了。而当我关注于这一主题时,一个由法官霍特所裁判的有趣的巫术案(witchcraft case)掠过了我的脑海。众所周知,霍特在其早年的生活里边,有那么一点点奥古斯丁式。当其还是一名牛津大学大学生时,爱德华·福斯(Edward Foss)如斯告诉我们,"其以游手好闲、厮混度日及与社会上的浪荡子们之联系而臭名远扬,而这些人让其陷入了一种荒唐与奢侈的生活里。后来有关于他的一些故事能说明他年轻时之失足,后来他发现自己走了一条错路,就放弃了他少时常去的地方和不良社会联系,没有拿学位,就辍学了。后来在其父之教育经费的资助下,自己青卷黄灯、孜孜不倦。而对于法律职业来说,他注定要成为最耀眼的妆点之一。"[385]

---

[385] Foss, *A Biographical Dictionary of the Judges of England*: 1066 – 1870, London, 1870, pp. 351 – 352.

呜呼！万能的主(Felix culpa)！祂独一能够从邪恶中导出良善来，祂令那回头浪子们祛除对于巫术的恐怖迫害及对于女巫之指控，那可真是英格兰法史上的一个污点啊。吾就让福斯(Foss)来讲述这一段往事吧——“在趣闻轶事里曾提到以下这个他早年的愚行，这说明他并不会犹疑承认之，而当这份自白将服务于正义之目的：即在对于一名老妇人关于巫术案件的审讯中，指控她的证人声称她曾使用过一个‘咒语’。‘让我来看一眼吧，’法官说道，于是一个小片羊皮纸交到他手上。他问那妇人她如何得到这个。她答道：‘那是一位绅士交给我的，我的大人，它治好了我女儿的疟疾，’在询问它是否治好了其女儿病患时，那名老妇人答
226 道‘噢！是啊，我的法官，众人’。于是他转向陪审团说道，‘先生们，当吾自己正当年少轻狂、鲁莽草率，也因缺乏钱而捉襟见肘之时，我和一些伙伴们，也像我一般没头脑的，跑到那个妇人家里，当时因租住一公共居所，且没钱来支付开支，我突然心生了一计，想逃脱这个麻烦。看到其女儿正患着疟疾，我假装我有个咒语能治好她。于是，我写下了您曾看到过的这个经典名句，交给她，所以如果有什么人应受罚的话，那个人就是我，而不是那位穷苦的老妇人。’于是她当然地就免于罪责且从法官那里得到一笔赔偿(即因他给这个老妇人所招来的麻烦)。而在他面前，今后没有一桩审案是以这个罪名被提起的且对其之起诉在他那个年代里会跌入了一种败坏名誉(discredit)之中——通过戴颈手枷(the pillory)放诸荒野而被加剧；而在他新近的案子里因伪装为这个穷

苦妇人所蛊惑的人则被予以定罪。”[386]

我承认，我很简单地为普通法这个“巫魅”所着迷了。它几乎最完美地践行了耶稣基督之劝告：如蛇一样明哲，如鸽子一般纯洁（being wise as a serpent and innocent as a dove）。

普通法传统中另一个伟大的“鬼才”，就是曼斯菲尔德法官，他的一段最为有启示性之忏悔录非从法官席而来的，却乃从与一位有名的莎士比亚剧演员盖瑞克之一场私人交谈中而来的。他说道，“我的朋友盖瑞克啊”，“法官席上的一名法官，现正处于君那荒诞处境之中哪——忽而悲忽而喜——您虽倾向于某条脉络，而那长长的先例源流却又倾向于另一边。”[387]

有一种之于法律职业之流行误解是：一个外行人认为成为一名法律专家全部所需的就是一个聪明脑瓜；但灵敏脑瓜虽是重要的，有一颗美好心灵却远超乎于此。事实上，大主教阁下约翰·马克瑙提（Monsignor John L. McNulty）曾有一次于我提及道，“一颗良善之心要远比所有聪明脑瓜更有意义。”当然，其并非言头脑之不重要——他只是作了一个孰优孰劣之价值陈述。而吾之看法是：头脑，在法学教育中被过于独占排他性地予以强调了，而心灵同样是需要被栽培的；硬心肠，往往是远离正义的。吾从不知一名伟大的法官或伟大律师，可以是不具备伟大之心灵质素的。而头脑与心地，正如丈夫和妻子一般：当和平共处之时，会有一个在家如沐春风的感觉；而当其发生矛盾纠结的时候，或者

---

[386] *Ibid.*, pp. 353 – 354.

[387] Holdsworth, *Some Makers of English Law*, p. 170.

227 当其中的一个专横凌然于另一个之上——就如同落入深渊里，家也不成为家的。通而言之，丈夫乃一家之主，而妻子则是家之中心枢纽所在。然心灵确乃王座权柄后面的力量，它固不能取代头脑之作用，但当心灵充满爱之时，大脑就会充满智识——鲍西娅何尝能如此这般机智睿哲，若她不是在爱中的话？[388] 心灵，加快敦促并激励大脑去行动，而若没有一颗"美丽心灵"，大脑就只会机械地运作且编织出贫瘠苍白之概念，其无由作为正义面相之展示的所有法上之目标。法利赛人律师（the legal Pharisees）的问题，不在于其是否足够聪明，而在于他们年轻时所汲取的有关法律之错误理论，抑制隔断了心灵使其衰退萎靡乎。

司法实证主义（Juridical positivism），将所有权威归功于国家，并将原本多样之法源缩小为立法这一股——而错置了法律和司法之效力。而这起点一错，其他的，也跟着错。除非有人暂时忘却其一己之见。若非法学家、法学者谨记正义乃法律唯一目标且正义之实现就是爱的话，那么其就仅乃一名法律机械主义大师（a master of legal technicalities）而并不真正懂得何为法律。总而言之，普通法法官会自觉不自觉遵循合乎理性的传统。如同乔治·康斯特柏（George Constable）所敏锐观察到的，"心灵模糊之情感（heart' sinarticulate feeling）寻求自然法之'中庸之道'（the middle solution）——使得法庭之判决以衡平或理性或自然正义与正直之名使用自然法——而这并非错误地予以'理性化'

〔388〕 *Merchant of Venice*, Act IV. 问题在于一名热爱正义的法官，如同 Portia 爱 Antonio 那么多，自然地会比不是这样情绪的要多得多的独创性的（ingenious）。

(rationalize)而乃正确地予以辩护罢了。"[389]

吾在书的其他地方提到过——普通法,不仅建立于正义之上也根植于恩典之中。吾意即:法官们乃基督徒,尝或至少多少地无意识地浸润于基督教文明氛围之中—— 从这个意义上吾以为,若说普通法根源于恩典,那还是相当之准确的;而当吾说罗马法"人之将亡,其言也善"之临终皈依时,在吾脑海中仅指古罗马之法律——如由《国法大全》(*Corpus Juris Civilis*)所总结的——在吾脑海里,并没有后来大陆法对其进行发展等之观念。而新近吾为神圣庇护十二世(His Holiness Pius XII)之一个极为精彩之描述即旧法统与新精神之间互动与结实开花之论而深为感动。在 228
关系至罗马法与基督教会,乃如何伴随罗马帝国之衰败而存衍下来时,教皇说道:

> 如是,则在罗马及于世界上,由文明所酝酿造就这样两个重要的实在:一个乃一个民族或人类之源起的法律智慧果实,另一个乃由人子(the Son of God)所云之启示(revelation)世界由来的光照——使得人类及这样一种超越和神性之源起以一种亲密之联结相遇并融和——通过此种联系,罗马法就充斥渗透着从基督教来的讯息(the Christian message)发出之新光照,在精神上实现了转变。在许多制度里面罗马法由其概念提升及

[389] George W. Constable,"自然法哲学贡献了什么?"(What Does Natural Law Jurisprudence Offer?),*The Catholic University of America Law Review*, Vol. 4 (1954),p. 17。

完善:在它的性情中满实充盈,逐步吸收原则、理念及于新的学说教义之更高要求。基督教君主们(Christian emperors)之立法作品,产生于人类认知与神圣智慧之丰饶结合当中。在这中间存留着之印记如此不可磨灭乃是对现代世界之秉明——在真正之司法科学与基督徒信仰教义(the teaching of the Christian faith)之间如何没有悖反悖谬而是和谐一致的,因为信仰必为人类大脑所发现、熟虑及系统化的事实之真理打上它之"应许"。[390]

我们一再地发现自然与恩典在一起作工。然而此两者作为世界上法学之最伟大之力量构成难道不显然地本应作为基督之门徒与门生的么? 这些系统伟构——普通法与大陆法,彼此辉映,来妆点那用于比较的最为迷人的主题。它们之间何其相似,因在其形成过程中——自然与恩典,都乃同时发挥作用的。而这其中也有一重要之区别——与普通法在一起——我所称的一名"摇篮中的小小基督徒",自然理智(natural wisdom)与基督教之影响力,两者手拉手地在这些世纪变迁中一起成长。而在另一边,于大陆法而言,自然理智在恩典临到开始作工之前(before grace began to work upon it),即已经达臻至一种很高的成熟度;这就是为何——普通法天然地从本性上(instinctively)是"基督徒",而大陆法只是一个理性意义上的基督徒(rationally Christian)罢

[390] Nobiltà della Scienza e della Professione Giuridica alla Luce dell' Inseguamento Cattolico (November 6, 1949),参见 Pius XII, *Discorsi Agli Intellettuali*, p. 202。

了。二者皆有其美：一个是大家闺秀（one possesses classical beauty），而另一个则是罗曼俏佳人（the other romantic charm）。而于我而言——虽然是一名大陆法的拥趸，但是我特别地为这个襁褓里就是基督徒的（普通法）之令人艳羡之质素所吸引——它让“基督性”（Christianity）如此自然地流溢生华——正如其一直在血液之中的。229

吾总结这项对于法官中的法官之研究——其并不能比引用祂活着的教堂代理人（His living Vicar）那段卓著的篇章，来解释乌尔比安对于法学之定义（“神与人的知识，正义与非正义之科学”）且同时以圣灵的光与火洞烛与焕发（illuminating and vitalizing）之，更上佳的了。在定义之第一部，教皇如是评述道：

> 此乃多么高贵之一种目的：祂在这个界定里面，所分派给法律科学的——且这又是何等之高迈，祂所擢升高于人类知识之其他分支！法学家之凝眸，配得横跨最宽广地平线之美誉，而其之丰富充盈与多样性（fullness and variety），正由他务须予以关注与深研之事物所表明的。其，首先需要知道，毕竟神圣事物（divinarum rerum notitia）而非仅仅因为在人类社会生活之中，宗教须傲居首席且指导信仰者之实践——而对于后者来说，法律也同样须设定标准，不仅因一些基本制度，如婚姻制度（matrimony），具有神圣特征而不能为法律所忽视，首先因为若缺有关神圣事物之更高知识，人性之全景（the human panorama）是踞第二位的——而法学家之头脑若

停驻在一个更为直接的目标(humanarum rerum notitia)上,将会失却了那种基础。它随着时间和场域的变化存在于任何人类兴衰更迭上,存息于上帝之绝对中。

毋庸置疑,法学者非为职业召唤、奉献于玄思而为了致己之学(to know his subject)。但若其无能为力去提升视界至最高之超验实在(Realiey)上——而这种意志是从可见之寰宇的秩序以及其自身之小的份额之中的,它是人类种族固有的与道德上的必然律(necessary laws),为人所不能觉知、而存在于所有其之精妙联结及亲密的精神深度上,且处于由法律所调控之社会关系与其法则之交响共鸣之中。[391]

在谈及定义之第二部分上,教皇云及:

正义,其并不仅是一抽象概念、一种外在理想;对正
230 义而言,法律制度,须去寻求在某个历史时刻上尽可能与其相一致;且其也应首先乃一种于人类和于社会所固有和无所不在之事物,对于正义之基本制度即其所阐述和施加之实践原则体,且那些更为普适之行为规范它们构成了客观之人性秩序和市民社会秩序之一部分——它们为吾等之创世者(the First Maker)之完美心智所确立和所达到的。

---

[391] Pius XII, *Discorsi Agli Intellettuali*, pp. 203 - 204.

> 因此,正义与非正义之科学,它假设了一种更高智慧;它存在于熟知被造物与其因果之命定者(Ordainer)之内在固有秩序。法律正如同阿奎那所教育我们的——其乃正义之目的[est objectum justitiae];其是一种规范,在其之中,伟大而丰硕之正义观理念由此而变得具体而充实——正如同被引导向神之方向,乃是永恒不可更易。正义在其本质里面,乃由上帝而来,它从上主那里领受了光照与洁净(light and clearness)、生命与元气(vigor and strength)、灵与肉(meaning and content)。
>
> 而如此等这般,吾等法律人通过职业活动,就能于有限与无限间、在神性与人性之间神游,且这种必要之"游艺"——存在于祂所培育之科学之诸般高贵性中的。[392]

简而言之,法学者们从恩宠所得来以行之的——乃我们神圣上主依其本心所自然而然为之的了(the jurist is to be by grace what his Divine Master is by nature)! 231

[392] Pius XII, *Discorsi Agli Intellettuali*, p. 205.

尾声

法之艺

布拉克顿尝云，法律（ius）这个名词，“有时候是被用来表明‘法之艺’其本身而取代在实施那种艺术过程中所可能发现的法律——因为法律，并不规定一切事情——适相反，法律交由一些事体于明辨揣度”。[393] 他继续阐释这个原因，“法律之被称之为善与衡平之艺术——因为这个，人们荣冠我们以神甫之衔（the title of priests），也因为如同我们誉赞正义以及掌管律法，它本就是一桩圣事。”[394]

圣托马斯也将法律视作一门艺术——“一门引导与规范人类生计生活之艺术。”[395] 正以此为例，如我所考虑到的，我们很容易发现：法之艺术居于人类艺术门类最高贵之列。在人类关系与事务之中去引介秩序与和谐，确是一门艺术——它只能为“攒聚发挥人之所有才华，而显得人近乎于神的荣光一般来运作之。”[396]

法之核心本质即是正义，这一点也是所有既存法律应运力去尽最大限度与可能之去保守去呈现的。现如今，正义这一词语，

---

[393] *De Legibus*, fol. 3.

[394] *Ibid.*, fols. 2and 3.

[395] *S. T.*, I－II, 104. 4. *in corp.*

[396] Holmes, *Collected Legal Papers*, p. 26.

在亚里士多德那里，是为“德性之最光华者……璀璨胜过夜出或昼出之任何繁星。”[397]在基督教思想史上，爱是高贵于正义的，它是完美与善之冠冕（the crown of perfection）；而在道德与德性层面上看，无论如何，正义成了女皇。进而言之，爱是什么，仅仅是正义之更高形式吗？因为，如同基督所告诫我们的：盖吾语尔，苟尔之仁义，无以尚乎经生与法利塞人者，尔必不得进天国也。（新
239 经全集·福音马窦传5:20）【我告诉你们：除非你们的义德超过经师和法利赛人的义德，你们决进不了天国。（玛窦福音5:20）】——基督所要求我们的是经由恩典之帮助，去培育一种更为丰富广大之正义，它对我看起来不过是爱之另一种称谓罢了。[398]

然而在上主那里，爱与理性、正义与仁慈、善与美，是一体的。因为正如弗兰克·席德所言：“主之属性（God's attributes）与主之间并无区别，也因此，上主之一个方面的特质与其另一方面之特质之间亦无不同。”[399]我们以正义同仁慈来举例：“无限之正义（Infinite justice）同无限之仁慈（infinite mercy）在上主那里并非是对立的两种倾向：它们来自于同一个神……上主之仁是一个无限的实在（an infinite reality）；上主之义亦然。在上帝那里它们同属于一个实在。”[400]

然而在人这一层面上看，所有这些特质并非能和合而为一；它们之间是很不同的——虽然它们是彼此关联的，且指向一个共

---

〔397〕 *Ethics*, bk v.

〔398〕 Matt. 5:20.

〔399〕 *Theology and Sanity*, p. 43.

〔400〕 *Ibid.*, p. 52.

同之本体论本源。真的事物抑或不好，好的抑或不美，等等。诸如此类：我们生活在一个有限度的世界，在这里好的品质并不能充分成长至圆满，且很少能够合而为一的。

但是正义这一素质之优越——甚至在人类的世界——事实上确为真、善、美组成，它并不能使包含这些终极价值之三维充盈整全，然而每一个维度多少有这样的成分予以塑造：真，为正义之基奠；善，是其之目的；而美则构成其本质。一桩法律或判决之正义，取决于它是否建基于真，其是否导引向一个良善的好的生活，以及其气象（dispositions）是否能合乎达于那终极之所归。

正义与真

真理这一范域在两个不同的层面上进入法哲学。首先，在形而上学层面，我们须将人法视作来源于自然法之涓涓细流，而其究其竟，源自于永恒法——所有法之总源，来自于上帝。我们若非了然于此，我们就非真的唯实论者，而是在过往之影幻中盲目攀爬的"盲者"*。耶肋米亚的话适用于我们：诸天！你们对此应惊骇战栗，大为惊异——上主的断语，因为我的人民犯了双重的 240
罪恶：他们离弃了我这活水的泉源，却给自己掘了蓄水池，不能蓄水的漏水池。（思高圣经旧约 · 耶肋米亚 2:12 – 13）

其次，在经验之层面，我们须知道法律与其他科学以及生活之现实息息相关。

---

* 吴经熊先生在此处似暗喻柏拉图意义上的非哲人，即洞穴中的普通人，只看到幻想而非实在本体真实；而只有哲人看到了光，哲人不为世俗幻相所蒙蔽。——译者注

一项公正之判决，其首要前提是：必须建诸事实。事实上，有关正义之流行理解是与真理密不可分的。而无论当何时，当我们观察到在一个疑难案件中当真相被发掘了出来，我们的想象力被激发了、心灵也不由雀跃欢呼起来。所罗门（Solomon）之谓理智之人与正义之审判官，主要因其发现事实真相的能力。再没有什么事，比看到一个无辜的人在道义上受到谴责和惩罚更让人感到折磨痛苦的了，等而次之，就是看到一个谋杀者逍遥于法外——因为，正义不仅因被告而为所减损，且也因另一起犯罪的受害者而减损。

现如今，我们发现相关事实真相之能力伴随我们科学知识之增长而增长。在这个方面，物理与心理学之发展进程在对正义之实现上居功至伟。正如俄克拉荷马（Oklahoma）的一家法院所陈述的："法庭所持见解者如下；我们应当赞同采用科学手段去探知一桩犯罪——当所谓之精确与可靠性已广为确立与认可。正义其本身是行动中之真理，且任何辅助于正义去确证真理的手段方法或机制（instrumentality），都应毫无迟疑地去迎迓之。"[401] 这番话，是在正联系到用醉度测量器去检测一名被指控了酒后驾驶的被告时说的。

在确定是否私生子的法律程序中，要确定一个非婚生孩子的父亲，法庭会采取血液检测鉴定，如果检测结果是否定性的，那么结论就能得出。而在旧中国式的法庭，这种测试则更显得笨拙有

---

[401] Toms v. State, 239 P. 2d at p. 821. 同样也请参见 People v. Kovacik, 128 N. Y. S. 2d 492。

趣:他们通常会将两滴血——一个是从那个所声称的父亲那里,而另一个是从小孩那里,一起滴进一碗水里,如果这两滴血紧紧吸在一起且融为一体,那么这个父亲就被确认了;而若它们之间彼此互斥,结论就是排除了的。我其实并不清楚这个过程是否精确,而我其实担心许多男人通过这种方式鉴定却冤枉地抚养了其他男子的后裔。241

然而使我高兴的是经见美国的法官们运用心理学之视角,即现代分析心理学所赋予的——去理解人之本性。

在一起有关于性暴力(sexual outrage)的案件中,两个年轻的流氓混混对于一个打工妹的性暴力,鲍威尔法官针对来自刑事被告的辩护意见,说了下述的话:

> 他们应是已让这名少女"反抗到极致",而这积聚起来可能要导致死亡,当受害人遇到一个或更多色狼的攻击,而周遭环境又明显都是先前设计好的——他们为实现目的而不择手段。而据被告进一步的声称,这个女孩子回家的时候其实并非是处于某种歇斯底里的状况,被告们可以据此逃脱和不再有什么罪。
>
> 不同个体本质相差迥异。该案是一名少女在一个小小的年龄上不得不为自己生计而考虑,而且住在一个鸽子笼般大小的屋子里——当其与一般标准相比拟之时。她显然多少是坚忍的,然其母亲说过,当她在希望中醒来时,她站在床边,"非常痛苦愤怒"。本迪博士(Dr. Beddoe)观察她几个小时或更多一些,发现她忧伤

沉浸而非歇斯底里。

而如果这个被害人在受到侵犯时，在这个僻静无人之处大声叫喊又有什么好处呢？当她处于惊惧之中，尖声叫喊可能会让她由此丧了命。她有好的理由，基于这样的事实：几乎每天总有一些女性挣扎致死而这种挣扎又没有任何效果这样的一种理性认知。事实是，一个人可能变成一个内向者而非外向者，且当她们失去所有而日子又看起来如此黑暗、度日如年，她们就会在喑哑与震惊的沉默气氛之中，而非使足全身气力去喊叫，这样使其之受苦不再尖锐，且会剥夺她们在正常环境下的信任而胜过女性在细述她疯癫发狂的事实时的那种歇斯底里的状态；这在人群中是一个普遍的特点：从孩提时起的生活变迁的一切事物，它们是愉悦、常规的存在以
242 及之于美好明天期待的合理基础，对于更为光明日子的希冀。她们的情绪化反映，经常会极为不同于那些环境与条件更为有利、更占优势的人群。[402]

上述这个案例应能充分地显示正义与真实如何紧密地站立在一起。然而，正义却并不能和真实画等号，我们应当看到其他案件由于某些什么原因，事实真相刻意地为司法认知所排除，这一点就很清楚了。

例如，著名的“泵胃”(stomach-pumping)案子——罗擎诉加

[402] Kidd v. State(1953),261 P. 2d 224.

利福尼亚人民(Rochin v. People of California),于1952年由美国最高法院所判决的。[403] 事实部分陈述如下:

> "据可靠消息,上诉人(the petitioner)正在那里贩卖毒品",三名洛杉矶县的副警长在1949年7月1日的早上走向一个两层楼的房子,那里面住着罗擎和他的母亲、他的同居女友和他的兄弟姐妹。发现外面的门敞开着,他们随即就进入到屋内强制打开位于二层罗擎的房间门。在里面他们发现这个上诉人正一半衣衫不整地坐在床边,而床上正躺着他的情人。在所谓"一夜情"之后的床边,警官探测到两粒胶囊。当被问到"这是什么"时,罗擎就抓过这两粒胶囊并塞进了嘴里。于是搏斗就展开了,在这一过程中,这三名警官"猛扑向他",并尽力想从他的嘴里挖出这些胶囊。他们所使用的强力来对付罗擎反抗看来没有奏效:他被戴上了手铐并送入一家医院。在一名警官指示下,医生强制用一剂催吐药打进罗擎的胃里面——这一"泵胃"(stomach pumping)催致了呕吐;而在呕吐物之中,这两个胶囊被发现了,它们都含有吗啡。

而问题在于,这些胶囊能否被接受成为证据。最高法院认为,"它们在正当程序条款(the Due Process Clause)之下,是不能

[403] 72 S. Ct. 205.

被予以接受的。”弗兰克福特法官为此作了一个很出色之评注：

> 我们不得不推论出：这一用以定罪的程序，已经超
> 243 过了冒犯到了过敏神经或者感情用事——过分积极主动地与犯罪作斗争；它乃触动良心的行为。违法地触犯上诉人之隐私：在挣扎搏斗中去掰开他的嘴以及取出里面的东西、强制从其胃里面抽取内容物——这一政府代言人去发掘证据之程序，甚至触到了那些僵直固化的神经(hardened sensibilities)。它们这些手段离酷刑的国家机器太近，以至于不能允许在宪法上有所区别。
>
> 逼供(coerced confessions)，侵犯到了公众对于公平正义与尊重体面(fair play and decency)之感受。所以在这个案子里，批准野蛮行径——而其自然不过地为我们眼前的法庭审判所谴责——将会在正义法袍(the cloak of law)下为残暴而埋单。再没有什么事物较之败坏法的名声进而野蛮化这个社会的气性更可圈可点的了。

如若真实只是正义之实现之唯一考量——那么没有办法去想像，有比这两颗从胃里刚被呕出来的胶囊，更能作为一种实体证据(substantial evidence)了。然有鉴于此，人之尊严以及其他之人道价值之体认和呼吁，甚至更超乎那些所谓刑事侦查之便捷的利益。

并不考虑证据法的话，我认为如下这段话来源于詹姆士·冉

(James B. Thayer)的司法认知(judicial notice *),将会呈现正义与真实之亲缘以及它们之间天然之限制:[404]

> 有谚云,那些已知的毋需证明——不证自明[manifesta(or notoria) non indigent probatione],[405]这可以从民法以及教会法传统中寻得远踪;事实上它可能一直与法律程序同步共时。我们可以发现,作为一个格言它存在于我们的书本中,且被援用至我们法律之各个面相上。而它为另一个原则所装备,同样的古老,且经常在重要性上超越前者,——如果法官不是在司法上知道某事,那么他知道什么都无关紧要(non refert quid notum sit judici, si notum non sit in forma judicii)。[406] 这两个谚语看起来暗示了这整一个审判认知之教义:其具有两个方面——一个有关于司法职能(the judicial functionary)所想当然认为具备的自由;而另一个则是对于这种自由的限制。

这不由将我们带到正义与善之关系的讨论中去。 244

---

* 参见《元照英美法词典》之辞条“judicial notice”,载薛波主编,潘汉典总审订:《元照英美法词典》,法律出版社2003年5月版,第750页。——译者注

[404] Thayer, *A Preliminary Treatise on Evidence at the Common Law* (Little, Brown&Co., 1898), pp. 277 – 278.

[405] “不证自明(What is obvious stands in no need of proof)。”

[406] “法官私人所知道的——而并不是通过司法程序(the form of judicial proceeding)得到的,并不能作为判决的依据(the basis of judgment)。”

正义与善

善,进入法之艺术殿堂,乃双重之进路:纵向观之,法之终极目的与作为人之终极性是一致的。而水平观之,实现此一终极目的——是那些为法所认同且保护的、能将法活出其最大限度同最丰盛光泽的那些价值们。圣托马斯·阿奎那综合以上这两者说道,“个人的私善(private good)从属于公益或共同善之目的:因为部分的存在,是为了整体的实存(the being of the whole);因此一个生民之善(the good of the race)较乎个人之善更有某种接近神圣起源(more godlike)的意义。然主权善(the sovereign good)——它是神本身,是一种共同善——因为整个共同体之善,基于吾等之上主:因为善给予任一造物所标记的正是它自己的私德,而其他的事物之善亦由此确立。因此,所有事物归根结底隶属于一个终极善——这就是上帝”。[407] 如是,则乃个体同社会(sub Deo et sub lege)。

所有善或价值都无法达到最高善,也即,上帝对于它们来说是相关联的——因为,它们都不过是达致终极之过程或步履之石阶罢了。然而就它们作为必要之手段与步骤来看——它们从终极那里分享了重要性的渊源。“外在之丰富(exterior riches)对于德性之善(the good of virtue)来说是必要的,因为借由它们我们得以支撑肉身与扶助他人……因此丰富性善之程度,是为有助于

---

〔407〕 Summa Contra Gentiles, III. 17. 5. 我使用了 S. J., Joseph Rickaby 之译:*Of God and His Creatures*, Burns, Oates, 1905, p. 197。

德行之运作。然而，如果那一界限被超越了——且善德的运作(the exercise of virtue)为其所妨碍实现之，它们就不再被认为是善的而是列于那些恶的事物之中了。”[408]所有的私权都与终极有关，且为其范围所限制。然在合理的范域内，它们因所服务之终极目的而具有价值，而这些必须为法律所保障。

而价值并非一些杂乱无章的事物(a hotch-potch)独立于位格而存在；它们以人之善存为中心。一些价值内在于位格，如生命、自由、道德、智慧以及精神上之诸价值；而另一些价值是工具性的，譬如私有财产权以及工商企业的法则。 245

在儿童监护权的案子中，现代式心性的美国法庭通常会说，最重要的是要考虑到儿童的福祉：包括孩子的身体、智力、道德以及精神上之健康。而当这项原则走到了前面，当遇到涉及孩子权益的案件——它给予法之心智(the heart and mind of the law)，给予将人作为人的态度以基石的哲学以线索。而若其没有使其直接关联到正常的成年人在其多向度上保持良好状态——正如对待婴儿那样，这仅是因为成年人可以更好照顾他们自己且不必如此义无反顾且彻头彻尾地如小孩那样受法律臂膀的保护。这当然也不意味着：在合宜与实用(propriety and practicability)的限度内以及应对实际需要的比例性上——法律并不关心男人与女人在四重意义上的善存(the fourfold well-being)。

根据基督教法哲学，所有法律制度包括国家——有其为了人类福祉之终极目的，而人却是由上帝的影像所造的。正如弗兰

---

[408] *Of God and His Creatures*, Burns, Oates, 1905, p. 305.

克·席德所说的,“如果没有上帝,那么任何事物都失去了它们的根基。”[409]若没有国家依据法律去照管人之需要,人就会成为国家之奴隶(slaves of the state),而这滥用了法律使之成为压制人之工具。

论说人文主义是从基督教来的一部分,成为现代知识分子圈的一种时髦。而这一切并不能过分强调之:人的位格(human person)所拥有的如同在西方所获得的那种尊严,能够溯及基督教影响力的逐步上升。正如蒙西格纳·约翰·K.卡特莱特(Monsignor John K. Cartwright)所真切观察到:“根本地看,我们的法律有它那种总体的高贵性,并非说它从罗马法借用了什么来、亦并非从祖先法则而来的什么基于种族优越的对于法之认知,却是因为那从西奈山来的神圣律法(the Holy Law of Sinai)以及山上宝训(the sermon on the Mount of the Beatitudes)而来之光亮。”[410]且毋庸赘言,“曾经对于我们法律系统源起来说必要的因素,于之持存与弥久亦然如斯。”[411]

基督教给这个世界带来了对于爱的一种新的诠释,而通过这

---

[409] *Communism and Man*, p. 136. 也请参见艾森豪威尔(Eisenhower)总统有洞察力之评注:“如若没有上帝存在,就不会有美国式的政府组织形式,也不会有美国生活方式。这种对于最高存在(the Supreme Being)之认识,它之于美国风格(Americanism)来说是第一位及基础的。国父(The Founding Fathers)[认识到(recognized)]上帝是个人权利的作者……但在许多地方,国家宣称自己是人权之作者……而如果由国家给予权利(gives rights),就会不可避免地掠走那样一些权利。”(As reported in the *New York Herald Tribune*, February 21, 1995.)

[410] 在一个布道中。它被发表于 the Congressional Record, 1954 年 2 月 4 日,作为对 Hon. Edith Nourse Rogers of Massachusetts 评论之延伸。

[411] *Ibid.*

个人之尊严，得以无限的比例(infinite proportions)般地增强。再次引用席德的话："并非一直为人们所体认，个人之价值是如何与基督教之启示紧密关联的。在基督临到之前，人将自己定位为国王、将军，或富人，或那些诗人或武士们(gladiators)，而并不单纯就是'人'。人是有价值的(宝贵的)这一概念，仅仅是因为他是一个人，或有可能偶然地变成了一个哲学家，但并没有详细、充分地深入渗透到社会的大脑里。这是来自基督教的讯息：人，每一个人，并不仅仅是价值的存在，而却是一种来自永恒价值的存在，这一告讯给这个世界带来了革命。"[412] 246

然而大体上言之，基督教国家的子民，举止行为好似在富裕贵族家庭里长大的孩子们，尚未意识到那无尽的财富宝藏囤积在自家院落，而是不顾一切地去追逐那些没什么真实价值的新奇古怪的事物。正如一个纨绔子弟(the prodigal son)——他们渴求于那些猪饲料似的东西。

在目前这个节骨眼上，我很高兴地发现那些有远见的(far-sighted)的律师们已经觉察到了法律科学与法律职业之精神价值的重要性。罗伯特·斯托里，美国律师协会主席，其于1953年于波士顿的年度致辞中，于"在上主与律法之下(Under God and the Law)"这一发言下，说了如下这番话：

> 归根结底，我们有责任将法律推至崇高，而这些必须在自由人世界里得以实现。我们还没有找到维持世

[412] *Communism and Man*, p. 135.

界和平的钥匙；我们更无力于为全人类去建造一个正义的庙堂或神殿。就让我们尽我们最大之努力，个别地以及通过法律职业之整体，以去建立一个社会，它能奠基于道德、它致力于由仁慈所驯化的正义，以及采纳一种真诚的、真正的以及基本的、位于“上帝与法律之下”(Under God and the Law)的生活与行动的哲学。这样我们真正可以说——法律之下的自由(“Liberty Under Law”)可以驰久不坠矣。

席尔登·D. 艾略特(Shelden D. Elliott)教授，即美国法学院联合协会主席(President of the Association of American Law Schools)，在最近写给协会的通信中，从纽约的圣约翰大教堂(New York's Cathedral of St. John the Divine)神学院院长詹姆士·A. 派克(Dean James A. Pike)那里，以热情的赞同引用了一些重要的话语，我可以在这里冒昧重述其之一部分：

> 我们所需要的是一种认同：每个人都以他全部的心
> 247 智、灵魅与能力，服从于他的造物主的征召之下；换言之，使用其那特别之天赋——完全地以及全时地——通过此一途，将充分助益于上主之意愿以成就于这个社会。简言之，就是让祂每日之作工——不论其为布道、为社会福利工作，添砖砌瓦，抑或是从事法律工作——且它如同神职工作(ministry)一般，正如我们一般以其名来称呼的那样。这样，一名律师接受这样一项请求，

> 将检视任何一个法律判决、任何一个法律服务及其之于其客户之影响，律师在各种各样加诸其身的请求当中之分派时间的方式、他所意愿承担与不愿接手的——在判决之下，辨认出对他有更高之呼求（a higher claim）而超乎于法定要求或律师协会之规范。[413]

在司法判决中，也有一种道德价值增强之迹。从律师界除名之判例中，佛罗里达州最高法院特瑞尔法官（Justice Terrell of the Supreme Court of Florida）如许说道："正义之执现（administration of justice），其毋宁说是一种复合概念而非一个单一的概念。它是基督教伦理之一个派生物且于我们而言有一种重要性而在其他地方是无从觅得的。其之沉思默想于影响生命，自由或个人财产权的任何争议之合乎正当之解决——法官与律师们是服务于此目的的法律的管家。"[414]

大法官卡多佐曾说过[415]："人生中的一些关系，赋加了一种责任：即根据习常道德而作为而不再因其他什么。在这些方面，这习俗的道德（the customary morality）须被称为法官司法之标准。买者自慎之[416]（caveat emptor）是一句格言不得不被提到，它所反映的那些道德并非来自于敏感灵魂。生活中的另外一些关系，例如，那些受托人（those of trustee）以及受益人（beneficiary），

---

[413] *Journal of Legal Education*, Vol. 7 (1954) p. 275.

[414] Lambdin v. State (1942), 150 Fla. 814, 9 So. 2d 192.

[415] *The Nature of the Judicial Process*, pp. 109 – 110.

[416] "买者当心"（Let the buyer beware）。

或本人和保证人(principal and surety)——科加了一种责任去按照最高标准而行事——乃以人之最敏感良心(the most delicate conscience)以及最美好的荣誉感(the nicest sense of honor)可能加于其身的。在这些判例中为求一致于这些标准成为法官的一种责任。而不论新情势是在一类法律关系中抑或是在另一类中的则必须被抉择之,正如它们所冒出来的,以类比(analogy),便捷(convenience)、合宜(fitness)以及有关正义等的来考量。"

目前甚至在信托关系(fiduciary relations)之外,道德标准为
248 法庭所运用也已增长了。如同哥德瑞支法官在一个不公平贸易案(a case of unfair trade practice)中所观察到的,"我们正在这个领域:法之趋势'已在实施一种不断抬高的公平正义或贸易中的商业道德标准之方向上;而这一趋势亦在持续发展着'"。[417]

在著名的种族隔离(segregation)案件中,[418]最高法院首席大法官沃伦将正当程序和平等保护的观念减少到"美国理想式的公平(the American ideal of fairness)这个公分母上。"[419]在合同的案子中,怀特法官说道,"在这里,正如在每一桩合同交易中,暗含着有关诚信与公平交易之盟约(covenant of good faith and fair dealing)——没有一方可以做什么事而导致伤害或损害另外一方之于合意结果享有之权益"。[420]

---

[417] Q – Tips, Inc. v. Johnson&Johnson(1953),206 F. 2d 144 at 145.

[418] Brown v. Board of Education of Topeka (1954),74 S. Ct. 686. Bolling v. Sharpe (1954),74 S. Ct. 693.

[419] 74 S. Ct. 694.

[420] Brawley v. Crosby, etc. Foundation(1954),267 P. 2d 28.

在论及《国家劳动关系法》(National Labor Relations Act)所潜在之哲学时,首席法官哈奇森指出,"其被制定出来并非去营造一种仇恨或恶意之气氛,或是去阻却雇佣者与被雇佣者之间进行着交通,对于维持普通人间关系至为重要的礼貌与善意(courtesies and kindness),而是去打消这样一种气氛或风气以及去鼓励这样一种交换关系。"[421] 在一个注解中,他强调了"爱的福音"(the gospel of love)与"恨的福音"(the gospel of hate)之间的区别。[422]

这引领我到圣托马斯那深邃的洞识:"法之目的是爱,且它在这里从不吝惜于谈论目的,而只在手段上可以俭省。"[423]

在这一洞见中包含了法与道德之间关联与差异之一整个哲学。法与道德享有共同之终极,然而它们却在达臻目的之方式方法上有所差异。在我所知范围里,没有人如圣托马斯那样洞明有关于法同道德之间的棘手麻烦之问题——正如耶林所称之的"法学之好望角"(the Cape Horn of jurisprudence)。也在我所知范围里面,圣托马斯是那真正完美地绕过好望角获得完全成功的唯一作者。因此,我想在有关人法效力之程度与局限这一论题之下,在这里重述从《神学大全》(*Summa Theologica*)的论法篇(*Treatise*

---

[421] National Labor Relations Board v. Valentine Sugars (1954), 211 F. 2d 317, at 320.

[422] 法官的观点是:劳动关系的潜在哲学是一种背景,用来反对成问题的法律被加以阐释。

[423] S. T., II – II, 184. 3. *in corp.* 我在这里使用吉尔比(Gilby)的翻译,在他的书 *St. Thomas Aquinas: Philosophical Texts*, p. 330。

on Law）中而来的两个条款的一个新翻译[424]。

249 论题96——人法效力之程度与局限。

第2条——是否由人法之领域（the province of human law）去禁止所有恶行。

故而于第2条中我们继续论述道：它看起来可能是在人法的领域之中去禁止所有的恶行。

1.因为伊西多尔（Isidore）说过［《词源》（*Etymologies*，v，20）］：法律被制定是为了顾念到人们莽撞失范的行为（rash deeds）可能被审查。然而莽行不会被有效审查——除非任何一个恶行（each and every evil act）都为法律所设禁之，因此人法必须禁止所有的恶行。

2.进而言之，立法者之意图是为了去塑造好公民。但是没有人能够全善，除非他能摒弃所有恶行。所以，这是人法之领域去禁止所有的恶行。

3.除此而外、正如前所述［第95问或论题，第2条（q. 95，a. 2）］，人法由自然法而来。现在所有之恶行都为自然法所反对。因此人法必须禁止所有之恶行。

但是从相反方面看，在 *De Lib. Arb. L*，5，*viz.* 中有一段论证，"这对于我看起来法律其乃为治民而所写就，合理地允许这样一些事情（例如，特定的恶）当须由留给天命、天理（Providence）去惩戒它们"。但是神圣的天意（Divine Providence）除惩恶外并不惩戒其他什么。因此，人法应该通过不加禁止而适当允许一些恶行

---

〔424〕 我将这些条目的翻译功归于 Rev. Anthony Lo Gatto。

的存在。

我对此作了回答，正如上文之所述［第 90 问或论题，第 1、2 条(q. 90,a. 1,2)］，法律作为人行为的规范与尺度而被制定的。然而这一尺度必须合于事物的本性及据于本性之尺度——如在《形而上学》第十章中所说的，因不同种事物有不同尺度来度量。因而，法律也须根据人的生存条件而制；因为正如伊西多尔所说，法律必然要同时可能对于万事万物之本性及一国之风俗是可行的。现在行为之动愿(the power of the faculty to act)从内在的心性习惯而来且一桩行为对于没有这种心性道德的人来说和拥有之的人来说，并不是平等一样可能发生的：正如并不能平等适用于一个小男孩与一个完全成熟的成年人。因此，同一法条并不对于孩童与成人同等对待，因而许多法律对于儿童是许可的，但它们对于成年人来说，进行严惩或者严格审查的方面却可以严厉责难，非难，责备成年的人们。同样，很多事物在普通人中被应许而 250
在好人中却不能被忍受。

况且，人法是为大多数人所准备的——因为大部分人在品德上并不是完备的。因此，人法并不禁止所有善良者所戒绝之恶行，但仅仅是那些更为严重的且为大部分人所能够戒绝的；尤其是那些有害于他人的恶行，若非禁止它们人类社会将无法持存，例如，人法所要禁止的杀人与偷窃等行为。

对于第一个反对意见，我认为，疏忽莽撞之行为看起来是对他者的一种侵犯。因此它们大部分对应于那些对我们人类有害且为人法所禁止的恶，而被予以分类，正如上文所提到过的。

第二个反对理由，我认为，人法之目的是将人引向德行，而非陡然突兀，而是一步紧接一步地努力。所以，人法并不马上要求大部分人、那不甚完美的人，去达到那些在道德上已然更高完善了的人们所能戒绝避免所有恶的那种状态。另外，并没有能力去遵循这样箴规的不完善的人类，去遵循它们可能会倾倒向更大的恶——如箴言篇(Proverbs 30:33)所提到的："用力扭鼻，可流鲜血；激起愤怒，必生争端。"以及福音马窦传(9:17)提到若置新酒(好比完美生活之箴规)于旧囊者(喻人之不完美)，则恐囊突然而裂，则酒漏而囊亦废。(新经全集·福音马窦传9:17)【不然，皮囊一破裂，酒也流了，皮囊也坏了。(思高版玛窦福音9:17)】——亦即，完美箴规应当被放低，若不然，人就会倒向更大之罪错的。

关于第三个反对的理由，我认为，自然法是我们人类对于永恒法之参与，然而人法并没有紧跟永恒法之足踝。的确，奥古斯丁说过(I *De Lib. Arb.*)："规制国家政府之法屈服于许多考虑，且留下那些由天意(Divine Providence)来惩罚的未被惩罚之事物。因法律并不能实现任何事情，故没有理由对已完成的而过多挑刺。"这样人法没有能力去禁止自然法所能禁止的任何事物。

251 第3条——人法是否规定了所有之善行。

从第3条看来，我们推论，人法似乎并未规定所有的善举是什么。

1. 因为恶行(acts of vices)是对于善举的背离。但是正如前述所说，人法并不禁止所有的恶。因此人法并不要求实现所有之善。

2. 更进一步来看，善行是来自于美德(acts of virtue proceed

from virtue)。但由于道德是法之目的,故,那些从德性而来的(行为)不能被归入法之箴规(the precept of the law)中。因此,人法并不要指令所有的善举。

3. 除此之外,法被导向公共善,正如上文所说的那样[第90问或论题,第2条(q. 90, a. 2)]。但是特定的善行却未必指向公益或公共良善,却很有可能是为了私的善好福祉(private wellbeing)而为。因此,法律并不能设定所有的善行。

相反,这里有一段论证是哲学家*所给予我们的(*Ethics*, v, 1),也即法律规定了所有那些被称为勇敢的行为——那些节制中庸的以及那些温驯的;而且相似地,对于另一些美德与恶德而言,则命令前者而禁止后者。

我回答道:区别不同类型的善是根据于其目的,正如上文所清晰地表述的那样。现在所有的善之目的,既可以与作为个体的人之善存又可以与公德或共同体福祉(the common good of a community)相关联:例如,坚毅之目的(the object of fortitude)之能被施行,既是为了保护共同体、又是为了保护一个邻人的权利(the rights of a friend);其他的德性亦复如是之。现在法律,正如我们上文所讨论的——引导向共同善,尽管没有什么合乎道德之行为法律所不能规定之的(no virtue whose acts the law cannot prescribe),但是人法并不规定所有之善行,仅仅是那些与公益有关的善行,既是直接地——当一些事物是为公共善所为的,或是间接地——当一些事物有关于立法者所制定的善秩序,借此市民

* 即亚里士多德。——译者注

们被指导于正义与和平之形式之下去支持共同善。

针对第一个反对意见，吾答曰，人法在强制命令（the obligation of a commandment）之下并不禁止所有之恶行，正如它
252 不规定所有的善行。但是它禁止一些不同类型的恶行，正如它规定一些不同类型的善行。

对于第二个反对意见，我答曰，这些行为在两重意思上是道德性的、善良的。首先一重意蕴是，人所做的一些行为是善良合乎道德的，正义之行为亦复如是，则正义行为就是去做那些对的事情，且那些刚毅的行为（act of fortitude）是去为那些勇敢的行为。在这一重意思上，法律设定一些善行。而在另一重意义上，一些行为之被称为义举，那是因为人们会以一个有德的人会以这种方式和精神去为之。且这样一种行为一直由德性而来，它也不被归入法的命令之下，但它却是立法者用以引导人的行为之立法目的。

针对第三个反对意见，我答道，如上所述，没有一种来自善德的行为，其不能要么直接要么间接地导向公共善的。

圣托马斯看见了人社会生活之全景。伦理和法，都以自然法作为基础；它们都以人类行为作为主题素材（subject-matter）；皆以人与人之间有序之一致与友善（orderly concord and friendship）之确立为目标。但它们具有完全不同的作用，且有不同之制裁。以法律为例，这种制裁主要是外部的外显的；而以伦理为譬，它主要是内在的。在（圣托马斯的）《反异教大全》（*Summa Contra Gentiles*）有关于这一点的洞烛人心、富于启示之言：

在人们中间有和谐一致(orderly concord),而对每个个体来说是要得其所应得,这正是正义之作为;因此圣经里面说:正义的功效是和平(思高版依撒意亚32:17)基于对这种正义的观察,一个人既倾向于一个内在的又倾向于一个外在的原则。从内在原则看,只要一个人有意愿去遵循神圣律法箴规——由他(她)所秉有的对于上帝和对邻人的爱来实现:因为不论是谁爱邻人——自然而然且以愉悦回报于其之所应得,甚至因慷慨而得以加增更多。此法律之所以成于爱德也。(新经全集·圣葆乐致罗马人书13:10)【所以爱就是法律的满全。(思高版罗马人书13:10)】此二诫者,实为所有律法及先知书之纲领也。(新经全集·福音马窦传22:40)【全部法律和先知,都系于这两条诫命。(思高版玛窦福音22:40)】。但是因为有一些人并非如此内在气象地以律法所要求之偕调——他们不得不被外在力量
拖曳着去实现法之正义。因此,他们因惧怕惩罚而执行 253
法律,并非如自由人而是如同奴隶一般。因此经文里提到:因为当你的决断显于大地时,世上的居民都要学习正义。(思高版依撒意亚26:9)另一些人则被安排以律法所嘱咐其之内在调和一致以去行事。他们是他们自己的法律,葆有仁善,使得他们的意志以代替法律而忠恕行事(to generous conduct)。并不需要为他们制定任何外在的法律,因此云:法律并非为公平正义而设,而是为了那不公正的事(the unjust):这并不意味着不以履行

> 法律来实现这种公正，正如一些人误解了这个文本，但公正倾向于那些行为正义公允的人（the just are inclined of themselves to do justice）——甚至当没有一个实体法之时。[425]

这就提醒了我孔子的一句话："道之以政，齐之以刑，民免而无耻；道之以德，齐之以礼，有耻且格。"[426]然而，在孔夫子与圣托马斯之间有巨大的差异。孔子用"要么—要么"的语式，正如一个人不得不在法律与道德之间作取舍。而圣托马斯，比孔子更为唯实，他看到了法律与惩罚之必要以及教益之价值（the necessity and the educative value）；事实上，他认为法律可以为人预备善德，例如，在申命纪（23:25）中写道：几时你进入你邻人的葡萄园，你可随意摘食葡萄，可以吃饱，但不可装入你的器皿内。（思高版申命纪 23:25）这是有关法之箴言（a precept of law）。爱人如己（Love thy neighbor as thyself）——这是一条伦理原则（a principle of ethics）。圣托马斯将这两者编织在一起而没有一条接缝。他这样写道：

> 如同使徒（Apostle）所云：惟爱人者能完成律法也。（新经全集·圣葆乐致罗马人书 13:8）【因为谁爱别人，就满全了法律。（思高版罗马人书 13:8）】因为对于智

---

[425] Rickaby, *Of God and His Creatures*, p. 291.

[426] 《论语》（*The Analects of Confucius*）。

慧而言，所有法的箴规——主要是那些关于我们邻人的——看起来瞩目于人们应当彼此相爱这一目的。爱之果效是人对他人为善：因为正如圣若望书一（3:17）之所云，若有人拥有斯世之财富，见其兄弟有急，而闭塞其同情之心，则安得有天主之爱德，存于其衷乎。（新经全集·圣若望书一 3:17）【谁若有今世的财物，看见自己的弟兄有急难，却对他关闭自己怜悯的心肠，天主的爱怎能存在他内？（思高版若望一书 3:17）】如是，则律法 254
使得人们习惯于乐意施与，所以，圣葆乐致蒂茂德书一（6:18）要求富者慷慨为怀，博施济众（新经全集·圣葆乐致蒂茂德书一 6:18）【甘心施舍，乐意通财（思高版弟茂德前书 6:18）】而现在，一个人不会轻易地给予他人——若他不心痛于他人从已处拿走一些小东西且并没有给他造成非常大之损失。因此法律规定，一个人进入他邻人的葡萄园在那里吃果子是合法的，但不允许被带走一点儿，以免招致贪心之苦（the infliction of a grievous harm）以及人与人之间的和平被破坏——因为在行为举止良好的人群当中，微取浅斟、浅尝辄止（the taking of a little）并不搅乱了和平；事实上，它大大增加强固了友谊且让人们习惯去相互之间多给予对方。[427]

[427] S. T. , I – II, 105. 2. *ad* 1.

正义与美

为了让一项法律或判决是公正的，它必须基于真、其必以善为鹄的，且最终它还是美的。因此，在真正意义上，美之理念——其超乎于真与善，而具有与正义更为切近且更为内在之关联。

我必不被理解为是在说一种物态物形的美（physical beauty），亦非司法意见和法学著作*（juristic writings）的文学上之质素。我仅仅思及审判之美（或艺术）其本身。这里，圣托马斯又一次助益之。** "清晰与比例性的（clearness and proportion）"，他说道，"织造着美俊。狄奥尼索斯（Dionysius）说上帝是美的，因祂是万物之一致与清晰（the consonance and clearness）之始因。而物形之美（Bodily beauty）存在于那些外形良好事物之更新的面容（freshness of complexion）；精神上的美俊，正如同是葆有荣誉之善，公平交易（fair dealing）是乃根据理性之坦诚而来。"[428]

事实上，圣灵本身（the Spirit Himself）称上主为"正义之荣美（the Beauty of Justice）"。[429] 美之终极渊源，在于圣三一至高的和谐统一（the supreme harmony of the Holy Trinity）。上主之荣

* 参见《元照英美法词典》之辞条"juristic writings"，载薛波主编，潘汉典总审订：《元照英美法词典》，法律出版社2003年版，第757页。——译者注

** 从这本法哲学著作之气象与本质精神看，吴经熊先生可以说是托马斯·阿奎那（Thomas Aquinas）在当代法哲学衣钵之中国传承者。关于吴经熊先生对于自己的法哲学旨趣之一些概括，可参见 *Fountain of Justice* 的序言——"对于一种法哲学之需要（The Need of a Philosophy of Law）"。——译者注

〔428〕 *Ibid.*, II－II, 145. 2. *in corp.* Gilby, *St. Thomas Aquinas: Philosophical Texts*, p. 78.

〔429〕 Jer. 31:23; 50:7.

美展现于祂所有的作工中,兼具外在与内在。正如圣经上所说,“他井然布置了自己智慧的伟业,他从永远直到永远常常存在……他的一切化工,是多么美妙！所能见到的,只是一点火花。……一切都是成双而相对的,他所造的圆满无缺。物各有所长,互成其美;天主的光荣,谁能看够?”【思高版之德训篇 255
(Ecclus.)42:21,23-26】。

最大悲剧之一降临人的精神世界中,那就是他过度地“文明精致化”(civilized)以至于丢却了那颗鲜活敏明的童心。而人能经历第二次之沉沦乎?——若非他不再能颤抖钦佩于在如此美妙的宇宙中之生之悦乐?而上主会多久将祂无上之艺术杰作展示给那蒙蔽的眼目看?

而如若我们有那孩童或诗人一般的眼和心灵,世界将是何等一个仙境！“碧空青天,是高空的美丽;苍天的景色,光耀壮观。太阳升出,发散热气。的确是至高者奇异的化工！……月亮,这指明时节的永久标志,常是准时的;……你看见虹霓,就当赞美它的创造者;它的光彩极其灿烂。它用光辉的弧形环绕天空,至高者的手,将它伸长。”[思高版之德训篇(Ecclus.)43:1-2,6,12-13]。

读到这段话的人可能会好奇那些沉思审思,其于法学来说又有什么关系。真相就是:没有一种对于实在美景之敏觉,一名法律人将会健忘于正义之源泉,且其会终老于当一名庸庸碌碌的律师。

孩提之精神,对于获致真正的智慧与悦乐(true wisdom and true happiness)来说是绝对必不可少的。基督自身用最清楚与着重的话来宣扬这一真理曰:“实告尔,尔若不幡然化为赤子,则末由进天国。”(新经全集/福音马窦传 18:3)【说:“我实在告诉你们:你们若不变成如同小孩子一样,绝不能进天国。”(思高版玛窦福音 18:3)】孩提之精神通于谦卑害羞(humility),然而,正如敬爱的圣女小德兰*(Thérèse of Lisieux)以及圣日南斐法修女**(Geneviève)所云——此乃再为谦逊不过的了[430]——它意指对上帝那无穷无尽的信靠;它意味着回返***(the restoration)——尽可能地回到这样的心智即在亚当与夏娃之悲剧性沉沦以前的处子情怀;它意味着那无于言表的情感之悦乐,在宇宙大家庭中(at home in the universe)如我们天父家的一员(as a member of Our Father's house);最后,它意味着一种简单,其由事物之无限绵延
256 多样所滋养——它看起来如从一个独一的源头流溢而来的。

除非一名律师变得小孩子气,他就不会变成“一名朝向天国审思之文士”,他就不会饥渴地追逐于正义,并因此他是一个没有名气的律师。他所有之所知所学将会是那无生命意义的信息量的堆积——于己毫无欣喜于人也不增加幸福快乐。没有法律智

---

* 出生于法国的里修(Lisieux)。圣女小德兰对于吴经熊之皈依天主教与他的灵修生活影响极大。参见吴经熊:《超越东西方》,周伟驰译,社会科学文献出版社 2002 年 7 月版,第 282、298 页以下。——译者注

** 公元 422 年,圣女日南斐法生于法国巴黎附近的小村纳旦尔。在历史上她曾多次帮助法兰西民族避免战火兵燹,以及显灵迹以治愈市民们难以医治之疾病。现巴黎的万神殿曾是圣女日南斐法的纪念堂。——译者注

[430] Ste. Thérèse de l' Enfant-Jesus: *Conseils et Souvenirs*, recueillis par Soeur Geneviève de la Sainte Face, Carmel de Lisieux, 1952, pp. 30 – 40.

*** “回返”(restoration)的这种思想,更多或是来自于吴经熊先生之于道家之一种青睐——他还曾用博雅英文迤译《道德经》(*Tao Teh Ching*)并多次出版、再版。——译者注

慧(legal wisdom)之法律科学(legal science),注定会堕落退化为一个先例之故纸堆(a dustbin of precedents)以及一个技匠之蛛网(a cobweb of technicalities)。而为智慧之清晨光线所点亮,甚至这些能够被转变成一个神圣的火花。

是圣奥古斯丁将天使知识(knowledge of the angels)区分为早晨的和晚上的。[431] 圣托马斯对此作了一番很有意思之评注:

> 正如黎明作为启开以及黄昏作为一日之落幕,故而作为言之中的世界始端之知识(the knowledge of the original being of things),可被形容为曙光,而其本性之中所有的那些知识(while the knowledge of them as they stand in their own natures)可被形容为暮光(the evening light)。而言就是那本源(the source),就如它曾经所是一以贯之地——从那里实在流溢出,汇入到它们所蕴的存在之中。[432]

当运用于人类时,我们可以说,智慧(wisdom)属于清晨的曙光,而科学则属于傍晚的暮光。法学——它是"人与神的知识",[433] 故其涵纳了两种知识品类:它既借清晨之光,去展现永恒法之存在且又清楚地慧晓自然法之原则,而(自然法)其不过是人自然理性之律令(dictates)。在另一方面,人们对于实证法之经验

---

[431] St. Augustine, *De Genesi ad Litteram*, 2:8.

[432] *S. T.*, I, 58. 6. *in corp.*

[433] Justinian, *Institutes*, I. I. I. *Digest*, I. I. 10.

知识，乃属于夜晚时分；毋庸说，夜魅之知识（evening knowledge），其并不能通过法学研究而得以分得。而实证法却必须被充分彻底地掌握，然而允许这些夜的知识充斥和占据去法学的整一个领域，而未尝意识到其之于晨曙光之至关联系，就会堕入实证主义之无底深渊（the bottomless pit of positivism）。

确乎哉，单独早晨的智识并不单纯构成法学。只有昼与夜，共同织造一天。然而必须予以强调的是：清晨知识是基础和唯一
257 的向导，其有能力使夜的知识（eveningknowledge）保持在一个正确轨道上。现代文明之无根基状态体现在一般的以及现代的法学中，尤其归因于对于夜的知识的一种排他性之依附与汲取。现时代正如那青春期之叛逆少年，轻视了童年之真谛。而仅仅当一个人真正地成熟就会返璞归真到童心。因为正如老子（Lao Tse）所言，"常德不离，复归于婴儿"。[434] 而孟子（Mencius）说道，"大人者，不失其赤子之心者也"。[435]

许多的现代法学者——甚至那些理想主义的类型——敲打他们的脑门去探求正义的假设条件与标准，但他们失败了，因其在探寻简洁真理一简单的道理（simple truths）时诉诸复杂的方法且在一个错误的方向上。为何要在死亡的事物中找寻生气呢？自然法难道可以在故纸堆（the musty records）中被寻得到的吗？难道它（自然法）并未日日映写在君鲜活的心灵上？甚或您想要带着一副应受尊重之神情以及通过显示博学与辩证力量意欲赢

---

[434] 《道德经》（*Tao Teh Ching*），第 28 章。

[435] *Works of Mencius*，4. 2. 12.

得这个世界的荣誉吗？然而您能通过这些“非自然”*之手段而曾去确立自然法？而我们所需要的却是简单和完善的坦诚勇气。

神圣庇护十二世(His Holiness Pius XII)已将这一桩事物简明扼要地一言以蔽之了，当其言及，“最深沉或最精妙之法律科学，其并不能指出一种辨别的标准——据以从不正义的法律那里辨别出公正，从真正的法则那里辨别出单纯的“法定法”(legal law)——除了那些根据事物自然本性之自然理性及通过造物主写在人心上的法律可以为人所体察到的那些事物。“设有异邦人，虽未闻法，而所行自然与法相符，则虽无法，而其身自足为法。若是者，显然有法铭于其心，且有良心为之证明，必能辨别是非，而自为黜陟于审判之日。”(新经全集·圣葆乐致罗马人书 2:14－15)【“几时，没有法律的外邦人，顺着本性去行法律上的事，他们虽然没有法律，但自己对自己就是法律。如此证明法律的精华已刻在他们的心上，他们的良心也为此作证，因为他们的思想有时在控告，有时在辩护”(思高版罗马人书 2:14－15)】，且已为启示所确定的。”〔436〕

这些话语——从法律最高学术者(a supreme scientist of law)那里——他经年累月从各个角度钻研并沉思于司法与法律的问题，应能警示我们去抵制徒劳于追寻那外在于我们心灵的自然法

---

* unnatural，非自然的，这在吴经熊先生的天主教经院法哲学之话语谱系中，代表一种人为的、浅薄的、近现代过分工具理性主义之实证主义倾向以及对于正义源泉的那个真正为上主所造的自然、神性自然之视而不见与歪曲理解。这个观点，我们亦可从氏著之 *Fountain of Justice* 的多处章节中寻找到。——译者注

〔436〕 关于“Law and Conscience”的一个训谕；参见 *Discorsi agli Intellettuali*：1939－1954，p. 213。

或者一种正义的客观标准。然而现代人的心智为错误的推理理解与细枝末节碎片化的知识之蛛网所蒙蔽，除非他返归到单纯以及孩提之精神上，那么他就无法洞悉那些甚至最简单最明显的道
258 理。现代法学者去自然化（de-naturalized）竟达到了这样一个节点上：正是“自然法”之名，在他听来是如此不自然、反常和不近人情。

老子尝云，“大曰逝，逝曰远，远曰反”*（To be great is to go on，to go on is to be far，to be far is to return）。[437] 难道我们行得还不够遥远？难道现在不正是时候去回归到最质朴之开端？若使人类之文明能再次回归到正确的轨道之上，我们须追溯我们的脚踪自那最源初处开始。

从源头处开始，恰正是从“言”（word）出发。而只有若斯，我们才能够重温那晨之精神（the spirit of the morning）。在弥赛亚之诗篇（Messianic Psalms）最为尊荣篇章的一篇中，发现了这样一段无上美妙之诗句：佩德以为饰，共熙光天与化日。尔禀平旦气，芳露所滋润。（吴经熊圣咏释义初稿：卷五，第百有十首 君子道长 110:3）【神圣光辉的王位，你生之日，已偕同你，在晓明之前，好似甘露，我即已生了你。（思高版之圣咏集，第一一〇篇默西亚是君王也是司祭 110:3）】

自我们的父所从生（Begotten of the Father），从“清晨的子宫”

---

* 这段《道德经》英文，即来自于吴经熊所译之英文文本，参见 *Tao Teh Ching*，translated by John C. H. Wu，New York：St. John's University Press，1961；New York：Barnes & Noble，1997；Boston：Shambhala，2003。——译者注

〔437〕《道德经》第 25 章（*Tao Teh Ching*，chapter 25）。

(the womb of the morning)那里领得灵感[438],如那露珠常年如斯如新,作为人子(the Son),焕发出曙光与那孩提般之真纯,从永恒达至永恒。作为永生的言不朽之世代(eternal generation of the Word)乃所有生生不息之源泉,乃整个创造之律法与悦乐。言,给予万物其本性之法——每一个事物都乃据其在存在等级中所处的位置。那些较人类为低之被造物中——其内在本性之律,是本能地被跟从而无任何牵强。星宿们借和谐温柔的流线咏赞我们上苍;大自然所有元素,以其在被造之所能所限中发挥作用与能量,来美赞上帝;而树木以其种类在合乎时令与季候时开花结果来美赞我们的上帝;鸟儿雀儿们嘤鸣来赞美上帝;所有动物以体现和完成上帝赋予它们的本能来美赞万能上帝。

所有那些低于人的万事万物,都明显地遵循那符合它们本性的合洽的律法。而仅仅只在人类社会中,我们的确发现了使人沮丧的不和谐之音以及那些恶劣的犯罪行为。人何以为"人"?是否乃上苍——祂给予被造万物以本性之法,应当忘却那赋予我们本性存在而使我们感到适洽的那些法则吗?或是因我们早已变得如此桀骜不驯以至于不情愿去思索这些神给我们造的法律,而宁可让我们自身之"法则"遗忘及忤逆于自然法吗?而我认为,这后者的情形更像那么回事。

[438] 参见 Callan and McHugh, *The Psalms Explained*, Wagner, 1929, p. 399, 注释 3。根据这些作者,这种韵体的希伯来文版本(the Hebrew of this verse)可被译为:"佩德以为饰,共熙光天与化日。稟平旦气,芳露所滋润。"参见吴经熊之《圣咏释义初稿》之 110:3。

259 让我们看看我们身处何处。在所有生物之中，人类是唯一被赋予理性与自由的。但现代人将自由之权柄交由个人意志与任性——那是他们力图以自身精彩无与伦比之推理能力而去为之辩护之。他以钦佩赞赏之情去遵循充斥在存在之较低阶段之秩序与和谐，及他开始想像通过遵循他们自己之法律，我们有可能去获致一种类似的在人的世界里的秩序与和谐。他将自我之镜鉴照到自然本性那些较低的秩序上，而非其自身之本性本心上。那空前的自然科学之巨大成功强化了社会与道德科学家们这边的这个趋势，他们倾心热望于用自然科学的范式去塑造他们的科学。一时，所有有关终极目的以及价值序列的讨论，都因那些时髦的社会学家和法学家冠以“非科学性”而万马齐喑（hushed down）。所有那些他们可以接受到他们的正当、合法性之领域的（legitimate domain），就是那些计量标准与统计学方法。有效率的因果关系论，成为他们唯一的偶像，且任何对于目的论（teleology）之提及，都是可疑的。决定论（Determinism）* 被引入到人类行为与人类关系中去，而且有关责任的理念，早已被淡忘并淡出人们视野之外了。

法学顺这大趋势急流而下，跌得这么低，以致在其之领域都到了要排除对于正义之考虑的谷底了。由我的经验可以确定的，

---

* Determinism，决定论，有点类似于加尔文的预定论（predestination），认为一切事物都乃注定的、自宇宙创始即从未中断地发生和发展；其过份强调先天条件与客观原因，有一种极强之“命定”意味。在这种论理谱系之中，人之自由意志、人的主观过错、人之责任，则具有了一种可被“逃避”和推脱之理论意味。——译者注

莫里斯·柯恩曾给予这一趋势以一种见证：

> 在大多数人眼中，法是一门特殊的技术；它对律师和委托人来说是专属排他的。我记得在一门课上，有一位学生抱怨道他不能在现成的判例判决里发现正义。而教授回答说，这是一个法律的课堂，而并不是在正义讨论中(a class in law, not in justice)。当然在他的回答里有某种真相维度之意味(some measure of truth)。然不幸的是，许多法律是不公正的，却仍然是我们法律体系之一部分而被遵循与分析着。而从一种史观的以及道德论的观点看之，这的确不是什么终极答案。法律努力去迎合社会需求，且从长远看仅当其既公平又能达到社会公众的普遍满意度时才能够持存自身。[439]

在眼下这个世纪的早先日子里，一个标志性的口号是“事实，事实，更多事实吧。”法律也同样是事实而已——这由法庭具体的行动可以看出。法科学子们并未意识到那“简单的作为事实的标 260
准”仅仅对于最高存在(the Supreme Being)是有效的——因其之本质，存在于大在(His existence)之中，而所有那些在祂之下的被造的存在事物，必须通过它们对于其本质的进取——演进式之体

[439] Cohen, *The Faith of a Liberal*, Henry Holt, 1946, p. 42.

现(progressive embodiment)*,来论证它们之存在。其并未意识到——法之本质,乃是正义,且若任何法律不能在其中葆有那种对于此之本质的趋近之热望(aspiration),就不是一个"真正"的法律。

一桩法律,其若注定了不是良法,便不能被称为是一种"真正的"法律。威廉·斯各托先生在 *Santa Cruz* 这个判例里面有很好之阐述:"当我说到真正的法则(the true rule),我仅仅意即这项规则对关心公平原则的文明国家则应当去遵循之。"[440] 在此处,这一语词"真",并不仅仅指涉那些经验之事实,而是更高的"存在"王国(higher realm of being)。

唐·马米奥就这个事项作了一个富有洞明意义之观察:

> 从自然属性上观之,人是一种理性之存在。其不如动物那般缺失理性而仅依本能而行事:那将其从其他所有尘世造物那里区别开来的——就在于因其被赋予了理性与自由。理性,因此必须驻领人的权柄;但作为一个造物,理性必须臣服于它所凭据的神圣意志、天意(the Divine Will)——且这为自然法所显明,实在法亦复如是。

---

* 吴经熊先生的自然法观是演进的,具体参见其"在进化中的自然法"一文,载吴经熊:《法律哲学研究》,清华大学出版社 2005 年 3 月版,第 45 页以下。——译者注

[440] *The Santa Cruz* (1798), 1C. Robinson 49. Sir William Scott, later Lord Stowell,是对于 Prize Law 的最伟大构建者。

> 为了为“真”，“真”是第一要义，首要的为了取悦于我们上主这一第一必然条件，而每一种人的行为须与我们作为自由与有理性之被造物的条件相一致，服从于那神圣之意志；否则，这一行为就会不合乎吾等之本性、其之属性、统御其之律法——而这一点是错误的。[441]

而现在我们或许会被问到的：我们究竟到哪里去找寻到这自然法之第一原则呢？答案已经被神圣庇护十二世（His Holiness Pius XII）用他最清晰的术语表述出来了：

> 这是没有可能去留意遵循宇宙规律——肉体与精神的，物质与道德的——而若无对一见着秩序与和谐统驭存有的所有各种等级之美赞之沉醉。在人，直至其无意识活动停止及有意识的自由行为开始的地方之分界线上——那秩序与和谐，据我们造物主在存在的万事万 261
> 物（the existing being）中所设之律法而被谨严地予以实现。而若超出了这一界限，命定的上帝意志（the ordaining will of God）仍然有效，然其之现实化与其之发展变迁，悉数被交由人之自由决断（determination）——它有可能是既符合合乎于，或是悖谬于神圣意志（Divine Will）的。[442]

---

[441] Dom Marmion, *Christ, The Life of the Soul*, Sands, 1922, p. 215.

[442] Law and Conscience，参见 *Discorsi agli Intellettuali*：1939 – 1954, p. 211。

职是之故，本能与理智之间的分界线——于人性之中——自然法的种子或最初之开端就被寻到了。

它使曙光与早晨的精神（the morning light and the morning spirit）含有一种清楚之洞见且牢牢抓住了那幽微静默之事物，来自良知的微小的声音教诲我们，正是在这一点上我们自无意识过渡到自觉意识，从混沌到清晰，从本能达致理性。当然，理性是特别地属于人类的；而甚至在人性之本能的方面——如圣托马斯所观察到的，其更为丰富与高贵、胜于那些低等的生物（lower animals）。[443] 对于圣托马斯来说，一如对于庇护十二世（Pius XII）而言——人之本能或人的那些与生俱来的倾向性，使最基本的物质世界（the basic materials）配备以理性予以精致化。因此，他们之对于自然法的界定，即刻是存在性的以及实质性的、心理的以及逻辑的、本体论的以及伦理上的，被编织进一个无缝的束腰上衣。但在庇护十二世哲学中，显著是新事物的在于——他将他的手指精确地放在那一点上——逻各斯种子（the seeds of the Logos），正预备着以自然理性与良知之道说（spontaneous dictates）的形式发出新枝。被无意识地抒写，它们是“被播布”（promulgated）和被自觉地认识到了的。在这个范域里，理性初露曙光；在哪儿这清晨之光澄澈，哪儿露珠就会鲜亮闪烁，哪儿这永恒大在就以“轻微细弱的风声”（列王纪上 19:12）走进这俗世间。

简洁的真理被揭示了，正如我们上主所言，尔隐此道于智巧之人，而启之于赤子（新经全集·福音马窦传 11:25）【因为你将

〔443〕 S. T. ,I – II,94. 2. *in corp.*

这些事瞒住了智慧和明达的人,而启示给小孩子(思高版玛窦福音 11:25)】而有时候,一个真正诗人如罗伯特·勃朗宁*那样,也对万古长青之始初开端予以那惊鸿一瞥(a momentary glimpse):

春之将临
日出开昼;
晨启于辰时
山麓水珠润莹;
鸟儿欲翔啁啾;
蜗牛棘间穿行:
上主啊,在祂的天庭高坐——
看世间多么美妙!

262

这是我所知道的最为深刻的诗性之观照。而它尝以某种肤浅之乐观主义而为夜之造物们(creatures of the *evening*)所嘲笑诟病为:浅薄之乐观主义。事实上从表面看,万事万物都是表象的。现代世界的问题在于上主无法进驻人的内心——就这个世界所能涉及的,被假定为祂的乐园,祂的天堂。

从一个神学家角度说来,席德先生已抛出了一个深刻的洞识。"因为对于实在之觉醒,乃如此之关键,诗人有一些话要对神

---

* 罗伯特·勃朗宁(Robert Browning,1812 年 5 月 7 日—1889 年 12 月 12 日),英国诗人、剧作家,其主要作品有《戏剧抒情诗》(Dramatic Lyrics),《环与书》(The Ring and the Book),诗剧《巴拉塞尔士》(Paracelsus)等。——译者注

学家讲述。”[444] 接着他提到了

> 沃兹华思的诗句：
> 月儿粲然
> 环顾她，当天堂打开，天宇裸露
>
> 以及维吉尔的《必朽之泪》(*Sunt lachrymae rerum*)，其之见证跨越了1800多年指向同一个真理：诗人们就大自然死亡这一理念，不能愉悦。他们感到里面内蕴的生命，虽然他们并不一直懂得，生命就是他们所感。而基督徒们恰恰相反：他知道什么是神秘，但大部分人并不能感知得到……基督徒所知道的作为真理的，而诗人却以鲜活的事物(生活质料，作为活生生的事实)来应答之。[445]

而对于律师言之亦复如是：法之艺术，就其质料而言，乃人际关系与活动之全音阶。* 出乎于冲突与不和谐、不协调的混杂之外，法学艺术家(legal artist)是要去确立与此范域之音律相一致

---

[444] *Theology and Sanity*, p. 268.

[445] *Ibid.*, p. 317.

* 吴经熊先生在这里用音乐之和谐来比喻终极意义上的法律关系之美感(他尝有言云：“……与在音乐中一样，在法律中美感是透过比例和有节奏的秩序而出现的。……正义是人际关系上的美，而美是现象世界的正义。”转引自[奥]田默迪：《东西方之间的法律哲学——吴经熊早期法律哲学思想之比较研究》，中国政法大学出版社2004年4月版，第143~144页)。这不由也使人想到孔夫子所云之礼乐思想；礼法和音乐(尤指合于德性的乐音)，是本源一体的。——译者注

的秩序与和谐。法律所处理的事情,可能会是相当沆瀣粗鄙的,然而就其方式方法来说,却可以十分地美妙。罪错是卑鄙劣等的,但对它们加以矫正却是高贵与神性的。正如黑暗被揭示是由于光照,所以对于谬误之救济、纠正却由着正义。[446] 这一伟任是何等之神圣,它应从依撒意亚(Isaias)这个伟大先知的话语中被予以澄清:

> 荒野和不毛之地必要欢乐,沙漠必要欣喜,如花盛
> 开,盛开得有如百合,高兴得欢乐歌唱;因为它们将获得
> 黎巴嫩的光华,加尔默耳和沙龙的美丽;它们将见到上 263
> 主的荣耀,我们天主的光辉。你们应加强痿弱的手,坚
> 固颤动的膝,告诉心怯的人说:"鼓起勇气来,不要畏惧!
> 看,你们的天主,报复已到,天主的报酬已到,他要亲自
> 来拯救你们!"(思高版之依撒意亚 35:1 -4)

法律是事实与理念、神性与人性的交会域;如那莲花般,它把根深植到淤泥里,但却开出朝向天籁的圣洁花朵。

圣托马斯说过,"在人类视野中,审慎(prudence)成为一种智慧,当所有的行为都朝向于、定位于适应于人类生活的和洽的目的。因此,那思虑整个宇宙之最高缘由者,也即上帝,以最少之保留而配得智慧之人之称号。"[447]

---

[446] 参见 Ephes. 5:13。

[447] S. T. ,I,1. 6. *in corp.*

仅当将司法秩序与宇宙秩序联系在一起的时候，一名法科学子才能够获得智慧，且这智慧能够使其成为一名成熟法学家并堪得其名。正如约瑟夫·斯托里曾经说的那样：

许多那些我们的最杰出耀眼的政治家们，的确曾当过律师，然他们是那些被哲学自由化了心灵的律师们，且与古代与现代之智慧有广泛之通衢交会。完美的律师，如同完美演说家一般，须使自己通过熟悉各种学问来完善与完成自身以尽责。准确说来：那些对他来说无关紧要的，对于人类天性或人类艺术来说，就是无关紧要与无用的。他应探索人之内心，探寻那些人类情感、欲望与热情之源头……他应以此为目的，将所有年龄之主体精神（the master-spirit）奉献于他之劳作。他应在大自然中到处走走，且通过沉思、注视大自然的美、壮伟与谐和，来提升自己的思考力以及融化自身之德。他当深省宗教之箴规（the precepts of religion），将其作为人类市民社会（civil society）之唯一坚实基础；且从它们中收集来的，不仅乃其职责更是其希望之所归；这不仅仅是其之慰藉，而乃其之风纪（discipline）与荣耀。[448]

一名律师所需要的宽广知识面，亦为首席大法官范德比尔得（Chief Justice Vanderbilt）所指出的那样，他说道，"研习法律及其

〔448〕 *Miscellaneous Writings*（1852），pp. 527－528.

实践运作，其蕴藏在问题解决之中，且心智需要平衡感——其由艺术领域在其最宽泛意蕴上之上佳事物之情绪与美感培育所提供之”。[449] 264

这正是卡多佐所说的，在法官那里应有那么一点成为诗人的素质——正是这么一点点素质而造就了卡多佐成为如此一名伟大的法官。而对于卡氏而言，正义不啻就是一种理念，其较之遵循匍匐于一项实体法规则远为精细与涵容：“其与热望、灵感同义（a synonym of an aspiration），它是一种激昂情绪，一种对于高的或好的事物之渴慕。”[450] 有时，“当论及正义问题，我们在头脑里浮现出的特质是仁慈，尽管这种特质常常与其他特质发生冲突”。[451]

卡多佐更进一步将审判之艺术，比拟为烹饪艺术。“正义的成分如果将其单独存放就会发酸变糟，而将它们调和在一起却得以保存，不改变特质且更为香甜。您可以提供任何您所乐意之食谱。人们训练有素的味觉——不论赞同或拒绝——都会整体地作一个判断的。”[452]

关于处理逻辑上对称感之要求以及变化之需要，他说道，“在那些我们特别的联系上也有着解放和释放：韵脚与格律之束缚，时段与平衡之急切需要——有时偶尔释放出他们所定义的思想，

---

[449] Vanderbilt, A Report on Prelegal Education, *New York University Law Review*, Vol. 25 (1950), p. 215.

[450] Cardozo, *The Growth of the Law*, p. 87.

[451] *Ibid.*

[452] *Ibid.*, p. 88.

从禁闭中予以解放”。[453] 让我给出一个具体实例，是他的判决中之一个。在西科·德诉施瓦瑟(De Cicco v. Schweizer)这个判例中，[454] 一位父亲书面允诺支付他的养老金(pay an annuity)给他的女儿作为对价(in consideration)因其即将来到的与一名意大利的伯爵之结缡之好，且在这位父亲允诺之时她女儿已订婚了的。该案之问题所在是，是否这里有一个有效的对价(consideration)成立而去支持此一诺言。现在根据普通法中合同法的一般原则——一项对价，其必须既对于承诺者是有利的，而又对于被承诺者来说是有损失的。在该案中被告辩称，这不仅于乃父无益，且对女儿来说也无损失——因为在承诺当时，她已经合法地订婚了(legally engaged to marry)。的确，这是一项一般规则(a general rule)，因为在这里没有什么使得一个人被合法地约束而构成一个对价。而卡多佐法官认为这里存在着一个类似对价的事物；他把对价这个概念扩展至一个前所未有的程度，但并没有突破实质
265 点，他说道，“被告知道，一个男人要与一个女人被预设婚姻之责——是因确信有充分的物质准备能给这个女子以及其将来的孩子；他将这个动因(inducement)告诉男女双方，当他们还可自由地去撤销或去延搁婚姻之时。而他们既未打消念头又未拖延婚期是确定的，而这并不期待他们应当袒呈其所有之动机与激励因素，一些是已被声称和自觉自愿的，而另一些则可能是半明半昧的、不甚了然的，这些会动摇他们的选择。这足以说明被告作承

[453] *Ibid.*, p. 89.

[454] (1917), 211 N. Y. 431, 117 N. E. 807.

诺的自然后果——是要使得他们将这种取消或拖延婚姻的想法放在一边,从那一刻起就不再有一种实在的替代(a real alternative),即有哲学家们所声称的一种'活的'选择;这个案子本身许可一种损害推定(inference of detriment)。"在司法意见书的末尾,卡多佐法官对于在这样类型的判例中延展对价之概念之真实的司法动机,作了一个使人耳目一新而坦诚率真的陈述:"法律赞成婚姻,且寻求去支持、赞成之。……它可以严格解释——如果需要的话——在最大程度上对于模棱两可的语言与行为之解释,努力去让男人们带有荣誉与责任心地履行婚约——所设定给他们的——对于与他们有最深刻人生关系的那些人的幸福的影响。"

现在,我愿意称之为一桩漂亮的判决——在这里自然理性与司法理性(juristic reason)和谐做工。如果法官是生性敏感的(subtle)——其并非沉迷于为了微妙精微而为之(for subtlety's sake)。如若其之推理是曲折幽微之的(sinuous and serpentine),他的心灵就是简洁明朗的。它显示了正义不是真"被蒙上了眼睛",而是睁着眼睛的。正义是不偏不倚的但却绝非是中立漠然的(impartial but not neutral);它有喜有忧——它称许于那些可敬、体面与公平之事,且蹙眉痛恨于那些不合理与低劣之事。

逻辑与先例的作用,是去持存这种法之协调、对称与秩序。然而让我们再次引用卡多佐的话,"当新问题浮现时,衡平与正义,将会引导心智找到解决问题之途径——当它们被细察审究之时,为了与对称感和秩序感一致,甚或是对称与秩序之起点,并因此是不被知晓的。"[455]在法的艺术之中正如在其他所有艺术种类之中,"我们从不能将我们自本能或那些超越于经验事实的吉光片羽之洞察(flashes of insight)的依存之中剥离。"[456]

266 没有什么比看到法庭去权衡摆在他们面前的个案之利益冲突,以及看到法官们如何因时过境迁或个案之突发情境而去调整自己的审判,更饶有趣味的了。

大部分的法律权利与不法,与时间和地点有关。"令人厌恶的事物"(a nuisance),萨瑟兰德法官说道,"可能仅仅是在一个错误地点的一桩正确的事情,正如一只猪出现在客厅,而非在它该去的谷仓前之空地。"[457]这看起来似乎是:法律是极端易变的,如同风向标一般;然而其应当被注明的乃是,通常基本原则之恒常不变,使得他们具体之判决成为可变可改善的。例如,在奥米香德诉贝克(Omychund v. Baker)[458]一案中——由英国大法官法庭(the English Chancery)于1744所判决的案件中,本案的问题是,是否一名印度籍的证人能被允许以印度自己之礼仪(the Hindu rites)来宣誓。法庭认为,他可以这样做,甚至在法律有所缺失时。而使我感兴趣的是麦理先生所作之评论,他是一位39岁的年轻人、以副总检察长(Solicitor General)身份出现。"所有之情形,"他说道,"并非一下子冒出来的,现在一个特别印度人种族(a particular species of *Indians*)出现了;而将来另一类印度种族

[455] *The Growth of the Law*, p. 88 – 89.

[456] *Ibid.*, p. 89.

[457] Euclid v. Ambler Realty Co. (1926), 272 U. S. 365, 47 S. Ct. 114 at 118.

[458] (1744), 26 English Rep. 15.

(another species of *Indians*)将会冒出来;一项法律很少能够周全、涵盖所有这些案例,因此普通法其纯然以从正义之泉所汲取之规则来运作自身——职是之故,其优越于一项议会的立法”。[459] 这一评论,在论证过程中以一个最不经意之方式抛掷出来,其体现了一个对于普通法之天性的最为深刻的洞察之一。正义之基础恒久,而那些从其汲取而来之规则则可变动不易之。变与易,被发现在此处结合了一起。毫无疑问,麦理先生可以成长成为曼斯菲尔德大法官。

在所有的英国法官中,曼斯菲尔德大法官在当代美国法判决中仍是被引证率居于最高的。我有这个印象:美国法学其浸透了曼斯菲尔德法官之真精神。在许多的判例中,人们能够发现一种崇高的道德理想主义与动态变化之趋势相有益地结合;而这样之例子不胜枚举,让我来举一个——“这里没有德性,其本身乃是僵化而无灵活性地依从于遵循先例(stare decisis)原则的。世易时移、移风易俗,且不论我们人类疏忽和所从犯下之罪过(our human sins of omission and commission),人类历史继续以更为切近之方式去证明一些持续不更易之理想同信念,而其之一则为正 267
义之观念,其在于人道主义者们之审思。”[460]

在法学上极为重要的是,普通法上最好的法官们,目光执着于正义与衡平持久不变的原则,以至于他们在处理工具化的教条与概念的时候,会变得如此灵巧与合理性化。孔夫子尝云,“质胜

---

〔459〕 *Ibid.* ,pp. 22 – 23.

〔460〕 Judge Hardy in Long v. Northern Soil Conservation Dist. Of La. ,(1954), 72 So. 2d 543.

文则野，文胜质则史，文质彬彬，然后君子。”[461]而由这一尺度衡之，则在普通法历史上，确有相当多真正具备了这种真文化品格之人。

将其发挥至极致，普通法具有其崇高的方面以及那些美好的闪光点：它可以富于弹性，当灵活性被需要时；它亦可是强健的，当坚韧性被需要时。通过以那些精心挑选的普通法之判例去教授法律技艺，能够跟得住那些仰望星空者坚实站立在大地上之脚踪；且提升那些关注尘世的目光，到达一个更为形而上之事物上。其有助于加快和精致化那僵化刻板的头脑，且警告那动态灵活的(dynamic and flexible)天性以防于迷途；它会致力于灌输学生们的心灵以一种之于公平与正义之赤忱热爱，对于衡平感之热切的爱，一种对于快乐的中庸加以追寻之习惯，一种于生命节律预备好之应答，一种对于何种事物是重要的何种是不重要的之洞察力，一心一意地忠诚于法那不可更易之原则及其在其履行实施之途径设计上之多重智慧(a versatile resourcefulness)。它通过展示那些具体的实例，即那些伟大人物们是如何在法律之中、在有限与无限之间、在时间与永恒之间是如何作为的；他们乃具何等之耐心，将细小的节点在关于上帝的爱方面相联系，来唤醒其之于自身职业之一种无法描摹之高贵意义之感受；它们会教导他——就法律所能够做到的范围内，一颗温暖可人之心灵同一个冷静头脑何以谐调做工，一起提升人类之幸福福祉。最后，它们会引导其注意力，及达法律科学持续存在的矛盾与悖论，而正如内在与

[461] *The Analects of Confucius.*

超越、一与多、永与易、理想与现实、自然与技艺、理性与意志、秩
序与自由、个体与群类及许多其他的问题。但这些问题并不能通 268
过试图让钟摆停止摇摆来得到解答，它们也不会是尝试一种妥
协，更不会偏倚于一方——而是上升到思想的更高层面，在那里，
部分之真理被编织成一个整体且不和谐之音符（discordant notes）
被融合进一种宇宙的和谐。因为于人单独而言——其所不能达
成的，却可能由着上帝之助力而是可能的——如若君已开始意识
到这一点，那么作为学子汝就会开始品味到那从“法学的悦乐之
光”（the gladsome light of Jurisprudence）、从“正义之美”* 而来的
旨趣与快乐。 269

* “正义与美”，可使人深深感到一种天主教经院法哲学教义下之“美”——它毋宁说，是一种来源于神圣本体（Divine Essence）之理性的美、智性的美；它亦是浸润了恩典与神性的救赎的美和光照的美。——译者注

附　录

本书所使用的“律师”这一词不仅是指执业律师(practicing attorneys),还指法官同其他的法律官员(law officers),法学教师与法科学生,立法者与法学家(legal scholars)。其包含了法官与律师(the Bench and the Bar),官员与平民(the Chair and the Stool)——在这种意义上,其词义接近于“律博士”(doctors of laws),以及在新约福音书中之“文士”(scribes)。这些术语彼此转换交替地运用着,以用来表达那些犹太人团体中之人士,将他们之人生奉献给摩西律法(the Mosaic Law)之研习。起初,这些文士们是教士(priests),例如,厄斯德拉(Esdras),亚郎后裔(a scion of Aaron),“是位经师,精通上主以色列的天主赐给梅瑟的法律”(厄斯德拉上 1 Esdras 7:6)。“厄斯德拉专心致志研究上主的法律,心体力行,且在以色列人中教授法律和诫命。”(厄斯德拉上 1 Esdras 7:10)

文士们,亦即那些神甫们,他们之特殊功用是去诠释律法,或

者总体达到同样的事,解释圣经(Holy Scripture)。但不若圣洁的
和仪式化之效用,仅只有神甫可以为之,而对律法之研习与阐释,
尚能为那些虔诚博学的门外汉们“俗人们”而为之。时光斗转星
移、世易时移,文士的职业就逐渐从神职中区别出来。在耶稣时
代,文士们成为了法利赛人之新派领袖,他们是极端民族主义者,
他们反对一个数目逐渐增长的修士阶层——后者赞成希腊化倾
向感觉是同类。之于文士,如詹姆士 · F. 得利斯高博士(Dr.
James F. Driscoll)告诉我们,“从不行使任何之政治权力,但他们
被许可进入古犹太最高评议会兼最高法院(the Sanhedrin)等同于
高级教士与长老(the chief priests and elders),因而获得官方之承 273
认。随形式主义(formalism)之渐次增强,其影响无疑有助于推波
及此。文士的特点以及他们之活动,经历了一次显著之变迁;他
们忽视律法更深层的与较多精神性之方面,而从注释经文的文士
(men of sacred letters)转变而来,使得他们成为主要的法学者且
将大部分之注意力集中于纯争论(mere quibbles)及精巧的决疑术
(subtle casuistry)”(天主教大百科 *Catholic Encyclopedia*)。

部分缘自专业化(specialization)弊端之影响——不管犹太人还是异教徒(Jews or gentiles),古代人抑或现代人,都让信徒们只见木而不见林(unable to see the wood for the trees);部分也因为缺乏一门成熟的法哲学——它能帮助他们分辨文本精神及根据神学自然法(the Divine natural law)来诠释实在的律法(the Divine positive laws)。而文士们发现他们自己处于一种境况中:即其不得不诉诸高度的技术及技艺之创造力(artificial ingenuities)以顺应新条件与生活情境来修正和调适旧的律法。而此种尴尬局面,

在某种程度上乃所有各方法学者之普遍命运，尤其在这些地方法学史之特定阶段上。法惟愿恒久，然其不得不回应于时代呼声、变迁的社会条件与人们之生活方式。而这一问题之于罗马法学家们而言，非属陌异；而对于文士们来说这个问题却显棘手，因为他们对待的乃是律法（Divine laws）。他们开始无意识地更胜过于深思熟虑地去规避这个问题、添油加醋上帝启示给摩西的这一神话：有更多的律法超过事实上所能够被写下来的。启示之口谕部分被转为厄斯德拉（Esdras）来传达。这一神话，被认为是整个法律传统之根基，在这其中，文士们被作为守护人出现；而一直积聚着的法律传统与法律判决之整体则被以 Halaka（即“道”）而知之。

易言之，文士们若要引入新法度（legal measures），却常在仅仅是适用旧法之借口下。这就是席乐（Hillel）*，一名与耶稣基督同时代的犹太教长老——如何去创立普罗斯卜**（Prosbol）这一制度的。众所周知，在申命纪（Deuteronomy15：1 及以下）中有关

---

* 犹太教圣经注释家，拉比，犹太教法学博士。他生活在希律王（Herod）及罗马奥古斯都（Augustus）统治时期的耶路撒冷。公元前 30 年到公元后 10 年间，是犹太民族的精神领袖。席乐反感法利赛文士注经的机械与不知变通，他主张灵活理解和解释律法。与耶稣基督分享相似的基本观点和态度，即都主张以爱与人性化地理解法律。——译者注

** 又为 prozbul，这是犹太教的一种制度，现代法律拟制之先驱。从前犹太教内遵循安息年，每七年一次，安息年到来时会赦免所有债务，因此来保护穷困底层人士，而这种习俗不利于债权人。在拉比席乐（Hillel）主张下创设了一种法律拟制——即利用了犹太法律的一个漏洞：因为犹太法律反对高利贷，故而个人间的附利息之借款文书往往说明借贷将被转给法院，而赦免条款却并不适用于公共领域之借贷。如是，则债权人的利益就得到保障而又不损及债务人的利益。那么债权人即便遇到下一年是安息年，也愿借钱给穷人了。——译者注

于债之减免(the remission of debts)的规定,在第七个年头:"债主应把借与近人的一切,全部豁免,不应再向近人或兄弟追还,因为已为光荣上主宣布了豁免"(思高版申命纪15:2)。接下来这段话就是一段让人深省的提醒:"你应提防,不要心生恶念说:'第七年的豁免年快到了!'就冷眼对待你穷苦的兄弟,不借给他什么……"(思高版申命纪15:9)。然设若人之天性正如礼仪随世代衰败,越来越多之人臣服于这一想法且从他们世俗观点经见了在出借给他们之穷邻人财物上之不审慎,特别当赦免年头很近的时候;或许出借者也非都讲诚信,一些人可能太急求于享有安息年(the sabbatical year)之好处。综上种种之可能,席乐认为对之加以修正乃是必要的,故他创设了普罗斯卜这一制度——它顺应债权人(the creditor)提交给法官们一份文件去保留其之权利以在任何时候得以恢复未偿之债,而免除此赦免律法之运作。(参见Lagrange, *Le Judaisme avant Jésus-Christ*, 3d ed., p. 299.)在吾之观念里,"科尔班"(Corban)制度与其则不可同日而语之——因在科尔班奉献的判例中,自然法被绕开了,而此处则是对实在法之修正与补充。 274

从法学方法论角度观之,文士们,较之于其他任何国家的法学,都作出了他们应有之贡献:他们发展了一个高度发达的司法推理系统;他们知道如何运用归纳法由小到大地予以归纳,如何用类比原则得出结论;他们懂得陈示所有法律文献以阐明同一性质之事物;他们知道如何根据两条或更多之条款得出一个一般之原则;如何通过诉诸相似段落去解释法条之含义;及如何根据上下文之语境,去发现解案之道。(参见Strack, *Einleitung in den*

Talmud, 5th ed., pp. 97ff)

故此，文士们在学术及在司法上之成就，不容为大家所忽视之：只要其在上帝国（the kingdom of God）、在法与正义之正当哲学中（right philosophy）为神所指引，他们就配称伟大的户主了——能够在自己之仓廪中，绸缪出新与旧之诸般器物来。

吴经熊

（John C. H. Wu）

June 14, 1955

3 Reynolds Place,

275 Newark 6, N. J.

索 引*

* 页码为原书页码,即本书的边码。——译者注

译后记

（一）光阴的故事

吴经熊先生是跨越中西方的学者、作家和批评家。鄙人能作为其上个世纪五十年代于美国教书时（时吴先生年届半百）所著书之译者，实感荣誉更馀惴惴之情。

说来惭愧，自二〇〇九年春接手此一译务，竟横越五载多，实对不住吴树德先生于二〇〇九年初之信任和惠笔允序。希奉吴树德先生沉默多年之慷慨，能最终呈上我那么微不足道之应答和承担。虽然这中间有两年多并没有潜心于此（这直接催生了吾之一本新诗歌集：《心之悦：镜春园诗歌小札》）。

凡此五年间，吾亦译而为诗，写了不少的新诗。吾亦在吴先生天主教救赎观与诗心观之间游走、焦灼、奋起抑或迷离、伤忧。

我之于吴经熊先生的著作《正义之源泉》之初会，是于二〇〇七年上半年曾确定将阿奎那自然法学说作为清华大学博士后报告时的一个契机，当时我翻阅到了这本珍贵的材料。随后我有幸得到中德学术交流基金之资助，赴德国短期访学三个月，阅读到了这本著作，对自己研修报告之完成有很大之启迪与帮助；我一共花了几个清晨来研读本书关于阿奎那自然法之部分。

自德回来以后，二〇〇八年四月又有一次几日的开会时间于密歇根，虽无亲自赴密大拜访吴先生当年在美国的母校，但有机会与我的外教（曾在北大教授英语）一起赴密歇根湖，看到浩瀚的波澜，以及逐渐沉寂于波澜深处之落日，感喟到神美与大在。我的外教是加尔文宗的教徒，所以我时时能感到老夫妇曾对我传布过教义所达于心灵之熏陶。而我本人也以神圣美感为人生之激荡与依靠。

二〇〇九年春，有幸与法律社的高山编辑交流，得知国内出版界有出版此书于大陆之规划，遂自告奋勇申请承担译事；为着一份学术理想，也为一份地缘渊源上的夙愿。

言归正题。吴先生是宁波人、鄞县（今宁波市鄞州区）人，与我恰是老乡；而吴经熊先生入读的效实中学也是我后来所入的中学（今宁波五中）。后来吴先生入东吴大学读法律，我也辗转学法科十载光阴。可以说，看到先生之足迹、家乡人的一种荣耀和渴望以及为之写一些东西的愿望，随我在二〇〇二年秋天第一次读到《超越东西方》以后，时时有所增强。

然而，我觉得一个人与一个文本的缘分，是随个人心路历程之逐步走近才涌现并完成的。在北大博士一年级读到吴先生的书，尚未有翻译他的著作之想法，只是喜欢读他写的英文诗歌和他对于信仰之旅的一种虔诚追问，以及与法科之书生事业所执着相关的一份法意精神。我时常会想到自己所喜欢的作家林语堂所写的《信仰之旅》(林先生乃圣约翰大学毕业),我也会翻读吴先生写的《唐诗四季》,我能感到中国文化人在近现代所经受的心灵拷问、磨折、彷徨、爱国以及最终由文化走入神性之大爱的卓越灵魂之觉醒历程。

自二〇〇五年秋入清华大学哲学系从事博士后研究以来,笔者由法律之学进入到宗教学与哲学之玄奥殿堂。而清华大学法学院的许章润教授,是我十分敬重的学者、前辈,他为吴经熊先生之思想与著作在中国大陆之引进作了开拓性与奠基性的最为重要之贡献。此次之译事,若非许老师的慨然允诺和相信后辈,我更无这般显一番年轻人之张扬,故常感激于心。我更相信许老师之文心雅量与吴经熊先生之诚心信仰是有等量映照的。而冯象先生亦是译经家、文学家与法学家,冯先生对于吴经熊翻译圣经新约与诗篇素以高度之评价,“用文言译《圣咏》和《新约》,琅琅上口,起伏跌宕”。

写诗的日子,惟有这本《正义之源泉》时断时续之翻译相伴;俾至苏州大学王健法学院任教。而苏大所在校址,前身为东吴大学,而东吴大学,在法学史上赫赫而有名,颇出将才,除了本书作者吴经熊先生,还有王宠惠、盛振为、丘汉平、董康、王伯琦、孙晓楼、杨兆龙、李浩培、倪征晪、潘汉典等诸位知名法学家曾经或执教或求学于东吴。“养天地正气,法古今完人”,在老东吴留下的校园,不仅可以看到这样的与张横渠一般的对于文人、知识人兼法政人之要求——为天地立心……更感到时代之节奏、脉搏,感到自己身处时代对于新一代法政人、法律人、新兴“士大夫”之那一种呼唤与期待。

于苏州平江路闲走之时，除了不时盈耳之昆曲，还可寻到一些有趣的特色小店。一家书店温暖一座城市。对于写作的人来说，于时光来说，没有比一个书桌边、电脑旁的猫，更有那种孤独清醒的精神。这是一本时光之书，是吴先生的生命与抱负之书，也是我个人的人生之书。我热爱这样的时光，对于我而言，这一穿越就五至六载。

我翻译吴先生著作若干篇什之过程中，于笔触行文间，感到吴先生的知识储备和钟灵内蕴，他对于大陆法哲学与普通法精神都有深刻之了解，吴先生所引用的一些著作和人名，经检索后发现其阅读面、涉猎面乃何等之广博而非现在法学之著作所能涉猎之的。可见在吴先生之时代，法学之研讨，已经到了一种博雅的、世界性之格局。

在《正义之源泉》一书中，吴先生以圣托马斯·阿奎那的自然法学作为自己所信奉的法学思想体系之理论基础，在书中以此为序论；中间部分讨论了普通法，后面两篇讨论宗教与法律之关系以及法美学；它是一部将法系、实体法与自然法、美学与宗教等紊密统一在一起的优美著作。这种文风，比较接近于孟德斯鸠的那种通达和阿奎那在《神学大全》中所表达的那种肃严与智性。吴先生在诗学上之造诣，也使他的神学，具有一种童心般的天籁感，是一种中国人的感受，也是一种虔诚教徒的心灵。且吴先生对于法律之热爱，具有一种天生血缘上之亲近，那种对于法律的敏感，也是一种具有逻辑感和自然科学智性心灵之表现。吴先生在现实致用、法律理性及法律救国上，具有更多办实事和有建树的心情。吴先生在上海成功地当法官与执业律师之经历,也让先生具有一种更多的出世入世之证明力。

迻译这部吴先生之作品,乃是为着一份校友之情怀,也为着一份将中国文化推至一个更高的世界性和启示性之角度的心情。拯救这个时代,不仅是吴先生那时的局面,也是世界全球化大趋势下,如何安顿人心、正义律法、养护心灵之要旨。相信对于西方自然法、普通法、宗教与法律的中国式之诠释,吴先生之贡献,能够跨越他那个时代,给予我们这些后来者,以新的力量、新的起点。

(二)莲与泥:法的世俗与超越

吴经熊先生的法学思想,充满了神学之美感,可以说从广义上属于一种法美学;而这种思想风格,充斥于吴先生所著的这本《正义之源泉:自然法研究》(*Fountain of Justice*:*A Study in the Natural Law*)之中。吴先生的自然法哲学思想,直接承继于圣托马斯·阿奎那。而阿奎那除了最重要的神学思想,他也论述过法律,且阿奎那的神学思想充满了神性之美感。阿奎那在《神学大全》(*Summa Theologica*)中曾专门研究过神学美学之向度问题。[462] 而这种风格和基调,亦始终贯穿于吴先生对于法律之理解及对于法律技艺与艺术之理解当中。

---

〔462〕 整一或完善(integrity or perfection)、比例或和谐(proportion or harmony)、鲜亮或明晰(brightness or clarity),参见张志庆:《托马斯阿奎那神学美学的形式论》,刘光耀、杨慧林主编:《神学美学》第2辑,上海三联书店2008年2月版,第8页。

吴经熊先生在本书中尝以比拟之方式，提到过与神相通之人间法为泥中的莲之生命。他以莲之于泥作比，虽俱有佛学之色彩，但表达的却是那种理性之神学美学精神，在笔者的想象意象之中，这也是吴先生对于世俗、悦乐与正义之一个形象化表达，吴先生曾说过——“法律是事实与理念、神性与人性的交汇域；如那莲花般，它把根深植到淤泥里，但却开出朝向天籁的圣洁花朵(graceful flowers)。”[463]

正义，也应是神性的(或至少乃具有神性美感之)正义。吴经熊先生勇于以现代人羞于、耻于和避于谈及的真善美之圣神观来理解什么是正义、什么是正义之源泉；即在真善美三维相结合之终极价值向度上，去思索正义之梯度与美感。“正义这一质素之优越——甚至在人类的世界——事实上确为真、善、美组成，它并不能使包涵这些终极价值之三维充盈整全，然而每一个维度多少有这样的成分予以塑造：真，为正义之基奠；善，是其之目的；而美则构成其本质。一桩法律或判决之正义，取决于它是否建基于真，其是否导引向一个良善的好的生活，以及其气象(dispositions)是否能合乎达于那终极之所归。”[464]

而以真善美作为正义之源泉三个维度之法律观，是吴经熊先生的自然法学观，也是一种法美学的、神学美学的思想。本文就逐一尝试解释信仰中人吴经熊先生的自然法学思想。

吴经熊重视与善相通的真(不同于我们这个时代所流行的实

---

[463] 参见本书《正义之源泉：自然法研究》尾声法之艺的正义与美，第373页。

[464] 参见本书《正义之源泉：自然法研究》尾声法之艺引言部分。第335页。

证主义法学意义上的真)。“真”,被视作法律精神之质料。[465] 吴经熊写道:若任何法律不能在其中葆有那种对于本质趋近的意愿,就不是一个“真正”的法律。吴经熊意义上的真,也与真实之不同。在他这一视界关照下,我们只能以结合了善的真、一种以求哲学或神学的真作为内涵的真,来衡量法之品质;因为“一桩法律,其若注定了不是良法,就不能被称作是一种‘真正的’法律。”[466] 这种真,是智性的,可理知的,是理性的。[467] 正如吴经熊在《正义之源泉》中以圣奥古斯丁(St. Augustine)的话为论证。奥古斯丁将天使知识区分为早晨和晚上的:正如黎明作为启开以及黄昏作为一日之落幕——作为言之中的世界始端之知识,可被形容为曙光,而事物本性之中所有的那些知识可被形容为暮光。而言就是那本源,实存从本源中而来,汇入了它们的“存在”中。[468] 吴经熊将没有光照的知识和智慧(比如实证主义),理解为一种夜的知识;因为缺乏光照,正如缺乏善一样,徒有真实—现

[465] “在汉语思想界,由于对十字架上的真的了解,一直到现在都尚未认真开始……世俗化的世界观已有广泛的基础……”,参见刘小枫:《走向十字架上的真》,上海三联书店 1995 年版,第 323 页。

[466] 参见本书《正义之源泉:自然法研究》尾声法之艺的正义与美,第 368 页。

[467] 同样作为圣托马斯·阿奎那神学自然法传统之传承者的法理学家约翰·菲尼斯(John Finnis)在他的《自然法与自然权利》(*Natural Law and Natural Rights*)中也着重提到智识—知识(knowledge)作为一种善(本体的一部分)、一种内在的德性、一种基本价值。See John Finnis: *Natural Law and Natural Rights*, preface (Clarendon Press · Oxford, Oxford University Press, Walton Street, 1980), p. 61, 65, 69.

[468] 参见本书《正义之源泉:自然法研究》尾声法之艺的正义与美,第 368 ~ 361 页。

实感而没有光照之美。人们关于实证法的经验知识，属于夜魅之知识智慧(evening knowledge)；允许这些夜的知识充斥、占据整一个法学领域，而未意识到其之于清晨的曙光至关重要之联系，无疑就会堕入实证主义的无底深渊之中。吴经熊也用光照与黑暗来比喻正义的恢复(不由想起了奥古斯丁所说的恶，乃由于善之缺乏)——“法律所处理的事情，可能会是相当沆瀣粗鄙的，然而就其方式方法来说，却可以十分地美妙。罪错是卑鄙劣等的，但对它们加以矫正却是高贵与神性的。正如黑暗被揭示是由于光照，所以对于谬误之救济、纠正却由着正义。”[469] 吴经熊从天主教之神学理性观，去看待那种机械和工具理性的实证主义和功利主义的人生观与价值观，批判了近代的技术与科学对于意识形态之钳制。

吴经熊意义上真之求索，具有道家的特征，因其是回返的，是追溯的，是复归于婴儿的一种心情，是作为童真的心灵的方式。而从求真出发，吴经熊对于美、母性、仁慈、慈爱之源之追寻，其实是更高的求真之升华。“我的浪漫倾向催促我赞扬善超过于真，而美超过于善”。吴经熊在《超越东西方》中也提到过他的领洗，也是因为一直在心灵旷野中寻找一位慈母，母性之光芒更易使人宽和慈柔。吴经熊先生的后人吴树德先生曾如是回忆父亲。“不同于西方的大多数犹太人和天主教徒基本上将上帝视为父亲——有时候甚至是一位不可亲近、相当权威主义的父亲，家父

---

〔469〕 参见本书《正义之源泉：自然法研究》尾声法之艺的正义与美，第373页。

可能由于其特异的心理特性，其所预期、追寻和找到的上帝却是一位充满爱意、同情心和宽大仁慈的母亲。他找到的关于上帝可能确乎秉具如此女性气质的主要线索，可以追溯至释、道的资料中，特别是在关于道乃‘天地源头’的‘神秘女性’这一描述当中。此处不遑辩释这一有趣的疑问，但应予指出的是，近年来有些学者研读父亲移为文言的《诗篇》，得出结论说他对于希伯莱语耶和华（Yahweh）——普遍认为他是完全彻底、不折不扣的男性——的解读，是极为新颖的锐见，透彻阐明了其女性位格甚于男性，因而，是一个更具人性、为普通的信众和读者所接近的神。这仅仅是一个虔信的教徒的观点，还是他灵思焕发，指认耶和华既是我们在‘以赛亚书’中所看到的‘受难的仆人’，同时并为不朽的《诗篇》第 23 首的主角，‘善良的牧羊人’的形象。”[470] 对于原初童心或原罪之前状态之一种溯源回归之盼望，其实也存在于天主教教义之中。吴经熊先生引用耶稣基督之言，来说明孩提精神对于获致真正智慧与悦乐的必不可少；而耶稣基督以最清晰的话语多次宣扬这一真理——“吾实告尔，尔若不幡然化为赤子，则末由进天国。”（参见吴译新经全集 · 福音马窦传 18:3）[471] 吴经熊在他的自传《超越东西方》中，也提到自己从小与道家之缘分（他也曾以博雅之英文翻译过老子之《道德经》），而他在本书中亦引老子思想之“复归于婴儿”，来说明人须回归最质朴开端，并也引孟子语

---

〔470〕 参见吴树德：“温良书生，人中之龙”，许章润译，载吴经熊：《法律哲学研究》，许章润主编，清华大学出版社 2005 年 3 月版，第 10 页。

〔471〕 “我实在告诉你们：你们若不变成如同小孩子一样，决不能进天国。”（思高版玛窦福音 18:3）

“大人者,不失其赤子之心者也”,并从儒家角度予以说明之。吴经熊批评了现代文明过度“文明精致化”,使人类不经意丢失那颗鲜活敏明之童心。

作为现当代法实证主义的批评者,吴经熊当然也非常看重法律与善的关系。他是从自然法和阿奎那式的法的序列之中,去看待人界的实体法和实证法的。他写道,“让我们看看我们身处何处。若位于所有生物之中看去,人类是唯一那被独自赋予理性与自由的。但现代人将自由之权柄交由个人意志与任性——那是他们力图以自身精彩无与伦比之推理能力而去为之辩护之。他以钦佩赞赏之情去遵循充斥在存在之较低阶段之秩序与和谐,及他开始想像通过遵循他们自己之法律,我们有可能去获致一种类似的在人的世界里的秩序与和谐。他将自我之镜鉴照到自然本性那些较低的秩序上,而非其自身之本心上。”[472]吴先生认为,所谓之良法,就是经由自然法之特别决断与具体总结而来的人法,而在吴氏眼中,自然法的发现乃是一种不断演进发展之路[473]——必使自己适应于人类文化与文明之不断变化的条件——在这方面,吴经熊显然是一种儒家的中国式之时间观[474]。而在他的眼中,法学和法律人之专门化、固守律法之僵化和狭隘

〔472〕 参见本书《正义之源泉:自然法研究》尾声法之艺的正义与美,第366页。

〔473〕 参见吴经熊:在进化中的自然法,载吴经熊著:《法律哲学研究》,许章润主编,清华大学出版社2005年3月版,第52、54页。

〔474〕 参见张薇薇:法治民族叙事中之“诗”、“时间”与秩序,载《民间法》(第十三卷),厦门大学出版社2014年5月版。

思维,是应受批判的——他也尝引用圣经故事[475]来说明这样一种循法的吏或匠的精神而非士子的精神。韦伯所说的知识分子与现代性的问题,在吴经熊先生的这本书里,也得到了一些圣经学上之解经式之论证。

《正义之源泉:自然法研究》中所提到的法之艺术,亦乃超越于世俗意义上之技艺,其与宇宙之秩序联系在一起。奥地利籍神甫田默迪(Matthias Christian)曾专门研究吴经熊的法学思想,认为其将法律视作比例与秩序的音乐节律美,来把握正义之诸问题。[476] 比如,吴经熊认为就质料而言,人际关系与活动之总体构成全部音阶,法的艺术家(legal artist)是要在种种之冲突与不和谐、不协调之混杂之外,去确立秩序与和谐,即与此音乐范域之音波相一致之秩序与和谐。而逻辑与先例的作用,也是要达到法内之协调、对称与秩序。这或许说和我们听巴赫的赋格或与西洋音乐对位法之原理所相近似的。

我也乐意以悦乐这个语词,来形容吴经熊先生之"乐感法学"。我亦认为,吴经熊意义上的真,是道、理[477]与生生之

---

〔475〕 耶稣曰:"哀哉明律士! 盖尔曹以难负之任,加人仔肩,而己则不运一指也"(吴译新经全集·福音露稼传 11:46)。接着又曰:"哀哉明律士! 尔曹夺去知识之管钥,己不愿进,亦不容人之进也。"(吴译新经全集·福音露稼传 11:52)。

〔476〕 参见[奥]田默迪:《法学的艺术家——吴经熊早期法律哲学的比较性分析》,第 80 ~ 81 页,出版中;转引自《清华法学》第四辑,清华大学出版社 2004 年版,第 115 页。

〔477〕 我愿意在这里把"理"定义为理性,而不是中国理学的理或天理人情的理。中国的理是与礼义有关系的非逻辑化的义理、道理,有别于思辨、逻辑化的西方的逻各斯和经院神性理性传统。

悦乐[478]。所以，悦乐，在此处乃称为喜乐，而非一般世俗意义上之乐、不是快乐，它是理与法的和。因为“自然法是人类理性对于永恒法的参与，法律的秩序应当与天地宇宙的秩序相和谐，而要透过静默理解的方法洞见到这种天人之间的和谐，并且拥有捍卫这种美妙境界的力量，则要培养人的悦乐精神，这种悦乐精神的内涵及表现则在于和谐、共享而非对抗与占有。[479] 吴经熊先生之法律观，是悦乐的，也是理性的、音乐的、西洋古典乐的。“与在音乐中一样，在法律中美感是透过比例和有秩序的节奏而出现的，……正义是人际关系上的美，而美是可见世界的正义”。[480] 这是吴经熊先生对于法美学之重要阐述与论断。

当代著名天主教神学家汉思·昆(Hans Küng)也曾讲到过音乐的理性与悖论：这种音乐之奥秘正在于它始终使人同时听到两种东西：光明与黑暗、欢乐与痛苦、生与死。当然，两者并不单单是中立地、不偏不倚地互相并立和互相渗透，黑暗总是在光明之中消失！”[481] 而吴经熊先生之法的音乐观，就是真正符合这样一

---

[478] “……而把最终由天主的理性所制定与保证其效力的法律物自身当成人们安身立命的共同基础，自然法哲学乃又与人生哲学相结合，而这种生命的艺术修养的最高境界，则当时吴经熊所谓的‘悦乐’。”参见曾建元：超越东与西——吴经熊的人与法律思想素描，载《清华法学》第四辑，清华大学出版社 2004 年版，第 115 页。

[479] 同上引，第 116 页。

[480] 参见[奥]田默迪：《法学的艺术家——吴经熊早期法律哲学的比较性分析》，第 80～81 页，出版中；转引自《清华法学》第四辑，清华大学出版社 2004 年版，第 115 页。

[481] 参见卡尔·巴特、汉斯·昆：《莫扎特：音乐的神性与超验的踪迹》，朱雁冰、李承言译，上海三联书店 1996 年 8 月版，第 54 页。

种庄严乐感之逻辑的。吴先生在全书特别提到了普通法上的智慧与技艺，这样一种智慧会引导人们发现法律科学本身充满悖论和矛盾统一的音乐性，最终朝向神性的完美与大同——“它们会引导其注意力，及达法律科学持续存在的矛盾与悖论，而正如内在与超越、一与多、永与易、理想与现实、自然与技艺、理性与意志、秩序与自由、个体与群类及许多其他的问题。……上升到思想的更高层面，在那里，部分之真理被编织成一个整体且不和谐之音符(discordant notes)被融合进一种宇宙的和谐。”[482]

而作为规则的法律，为什么是美的，也就衍生出法律(法则)值得信仰与追寻等的问题。神学美学家巴尔塔萨(Hans Urs von Balthasar)在他的《神学美学导论》里也提到过这样一种启示的超验之美，对于自然美之超越、拯救、阐释与化解。可以说，无论是意志、情感还是理智，都没能在起源或本质悖论面前占据一个绝对——而毋宁是一个亟需衡平之一极罢了。而此种比例、和谐与明晰——美的准据、法则的准据——正是在上主那里，这就是信仰或启示之妙解罢。

当代天主教哲学家查尔斯·泰勒(Charles Taylor)，曾设想一种彷徨的现代人皈依或重新皈依宗教(在他的视界中，主要是天主教)的未来。在泰勒式的理解下，天主教教义是一种“跨越差异的一体”(unity-across-difference)，而不是一种“通过认同而实现的一体”(unity-through-identity)[483]。他认为要解决现代性之根

---

〔482〕 参见本书《正义之源泉：自然法研究》尾声法之艺的正义与美，第388页。

〔483〕 参见郑戈：世俗时代的诸神对话——评查尔斯·泰勒的《一个世俗时代》，原载《中国社会科学辑刊》2009年6月。

本问题，现代人就需向宗教和超验现实敞开心灵，也就是“从戒备森严的自我（buffered self）”重新调整到“敞开的自我（porous self）”。[484] 这无疑比较类似于“和而不同”或儒家大同世界之理念，但天主教提供了具体论证，看上去似乎可能更具有规范化和可操作的实证思路。“什么是未来的信仰之路？什么是信仰之未来？而什么又是你，天主教之贡献？”在上个世纪天主教徒法学家吴经熊的观念里，正如他真诚写道：“我们最需要一种天主教之真精神及去直面当下困境之道德勇气，而这将佑助我们达到一个至关重要之新综合。”[485] 而法，在吴经熊之眼中，作为圣神造的树其必然在善和恶的博弈中，在对于美善真（神圣秩序或者天人秩序）的模仿之中，走向它的盛大与和谐。而这样一条追求完美与至高之努力——又多么地近似于儒家的圆善说或对于天命之呼应，仿佛天人合一之气象在眼目前不断地生生而大化之。

（三）致谢

在此，我要由衷感谢清华大学法学院许章润老师与东吴大学校友、台湾大学法学博士曾建元老师帮助联系本书之版权，法律出版社高山编辑负责此书之协调与出版。

重庆大学人文社会科学高等研究院的田雷教授在本书译稿完成以后自谦以读者的眼光来通读全文一遍，并提出了许多校对意见上的

---

〔484〕 参见郑戈：世俗时代的诸神对话——评查尔斯·泰勒的《一个世俗时代》，原载《中国社会科学辑刊》2009年6月。

〔485〕 参见本书《正义之源泉：自然法研究》之第一部分“自然法与我们的普通法”之小引，第78页。

宝贵建议:"……总体上有一个感觉,就是译文的个人风格有些过于浓厚了……"这和初审编辑说的文风有些"佶屈聱牙"的评价看来有些相似——但这好像高中时,就是我的语文老师在我一次作业上之评语。

感谢师门的师弟苗文龙博士帮助解决一些普通法学术翻译方面的难点问题;感谢苏州大学外国语学院的莫俊华老师、吴鸿同学在翻译上一些难点问题之建议和意见;感谢苏州大学王健法学院的学生孙兴锋、李若君、丁天立、双学位学生王伟哲,在译稿后续收尾时,在一些谚语、格言上之查考与探讨。

田默迪神甫对于吴经熊先生的人生与学问之研究别有一番关心,所以,对于本译著亦有关切,不仅写来序,还愿意回答许多宗教学上之疑问。天主教北京西什库北堂教友刘国凤女士也对我有许多帮助与灵修道路上之启发。

最后还需从心的深处翻出随岁月荏苒而时时涌现的那份深厚认同与感恩:感谢我的父母亲多年来,自我小学开始就给予我的默默而无私的、深厚之关心与支持,他们以超越于物质主义的眼光和有良知的心胸,接受我那份非常浅薄而自我的,但从心灵深处从未放弃过的学术之为求道的学业与事业道路之心愿。

翻译中之舛误或疏漏,也期待师友、读者们来信雅正之,我的邮箱地址:zweizi623@ hotmail. com。

张薇薇

苏州大学王健法学院

二〇一五年四月

天 Borderless 下

图书在版编目(CIP)数据

正义之源泉:自然法研究 / 吴经熊著;张薇薇译.
—北京:法律出版社,2015.8(2019.11重印)
ISBN 978-7-5118-8273-8

Ⅰ.①正… Ⅱ.①吴… ②张… Ⅲ.①法哲学—研究
Ⅳ.①D90

中国版本图书馆CIP数据核字(2015)第196926号

正义之源泉：自然法研究
ZHENGYI ZHI YUANQUAN：ZIRANFA YANJIU
吴经熊 著
张薇薇 译

策划编辑 高 山
责任编辑 高 山 黄倩倩 汤子君
装帧设计 乔智炜

开本 A5
版本 2015年9月第1版
出版 法律出版社
总发行 中国法律图书有限公司
印刷 固安华明印业有限公司

印张 14 **字数** 294千
印次 2019年11月第2次印刷
编辑统筹 学术·对外出版分社
经销 新华书店
责任印制 陶 松

法律出版社/北京市丰台区莲花池西里7号(100073)
网址/www.lawpress.com.cn
投稿邮箱/info@lawpress.com.cn 销售热线/400-660-8393
举报维权邮箱/jbwq@lawpress.com.cn 咨询电话/010-63939796

中国法律图书有限公司/北京市丰台区莲花池西里7号(100073)
全国各地中法图分、子公司销售电话:
统一销售客服/400-660-8393/6393
第一法律书店/010-83938432/8433 西安分公司/029-85330678 重庆分公司/023-67453036
上海分公司/021-62071639/1636 深圳分公司/0755-83072995

书号： ISBN 978-7-5118-8273-8 **定价：** 78.00元
(如有缺页或倒装，中国法律图书有限公司负责退换)